Nossrat Peseschkian

Es ist leicht, das Leben schwer zu nehmen.
Aber schwer, es leicht zu nehmen

Klug ist jeder.
Der eine vorher, der andere nachher

HERDER spektrum

Band 5790

Das Buch

„Es ist leicht, das Leben schwer zu nehmen – aber schwer, es leicht zu nehmen." Nossrat Peseschkian gibt uns die Chance, die Leichtigkeit zu entdecken. Er kennt die heilsame Wirkung von Geschichten, die die Perspektive verändern und mit einem heiteren Lachen den ersten Schritt zur Veränderung zeigen. Und er weiß von der Möglichkeit, eigene Verhaltensweisen auf leichte Weise zu verändern. Denn: Klug ist jeder – der eine vorher, der andere nachher. Amüsant und erhellend in allen Lebenslagen. Mit vielen praktischen Hinweisen. Vom Meister des Geschichtenerzählens und der Positiven Psychotherapie.

Der Autor

Nossrat Peseschkian, Professor Dr. med., Facharzt für Neurobiologie, Psychatrie und Psychotherapie, Facharzt für Psychotherapeutische Medizin. Gründer und Leiter der Wiesbadener Akademie für Psychotherapie und Begründer der Positiven Psychotherapie, Dozent an der Akademie für ärztliche Fort- und Weiterbildung der Landesärztekammer Hessen. Er wurde 1933 im Iran geboren und lebt seit 1954 in Deutschland. Intensive Forschung- und Lehrtätigkeit in über 60 Staaten. Träger des Richard-Merten-Preises. Autor zahlreicher Bücher. Bei Herder Spektrum: „Wenn du willst, was du noch nie gehabt hast, dann tu, was du noch nie getan hast" und: „Das Leben ist ein Paradies, zu dem wir den Schlüssel finden können".

Nossrat Peseschkian

Es ist leicht,
das Leben schwer zu nehmen.
Aber schwer,
es leicht zu nehmen

Klug ist jeder.
Der ein vorher,
der andere nachher

Geschichten und Lebensweisheiten

FREIBURG · BASEL · WIEN

Gedruckt auf umweltfreundlichem,
chlorfrei gebleichtem Papier

www.herder.de
Herstellung: fgb · freiburger graphische betriebe 2006
www.fgb.de
Umschlaggestaltung und Konzeption:
R·M·E München/Roland Eschlbeck, Liana Tuchel
Umschlagfoto: © Liana Tuchel
ISBN 13: 978-3-451-05790-8
ISBN 10: 3-451-05790-5

Es ist leicht,
das Leben schwer zu nehmen.
Aber schwer,
es leicht zu nehmen

Geschichten und Lebensweisheiten

Inhalt

Nicht weil die Dinge schwer sind, wagen wir es nicht, sie zu tun. Sondern weil wir sie nicht wagen, sind die Dinge schwer.

Was geschieht, wenn wir das Leben zu leicht oder zu schwer nehmen?

- Alles erscheint komplizierter, als es ist: Arbeit, Haushalt, Körperpflege (*Ordnungs- und Sparsamkeitsproblematik*).
- Belastungen werden schlechter verkraftet; die innere Balance fehlt (*Höflichkeits- und Ehrlichkeitsproblematik*).
- Man braucht viel Schlaf und Ruhe (*Zeit- und Pünktlichkeitsproblematik*).
- Die Konzentration beim Arbeiten, Lesen etc. fällt schwer (*Leistungsproblematik*).
- Es fällt schwer, sich zu etwas aufzuraffen (*Zuverlässigkeitsproblematik*).
- Gefühle sind schwächer und matter (*Kontakt- und Gerechtigkeitsproblematik*).
- Humor, Freude und Interesse an Dingen oder Aktivitäten, die man früher gern gemacht hat, lassen nach (*Vertrauens- und Hoffnungsproblematik*).

Welche Fähigkeiten entwickeln sich, wenn wir ausgeglichen sind und unsere Probleme positiv und konstruktiv aufarbeiten?

Ausdauer und Standhaftigkeit
kann der Mensch von einem Nagel lernen.
Je mehr man von oben draufhaut,
desto tiefer bohrt er sich unten durch.

- Die Fähigkeit, gesund zu bleiben (*Wer nicht genießt, wird ungenießbar*).
- Die Fähigkeit, aktiv zu bleiben (*Wer schaffen will, muss fröhlich sein*).
- Die Fähigkeit, Beziehungen aufzunehmen und zu pflegen (*Geteilte Freude ist doppelte Freude, geteiltes Leid ist halbes Leid*).
- Die Fähigkeit, die Zukunft vorausschauend und hoffnungsvoll zu planen (*Jede dunkle Nacht hat ein helles Ende*).
- Die Fähigkeit, die primären und sekundären Fähigkeiten zu integrieren (*Was man besonders gerne tut, ist selten ganz besonders gut*).

Einleitung – Zwei Seiten einer Medaille

Das Leben ist ein Theaterstück:
Es kommt weniger darauf an, wie lang es ist,
sondern eher darauf, wie es aufgeführt wird.

Der Schatz des Wissens

Der Traktor eines Bauern lief nicht mehr. Alle Versuche des Bauern und seiner Freunde, das Fahrzeug zu reparieren, misslangen. Schließlich rang sich der Bauer durch, einen Fachmann herbeiholen zu lassen. Dieser schaute sich den Traktor an, betätigte den Anlasser, hob die Motorhaube an und beobachtete alles ganz genau. Schließlich nahm er einen Hammer. Mit einem einzigen Hammerschlag an einer bestimmten Stelle des Motors machte er den Traktor wieder funktionsfähig. Der Motor tuckerte, als wäre er nie kaputt gewesen. Als der Fachmann dem Bauern die Rechnung gab, war dieser erstaunt und ärgerlich: „Was, du willst fünfzig Tuman, wo du nur einen Hammerschlag getan hast?!" „Lieber Freund", sagte da der Fachmann: „Für den Hammerschlag berechnete ich nur einen Tuman. Neunundvierzig Tuman aber muss ich für das Wissen verlangen, wo dieser Schlag zu erfolgen hat."

Das inhaltliche Vorgehen

In meiner psychotherapeutischen Praxis und Klinik fiel mir etwas auf, das ich seither – dafür sensibel geworden – auch im alltäglichen Leben immer wieder beobachte: Sowohl bei orientalischen als auch bei europäischen und amerikanischen Patienten finden sich im Zusammenhang mit bestehenden Symptomen Konflikte, die auf sich wiederholende Verhaltensweisen zurückgehen. In der Regel sind es nicht die großen Ereignisse, die zu Störungen führen. Vielmehr führen die immer wiederkehrenden kleinen seelischen Verletzungen zu „empfindlichen" oder „schwachen" Stellen, die schließlich zu schwerwiegenden Konfliktpotentialen auswachsen. Was sich auf dem erzieherischen und psychotherapeutischen Sektor als Konfliktpotential und Entwicklungsdimension darstellt, findet sich in der Moral, Ethik und Religion im normativen Sinn als Tugend wieder.

Ich habe versucht, diese Verhaltensbereiche zu sichten und zu einem Inventar zusammenzustellen, mit dessen Hilfe sich die inhaltlichen Komponenten der Konflikte und Fähigkeiten beschreiben lassen.

Die gesellschaftlichen Normen und Spielregeln

Aus dem eigenen Fähigkeitspotential der Erkenntnisfähigkeit und der Liebesfähigkeit eines jeden Menschen entwickeln sich im Zusammenleben einer Familie soziale Normen und Spielregeln, die – weil sie aktuell im täglichen Leben wirksam sind – als *Aktualfähigkeiten* bezeichnet werden. Aufgabe der Erziehung ist es dabei, die Entwicklungsbedingungen so zu gestalten, dass die in jedem Menschen angelegten Fähigkeiten zur Ausprägung gelangen können, was wiederum von den fördernden oder hemmenden Bedingungen von Körper – Umwelt – Zeit abhängt. Inhaltlich lassen sich die Aktualfähigkeiten in zwei grundsätzliche Kategorien einteilen:

Die **sekundären Fähigkeiten** sind Ausdruck der Wissensvermittlung und damit der Erkenntnisfähigkeit. In ihnen spiegeln sich die Leistungsnormen einer Gesellschaft wider, in der ein Mensch lebt. Zu ihnen gehören: *Pünktlichkeit, Sauberkeit, Ordnung, Gehorsam, Höflichkeit, Ehrlichkeit, Gerechtigkeit, Fleiß, Leistung, Sparsamkeit, Zuverlässigkeit, Genauigkeit, Gewissenhaftigkeit ...*

Die **primären Fähigkeiten** werden zuerst, d.h. primär in der emotionalen Eltern-Kind-Beziehung auf dem Boden der Liebesfähigkeit entwickelt. Primäre Aktualfähigkeiten sind: *Liebe (Emotionalität), Vorbild, Geduld, Zeit, Kontakt, Sexualität, Vertrauen, Zutrauen, Hoffnung, Glaube, Zweifel, Gewissheit, Einheit ...* Die primären Fähigkeiten sind also vor allem Bedingungen der Gefühlsbeziehungen, die jedem Kind in einer idealtypischen Entwicklungskette von seiner Ursprungsfamilie vermittelt werden. Aus den noch unbekannten Fähigkeitspotentialen entwickelt ein Kind über Angst, Aggression, Nachahmung, durch Vorbild, Glaube, Zeit, Zweifel, Hoffnung und Zutrauen seiner Bezugsperson das

Urvertrauen, das die Grundlage für eine gesunde Entwicklung bildet.

Die Aktualfähigkeiten werden im Verlauf der Sozialisation inhaltlich entsprechend dem soziokulturellen Bezugssystem gestaltet und durch die einzigartigen Bedingungen der individuellen Entwicklung geprägt. Als *Konzepte* werden sie in das Selbstbild aufgenommen und bestimmen die Spielregeln dafür, wie man sich und seine Umwelt wahrnimmt und mit ihren Problemen fertig wird.

Der Einfluss der Aktualfähigkeiten vollzieht sich in den folgenden vier *Medien:*

1. Mittel der Sinne (Beziehung zum eigenen Körper)
2. Mittel des Verstandes
3. Mittel der Tradition
4. Mittel der Intuition und der Phantasie

Die vier Qualitäten des Lebens

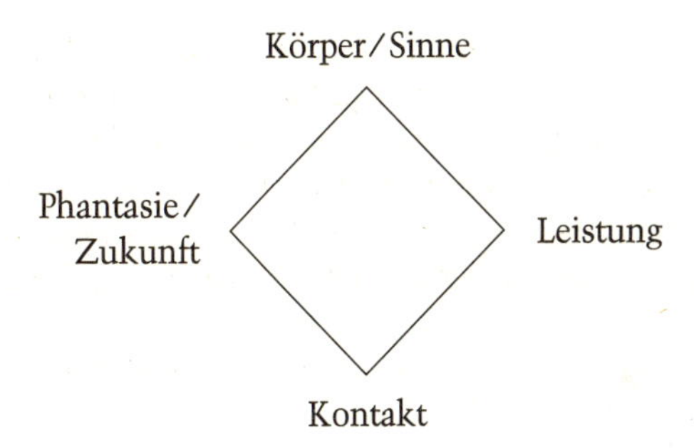

Körper / Sinne

Im Vordergrund steht das Körper-Ich-Gefühl. Wie nimmt man seinen Körper wahr? Wie erlebt man die verschiedenen Sinneseindrücke aus der Umwelt?

Stressfaktoren: Krankheit, Kuren, Operationen bei sich selbst oder Angehörigen, übermäßige akustische Reize (Lärm, Musik, Geräusche über einen bestimmten Zeitraum), optische Reize (Umwelt, Straßenverkehr, Fernsehen, Werbung etc.)

Leistung / Verstand

Zwei einander entgegengesetzte Konfliktreaktionen sind möglich: die Flucht in die Arbeit und die Flucht vor Leistungsanforderungen.

Stressfaktoren: Unzufriedenheit mit beruflichen Ergebnissen, Kündigungen, Rente, Höhergruppierung, Nichtbeförderung, Stellenwechsel, neue MitarbeiterInnen und Vorgesetzte, Verlust von MitarbeiterInnen etc.

Kontakt / Tradition

Die sozialen Verhaltensweisen werden durch individuelle Lernerfahrungen und die Überlieferung (Tradition) bestimmt. Wir können auf Konflikte reagieren, indem wir die Beziehung zu unserer Umwelt problematisieren: Ein Extrem ist hierbei die Flucht in die Geselligkeit, wobei in der Geborgenheit der Gruppe und in der Aktivität die Probleme entschärft werden sollen. Man versucht, durch Gespräche mit anderen Sympathie zu erwecken und Solidarität zu erzielen: „Wenn ich mich über meine Schwiegermutter aufrege, rufe ich meistens eine Freundin an und spreche mit ihr stundenlang darüber."

Umgekehrt kann man den Rückzug aus der Gemeinschaft antreten. Man distanziert sich von Menschen, die einen beunruhigen, fühlt sich gehemmt, meidet Geselligkeiten sowie jede Möglichkeit, mit anderen Menschen zusammenzukommen.

Stressfaktoren: Eingehen einer Partnerschaft, Heirat, Geburt, Trennung vom Partner, von Kindern, Eltern, Freunden, Scheidung, Hausbau, Wohnungswechsel, finanzielle Probleme, zwischenmenschliche Konflikte etc.

Fantasie / Zukunft

Der vierte Bereich, der wie der dritte im westlichen Abendland im Schatten zu stehen scheint, obwohl er ungemein wirksam ist, ist die Beziehung zur Fantasie und Zukunft.

Intuition und Fantasie reichen über die unmittelbare Wirklichkeit hinaus und können all das beinhalten, was wir als Sinn einer Tätigkeit, Sinn des Lebens, Wunsch, Zukunftsmalerei oder Utopie bezeichnen. Auf die Fähigkeiten der Intuition und Fantasie und die sich durch sie entwickelnden Bedürfnisse gehen Weltanschauungen und Religionen ein, die damit die Beziehung auch zu einer ferneren Zukunft (Tod, Leben nach dem Tode) vermitteln.

Man kann jedoch auch auf Konflikte reagieren, indem man die Fantasie aktiviert, Konfliktlösungen fantasiert, sich in Gedanken einen gewünschten Erfolg vorstellt oder Menschen, die man hasst, in der Vorstellung bestraft oder gar tötet. Als „Privatwelt" schirmt die Fantasie gegen verletzende und kränkende Einbrüche aus der Wirklichkeit ab und schafft eine vorläufig angenehme Sphäre (Alkohol- und Drogenmissbrauch). Sie kann eine „böse Tat" oder eine schmerzliche Trennung von einem Partner ungeschehen erscheinen lassen. Sie kann aber auch verängstigen, übermächtig werden und als Projektion der eigenen Ängste die Wirklichkeit unerträglich machen. Fantasie vermischt sich so mit Wahrnehmungen und führt zu Symptomen, wie sie in der Schizophrenie als Wahnvorstellungen anzutreffen sind.

Stressfaktoren: Todesfälle, Verluste, Selbstzweifel, Schwinden beruflicher oder privater Zukunftsperspektiven, Berentung, Alter etc.

Vier Qualitäten des Lebens und vier Formen der Konfliktverarbeitung

Die Konzepte steuern das Verhalten. So hat beispielsweise das auf die Aktualfähigkeiten „Sparsamkeit" und „Fleiß/Leistung" bezogene Konzept „Sparst du was, dann hast du was – hast du was, dann bist du was" Einfluss auf das Erleben eines Menschen und viele seiner Handlungen: auf das Verhältnis zum eigenen Körper, zum Essen, zum Lustgewinn, zur Bedürfnisbefriedigung, zum Beruf, zum Partner, zu zwischenmenschlichen Beziehungen, zur Phantasie, Kreativität und schließlich zur eigenen Zukunft. Mit anderen Konzepten verbunden, kann dieses Konzept in weitem Ausmaß die individuellen Möglichkeiten bestimmen: „Gäste einladen ist für mich rausgeschmissenes Geld." „Was für mich zählt, ist der berufliche Erfolg." „Ich brauche meine Mitmenschen in erster Linie, um meine Interessen durchzusetzen." „Gefühlsduselei ist Quatsch, Märchen sind Kinderkram."

In dieser Form verknüpfen sich die Konzepte eng mit den Gefühlen und können im Konfliktfall zu Aggressionen und Ängsten führen.

Während der eine sehr viel Wert auf Fleiß und Leistung oder Sparsamkeit legt, betont der andere Ordnung, Pünktlichkeit, Kontakt, Gerechtigkeit, Höflichkeit, Ehrlichkeit. Jede dieser Normen erfährt ihrerseits eine eigene situations-, gruppen- und gesellschaftsgebundene Gewichtung. Diese unterschiedlichen Wertorientierungen treffen im zwischenmenschlichen Zusammenleben und im Erleben des Einzelnen aufeinander und können dort zu Unstimmigkeiten und Konflikten führen. So wird beispielsweise die „lebendige persönliche Unordnung" des einen für den anderen, dem die Ordnung das halbe Leben ist, zu einem fast unüberwindbaren Problem.

Bildlich gesprochen entsprechen die vier Bereiche einem Reiter, der motiviert (Leistung) einem Ziel zustrebt (Phantasie). Er braucht dazu ein gutes und gepflegtes Pferd (Körper) und für den Fall, dass dieses ihn einmal abwerfen sollte, Helfer, die ihn beim Aufsteigen unterstützen (Kontakt).

Fragen nach den vier Formen der Konfliktverarbeitung

Einige allgemein orientierende Fragen können helfen, den Schwerpunkt der Konfliktverarbeitung herauszufinden:

Wie reagieren Sie, wenn Sie Probleme haben? Antworten Sie auf Konflikte durch ihren Körper, durch Leistung, indem Sie Hilfe bei anderen Menschen suchen oder in Ihrer Phantasie?

Welche Aussage gilt für Sie? Ich glaube, was ich verstehe. Ich glaube an das, was – z.B. durch meine Eltern – überliefert ist. Ich glaube an das, was mir spontan einfällt.

Was war das Motto in Ihrem Elternhaus? Essen und Trinken hält Leib und Seele zusammen. Kannst du was, dann bist du was. Was sagen die Leute? Alles liegt in Gottes Hand.

Was die Entwicklung fördert

Die Aktualfähigkeiten haben also eine komplexe Wirkung: Erlernt in dem primären Beziehungsgefüge der Familie, haben sie Auswirkungen auf verschiedene Funktionsebenen: auf die individuelle innerseelische Erlebnissphäre, auf die psychosomatischen Verarbeitungsmöglichkeiten und auf das Gruppengeschehen der Gesellschaft.

Bei jeder inhaltlich-dynamischen Analyse von Konflikten und Schwierigkeiten ist die Differenzierung hinsichtlich der *aktiven* und *passiven* Dimension der Aktualfähigkeiten wichtig. *Aktiv* meint dabei die aktive Handlungsweise oder das aktive Verhaltensmuster einer Person, z.B. ob jemand pünktlich oder unpünktlich, ordentlich oder unordentlich, gerecht oder ungerecht ist. Die *passive* Dimension einer Aktualfähigkeit beschreibt dagegen eine Erwartung an andere Menschen, also die Fähigkeit oder Unfähigkeit, die Unpünktlichkeit, Unordnung oder Ungerechtigkeit anderer ertragen zu können, ohne daran zu zerbrechen. Oft ist diese Erkenntnis der zwei Dimensionen schon der erste Schritt zu einer Konfliktlösung.

Die aktive Dimension am Beispiel „Ordnung" bedeutet:

Die Fähigkeit, Ordnung zu halten, etwas zuzuordnen, zu organisieren, zu managen.

Die passive Dimension am Beispiel „Ordnung" bedeutet:

Die Fähigkeit, mit Unordnung angemessen umzugehen, die Unordnung anderer ertragen zu können, andere Vorstellungen von Ordnung zu tolerieren.

Was das Fass zum Überlaufen bringt ...

Durch die Erziehung entwickelt jeder Mensch ein individuelles Muster an Verhaltensweisen, die sich inhaltlich auf die Kategorien der Aktualfähigkeiten beziehen. Dabei bleibt es nicht aus, dass jeder abhängig von seinen Erfahrungen und den jeweiligen familiären Bewertungen ganz individuelle Sensibilitäten entwickelt. Treffen nun wiederholt kleine alltägliche Verletzungen auf einen dieser empfindlichen Bereiche, wird sich eine dauerhafte emotionale Belastung einstellen – nach dem Motto: „Steter Tropfen höhlt den Stein". Oftmals werden diese sogenannten „Mikrotraumen" – kleine Ärgernisse und Verletzungen – als Bagatellen nicht genügend ernst genommen. Erst wenn „der letzte Tropfen das Fass zum Überlaufen bringt", wundern wir uns über die Heftigkeit der Reaktion und registrieren dann erst die neuralgischen Punkte der Persönlichkeit.

Konfliktpotential kann entstehen, wenn nicht genügend zwischen eigenen und fremden Verhaltensmustern unterschieden wird. Konflikte treten aber auch auf, wenn einzelne Familienmitglieder verschiedene Erwartungen hegen und daraus Missverständnisse resultieren.

Die Aktualfähigkeiten besitzen für die Methode der Positiven Psychotherapie eine große Bedeutung. Um die Tragfähigkeit eines Patienten im Hinblick auf mögliche Konfliktbereiche zu prüfen und ihm in der Differenzierung seiner Situation zu helfen, orientieren wir uns an einer Liste der Aktualfähigkeiten, dem Differenzierungsanalytischen Inventar (DAI). Statt allgemein von Stress, Konflikt oder Krankheit zu reden, können wir feststellen, wann eine konflikthafte Reaktion auftritt, in welcher Situation, bei welchem Partner und bezüglich welcher Inhalte. Eine Frau, die regelmäßig abends schwere Angstanfälle erleidet, wenn ihr Partner zu spät nach Hause kommt, zeigt nicht nur Angst vor dem Alleinsein, was auf die Aktualfähigkeit „Kontakt" hindeuten würde. Ihre Angst kann auch an die Aktualfähigkeit „Pünktlichkeit" gebunden sein. Dieses differenzierte Vorgehen ermöglicht es uns, gezielter auf die Bedingungen eines Konflikts einzugehen.

In Geschichten werden die Aktualfähigkeiten in den unterschiedlichsten Erscheinungsformen thematisiert: Während pädagogisch ausgerichtete Geschichten wie der *Struwwelpeter* vor allem einzelne psychosoziale Normen wie Gehorsam, Höflichkeit und Ordnung vermitteln, stellen andere Geschichten eben diese Normen in Frage und bieten ungewohnte, neue Konzepte.

Die Einteilung der Aktualfähigkeiten in die leistungsbezogenen sekundären Fähigkeiten und die emotional orientierten primären Fähigkeiten findet sich in einer Reihe von hirnorganischen Untersuchungen bestätigt. Sie weisen darauf hin, dass die beiden Großhirnhälften, die Hemisphären, nach zwei unterschiedlichen Informationsverarbeitungsprogrammen operieren. Die linke, in der Regel dominierende Hemisphäre ist für logische Schlüsse, analytische Schritte und den verbalen Kommunikationsteil zuständig. Mit anderen Worten: die linke Gehirnhälfte trägt in irgendeiner Weise die leistungsorientierten sekundären Fähigkeiten und ist Repräsentant für Verstand und Vernunft. Der rechten Hemisphäre werden ganzheitliches Denken, einheitliches Erfassen, bildhafte Vorstellung und emotionale Assoziationen zugeschrieben. Sie steuert die emotional orientierten primären Fähigkeiten und ist demnach der „Sitz" von Intuition und Phantasie. Legen wir diese Hypothese zugrunde, gewinnt die Anwendung von Geschichten und Mythologie in der Psychotherapie eine neue Wertigkeit: Der beabsichtigte Standortwechsel bahnt den Weg für Intuition und Phantasie, die dann therapeutisch wichtig werden, wenn Vernunft und Rationalität allein die auftretenden Probleme nicht bewältigen können. Man gewinnt Zugang zur Phantasie und lernt in den Sprachbildern der Geschichten zu denken.

Humor ist die Fähigkeit,
heiter zu bleiben, wenn es ernst wird.

❖

Humor ist ein universelles Heilmittel.

❖

„Na, lieber Herr Kollege, wie ist die Arbeitsmoral in Ihrem Institut?" – „Wie bei Robinson: Warten auf Freitag!"

Du weißt nicht, wie schwer die Last ist, die du nicht trägst

Bei gleicher Umgebung lebt doch jeder in einer anderen Welt.

Die Sorgen der anderen

Eine Frau war mit ihrem Schicksal unzufrieden: sie war ärmer als alle anderen, und das Brot reichte nie für ihre sieben Kinder. Ihr Mann war schon früh gestorben. Da erschien ihr eines Nachts, nach verzweifeltem Gebet, ein Engel, der ihr einen Sack gab und befahl, alle ihre Sorgen und Nöte hineinzuwerfen. Der Sack war kaum groß genug, um so viel Kummer, Sorgen und Ängste zu fassen. Der Engel aber nahm sie bei der Hand und führte sie, die, stöhnend und vor sich hinschimpfend, den Sack trug, in den Himmel. Oben angekommen, staunte die Frau. Sie hatte sich den Himmel anders vorgestellt. Die Wolken waren alle Sorgensäcke. Und auf dem größten der Säcke saß ein alter, sehr ehrwürdiger Herr, der ihr aus der Kindheit von Bildern her noch bekannt war. Der Allwissende wusste auch um ihre Sorgen – hatte er doch ihre Gebete und Flüche tagtäglich gehört. Er gebot ihr, den Sack abzustellen, und sagte, sie dürfe alle anderen Säcke öffnen und in sie hineinschauen. Für einen aber müsse sie sich entscheiden und ihn in ihr Erdenleben zurücknehmen. Sie öffnete einen Sack nach dem anderen und fand Ärger, Probleme, bedrängende Konflikte, Langeweile und Ähnliches mehr. Viele dieser Dinge kamen ihr fremd vor, andere bekannt, und von wiederum anderen wusste sie nicht recht, ob sie sie schon einmal gesehen hatte oder nicht. Mühsam arbeitete sie sich durch die Wolken hindurch, bis sie endlich zu dem letzten Sack kam. Diesen öffnete sie, breitete den Inhalt aus, gliederte ihn und erkannte, dass es ihrer war. Als sie den Sack hob, kam er ihr viel leichter vor, mehr noch: ihre Sorgen quälten sie nicht mehr, ihre Schmerzen taten nicht mehr weh. Stattdessen sah sie reale Missstände und lohnende Ziele.

Die Stufen des Lebens

Mit der Geburt betreten wir einen Lebensraum, der, wie wir selbst, ständigen Veränderungen unterworfen ist. Als Kind werden wir uns allmählich unserer selbst bewusst. Die Pubertät lässt uns in die Erwachsenenwelt hineinwachsen. Singles werden zum Paar, Beruf und Elternschaft wollen gemeistert sein. Dann werden wir mit der Sinnkrise der Lebensmitte und der Wechseljahre konfrontiert. Der Ruhestand fordert wieder eine grundsätzliche Umgestaltung des Lebens, und das Alter führt uns in die Auseinandersetzung mit der Sterblichkeit und in die Vorbereitung auf den Tod.

Jeder neue Lebensabschnitt, jeder Übergang, jeder Einschnitt bringt unbekannte Risiken mit sich, die Ängste hervorrufen können. Psychotherapeuten diagnostizieren diese Wandlungsangst in allen Lebensphasen.

Individuell können die einzelnen Stressfaktoren natürlich sehr unterschiedlich stark empfunden werden. Doch ein Leben ohne Stress ist in den Industrienationen kaum vorstellbar. Dies gilt gleichermaßen für den privaten wie auch für den geschäftlichen Bereich. Der Tod des Partners ist, wie Befragungen ergeben haben, der größte Stressfaktor. Als sehr starker Stress wird von den Befragten auch eine Scheidung empfunden. Auf den nächsten Plätzen folgen Stressfaktoren am Arbeitsplatz, nämlich Kündigung, neue Verantwortung und vergeblich erwarteter Aufstieg. Umzug und Urlaub schließen die Liste der wichtigsten Stressoren.

Wie ein Mensch mit diesen Belastungen fertig wird, hängt von seiner Persönlichkeit und seinen Einstellungen ab. Vor ihrem Hintergrund erhalten die äußeren Ereignisse ihr emotionales Gewicht.

Die Spielregeln der Gesellschaft

Um ein bestimmtes Verhalten zu verstehen, brauchen wir Hintergrundinformationen, die uns Maßstäbe für das spätere Urteil geben. Dies bedeutet, sowohl die besonderen kulturellen Bedingungen zu berücksichtigen, als auch die Bedingungen, die in der persönlichen Lebensgeschichte einem Verhalten erst Sinn geben.

Das positive Vorgehen besagt, dass wir eine möglichst umfassende Übersicht über die Interpretationsmöglichkeiten eines

Symptoms oder eines Krankheitsbildes anstreben mit dem Ziel, Einfluss auf das Krankheits- und Selbstverständnis der Patientenfamilie zu nehmen.

Wir untersuchen, wie die gleiche Störung oder Krankheit in anderen Kulturen wahrgenommen und bewertet wird, wie andere Menschen der eigenen Kultur und die Familie damit umgehen und welche spezielle Bedeutung die Konflikte für einen selbst haben und auf welche Inhalte sie sich beziehen.

Die unterschiedlichen Auffassungen des gleichen Verhaltens legen den Menschen aus verschiedenen Kulturen verschiedene Reaktionsweisen nahe. In diesen unterschiedlichen Interpretationen spiegeln sich die zwischenmenschlichen Spielregeln dieser Gruppen wider. Sie geben an, welches Verhalten noch als „normal" gilt und wann die Grenze zum Abnormen oder Krankhaften überschritten ist. Indem man sich klarmacht, dass das gleiche Verhalten in einer anderen Kultur oder zu einer anderen Zeit nach anderen Maßstäben bewertet wird, es dort als unauffällig oder gar wünschenswert gilt, wird der eigene Horizont erweitert und die Perspektive kann sich ändern. Man misst das Verhalten nicht mehr allein an den vorgegebenen Wertmaßstäben, sondern vergleicht es mit anderen Konzepten. Dies bedeutet für die zwischenmenschlichen Beziehungen: Durch die Relativierung der eigenen Werthaltungen werden Vorurteile in Frage gestellt, Fixierungen gelöst und Kommunikationsblockaden aufgehoben.

Dieser Überlegung folgt ein therapeutisches Prinzip der Positiven Psychotherapie: Wir deuten weniger ein auffälliges Verhalten, als dass wir nach den Spielregeln fragen, die dieses Verhalten erst auffällig erscheinen lassen. Dies geschieht dadurch, dass wir Auffassungen, Konzepte, Geschichten, Lebensweisheiten und Spielregeln aus anderen Kulturen in das familiäre und therapeutische System einbeziehen (transkulturelle Fragestellung).

Der Verstand sucht und das Herz findet.

Freundlichkeit ist eine Sprache, die Taube hören
und Blinde sehen.

Wenn einem alles über den Kopf wächst

Wer alles will, dem entgeht alles.

Die zerbrochene Schale

Eine verheiratete Frau hatte auf einer Reise einen anderen Mann kennen gelernt und sich in ihn verliebt. Sie hatte mit ihm eine schöne Zeit verbracht. Wieder zu Hause, dachte sie ständig an ihren Liebhaber. Nichts erweckte mehr ihr Interesse. Ihr Ehemann war ihr gleichgültig wie die Wolken am Himmel. Sie langweilte sich. Vor Trauer und Langeweile hätte sie weinen mögen, befürchtete aber, ihre Tränen könnten sie und ihre geheimen Wünsche verraten. Wie unabsichtlich ließ sie am Abend eine kostbare Schale fallen. Die Schale zerbrach, und die Frau fing so herzzerbrechend an zu weinen, dass ihr Mann ihr nicht böse sein konnte. Im Gegenteil, zusammen mit der Schwiegermutter tröstete er seine Frau und sagte: „Meine geliebte Frau, so schlimm ist es doch nun wieder nicht. Die Schale ist deine Tränen nicht wert." Doch die Frau weinte sich ihre Langeweile und ihren Kummer vom Herzen.

Positive Stressbewältigung

Wir alle befinden uns in einem Umfeld, in dem Probleme besonders gut zu gedeihen scheinen: Arbeitsdruck, Verantwortung, Engagement für Unternehmen und Mitarbeiter auf der einen – Familie, Freizeit, Erholung und sonstige soziale Kontakte auf der anderen Seite stehen sich oft gegenüber. Die Folgen, manchmal als „Managerkrankheit" bezeichnet, bleiben sowohl im körperlichen als auch im psychischen Bereich nicht aus. In den Industrieländern äußert sich dieser Zusammenhang in den berühmten „Todsünden der Zivilisation". Fünf Risikofaktoren sind bei der Entstehung und Entwicklung psychosomatischer Erkrankungen, vor allem aber der so genannten Zivilisationskrankheiten, beteiligt:

1. Alkohol, Rauschmittel und Drogen
2. Rauchen
3. Übergewicht

4. Bewegungsmangel
5. Emotionaler Stress (Angst, innere Spannungen usw.)

Entsprechend dem orientalischen Motto „Wenn du eine hilfreiche Hand brauchst, so suche sie am Ende deines eigenen Armes!", sollte jeder zunächst seine eigenen Fähigkeiten und Selbsthilfepotenziale erkennen und aktivieren, um erfolgreich eine spezielle Störung zu beheben.

Die Mücke wird zum Elefanten

Die so genannten Kleinigkeiten oder Lappalien potenzieren sich unter gewissen Bedingungen, bis sie schließlich dramatische Ausmaße annehmen, entsprechend der Redewendung: „aus einer Mücke einen Elefanten machen". „Kleinigkeiten" pflanzen sich gleichsam durch „Zellteilung" fort und geraten schließlich außer Kontrolle. Sie sammeln sich so lange an, bis der bis dahin unterschwellige Konflikt akut wird. Psychosomatische Störungen entstehen nicht aus heiterem Himmel, sondern haben ihre eigene Geschichte. Dies kommt etwa in solchen Äußerungen zum Ausdruck:

„Seit Jahren rege ich mich schon darüber auf und leide darunter." „Ich habe mich in der Zwischenzeit damit abgefunden." „Ich kann es bald nicht mehr aushalten." „Tausendmal habe ich es ihm gesagt." „Ich kann tun, was ich will, er ändert sich doch nicht." „Immer habe ich die Last auf mich genommen." „Ich konnte nie nein sagen."

Für viele Betroffenen sind jedoch die Auslöser dieser Konflikte bereits keine Kleinigkeiten mehr. „Wenn ich mit meinem Mann über meine Probleme sprechen möchte, hört er nicht richtig zu und sagt dann, das seien doch alles Kleinigkeiten. Für mich sind das keine Kleinigkeiten. Mich ärgert diese Gleichgültigkeit sehr", klagte eine 33-jährige Lehrerin, die unter Kopfschmerzen, partnerschaftlichen Konflikten, Sexualstörungen und Stoffwechselkrankheiten litt.

Praktische Konsequenzen, Selbsthilfe

Vielen Menschen fällt es schwer, die Hintergründe von Symptomen zu erkennen, insbesondere, wenn sie selbst oder ihre Angehörigen davon betroffen sind. Darum ist es wichtig, den Betroffenen und seine Familie über den Zusammenhang zwischen seinen Symptomen und seinen Konflikten aufzuklären.

Fragen Sie sich selbst

Wie reagieren Sie, wenn Ihr Partner nicht rechtzeitig zu einem vereinbarten Termin kommt? – Wenn er nicht das tut, was Sie für richtig und wichtig halten? – Was tun, Sie, wenn einer Ihrer Mitmenschen Sie anlügt? – Wenn einer um sich eine unerträgliche Duftwolke verbreitet oder Sie mit einem Menschen ein längeres Gespräch führen müssen, der grausam aus dem Mund riecht? – Was empfinden Sie, wenn Sie ungerecht behandelt und andere Ihnen gegenüber bevorzugt werden? – Wie fühlen Sie sich, wenn Sie merken, dass ein anderer Sie betrogen hat, dass Ihr Partner fremdgeht? – Was empfinden Sie, wenn Sie vor einer Prüfung stehen?

Wenn Sie diese Fragen, die unterschiedliche Aktualfähigkeiten thematisieren, nicht nur überlesen, sondern sich mit den in ihnen enthaltenen Situationen innerlich beschäftigen, werden Sie feststellen, dass Emotionen und Affekte durch sie angesprochen werden.

Beispiele

„Hast du gelesen, was passiert ist? Da hat doch ein Mann seine Frau umgebracht, weil sie fremdgegangen ist." – Ehrlichkeit, Treue, Vertrauen, Hoffnung.

„Auf die Leute kann ich verzichten. Erst versprechen sie über Monate uns einzuladen, dann laden sie uns zum Abendessen ein. Was gibt es? Ein bisschen Wurst, Käse und Tee. Das können sie sich an den Hut stecken. Ich habe bald gesagt, dass es mir nicht so gut geht, und dann sind wir auch bald gegangen." – Pünktlichkeit, Sparsamkeit, Kontakt, Zeit, Höflichkeit, Ehrlichkeit.

„Benehmen ist für ihn Glücksache: Wenn er Suppe isst, schlürft er. Während des Essens geht er mit seinem Besteck in die Schüsseln, und hinterher stochert er mit den Fingern in den Zähnen herum." – Höflichkeit, Kontakt, Sauberkeit.

„Meine Frau hat mich ruiniert. Nach unserer Trennung rennt sie doch tatsächlich zum Finanzamt und erzählt denen, was ich nicht versteuert habe. Jetzt habe ich den Rechnungsprüfer im Haus und kann damit rechnen, noch eine ganz gehörige Strafe zu zahlen. So ein Miststück!" – Ehrlichkeit, Sparsamkeit, Gerechtigkeit, Vertrauen, Hoffnung.

„Wenn ich meine Familie mit meiner Sparsamkeit tyrannisiere, macht das meine Frau mit ihrem Ordnungssinn." – Ordnung, Sparsamkeit, Leistung.

„Mein Arzt hat mich schief angeguckt, als er gesehen hat, wie schmutzig meine Armbinde war. Er ist überhaupt so ein Pedant. Wenn man nur zwei Minuten zu spät kommt, macht er gleich ein Theater." – Sauberkeit, Pünktlichkeit, Höflichkeit, Vorbild, Geduld.

Was uns reizt und wie wir darauf reagieren

Wie nimmt man seinen Körper wahr? Wie erlebt man die verschiedenen Sinneseindrücke und Informationen aus der Umwelt? Die durch die Sinne aufgenommenen Informationen laufen durch die Zensur der erworbenen Wertmaßstäbe hindurch. Ein Kind nimmt durch seine Sinne zu Beginn seiner Entwicklung Kontakt zu seiner Umwelt auf. Die Gesamtheit der Aktivitäten wird durch die Sinne kontrolliert. Die einzelnen Sinnesqualitäten können im Zusammenhang mit derartigen Erlebnissen konflikthaft besetzt werden.

Der Schlaf- und Fütterungsrhythmus kann bedeutsam für die Entwicklung der Pünktlichkeit sein. So geraten manche Menschen in Panik, wenn sie jemanden schreien hören. Die Erinnerung an zornig schreiende Eltern oder die ständige Forderung der Eltern, sich ruhig zu verhalten, machen Lärm subjektiv unerträglich. Auch die anderen Sinnesqualitäten können betroffen sein. Ein schmutziges Aussehen ist an sich kein Anlass zur Aufregung. Erst dadurch, dass man am eigenen Leibe erfahren musste, dass Schmutz etwas Schlechtes ist und Schmutzigsein verabscheuenswürdig, reagieren wir auf den Anblick eines verdreckten Menschen mit Ekel. So werden diese Bereiche zum „Ort" geringerer Widerstandskraft und vermehrter Anfälligkeit. Konflikte werden psychisch und psychosomatisch verarbeitet.

Die Organwahl eines psychosomatisch erkrankten Patienten wird im Hinblick auf die Konzepte verständlich, an die er sich gegenüber dem Körper als Ganzem, einzelnen Organen und Organfunktionen sowie gegenüber Gesundheit und Krankheit hält. Sie determinieren im Gesamtzusammenhang des Konfliktgeschehens, warum ein Mensch mit dem Herzen reagiert, ein anderer mit dem Magen, den Atmungsorganen, der Haut und warum manche Menschen in die Krankheit fliehen, andere dagegen mit aller Macht körperliche Schwäche und Krankheit verleugnen müssen. Die Fragen nach diesen Konzepten können dem Patienten zur Einsicht in seine Konfliktsituation verhelfen und ihn damit der Psychotherapie zugänglich machen. So konnten wir bei einer Anzahl von Patienten mit Magenbeschwerden, aber auch bei Fettsüchtigen Konzepte beobachten, die sich auf die Nahrungsaufnahme bezogen („Was auf den Tisch kommt, wird gegessen"). Dagegen fanden wir bei Patienten mit koronaren Herzerkrankungen gehäuft Konzepte, die auf Problemsituationen bezüglich der Pünktlichkeit und Zeiteinteilung hinwiesen. Rheumatische Patienten zeigten vorwiegend eine typische Höflichkeitsproblematik („Reiß' dich zusammen, was sollen die Leute sagen"). Bei Patienten mit psychosomatischen Hauterkrankungen fanden sich auffällig häufig konfliktbesetzte Konzepte bezüglich Sauberkeit und Kontakt.

Körperliche Reaktionen auf Konflikte sind: körperliche Aktivitäten (sportliche Betätigung – „sich hängen lassen"), Schlaf (Konflikte „überschlafen" – Schlafstörungen), Nahrungsaufnahme (Esssucht, „Kummerspeck" – Nahrungsverweigerung, Magersucht), Sexualität (Donjuanismus, Nymphomanie – Sexualabwehr), psychosomatische Reaktionen verschiedener Ausprägung („Jedesmal, wenn ich mich über die Unpünktlichkeit meines Mannes aufrege, bekomme ich Kopfschmerzen").

Körpersprache – Der Körper lügt nicht

- Übelkeit: *„Es kotzt mich an", „Das ekelt mich".*
- Hoher Blutdruck: *„Ich stehe unter großem Druck", „Ich bin angespannt".*
- Durchfall: *„Ich scheiß' drauf", „Ich habe eine Scheißangst", „Da geht mir alles weg".*
- Kopfschmerzen: *„Ich zerbreche mir den Kopf", „Mir platzt der Schädel".*
- Bei Schrecken und Bedrängnis: *„Mir bleibt die Luft weg", „Ich bin ganz atemlos".*
- Ohnmacht: *„Ich werde schwach vor Glück oder Zorn", „Dem bin ich ohnmächtig ausgeliefert".*
- Juckreiz: *„Das geht mir unter die Haut", „Das juckt mich".*

Aktualkonzepte und Grundkonzepte

Konzepte prägen als Spielregeln – ausgesprochen oder unausgesprochen – die zwischenmenschlichen Beziehungen. Zum Teil formuliert man seine Konzepte klar und deutlich und sagt: „Ordnung ist das halbe Leben." Zum Teil lebt man sie, ohne sich ihrer bewusst zu werden. Man rückt jedes schiefe Bild gerade, bückt sich nach jedem Staubkörnchen und fühlt sich nicht wohl, wenn das Zimmer nicht so aufgeräumt ist, wie man es sich wünscht. Die Konzepte werden ebenfalls von einer Generation zur anderen weitergegeben: Indem man genau sagt, welche Ordnung etc. man wünscht, indem man die Ordnung vorlebt, das Kind oder den Partner für vermeintliche Unordnung straft und immer wieder den gleichen Bereich anspricht, so lange, bis der andere sich damit identifiziert, oder so lange, bis der andere die Flucht ergreift: „Wir laden meine Mutter nicht mehr ein. Immer muss sie uns zeigen, dass meine Frau nicht die ideale Hausfrau ist. Sie lässt keine Gelegenheit aus, um ihr eine Nachlässigkeit unter die Nase zu reiben."

Diese „Kleinigkeiten" – Mikrotraumen – sind nicht zufällig, sondern repräsentieren bestimmte Konzepte der sozialen Umgebung. Da die Eltern diejenigen sind, die von frühester Kindheit an auf einen Menschen einwirken, werden von ihnen als erste und wichtigste Personen die neuralgischen Punkte für derartige Mikrotraumen vorbereitet. Ohne die dahinterstehenden Konzepte bewusst zu kennen, vermitteln sie diese „tröpfchenweise". Das Kind merkt, wie es sich verhalten darf und wie nicht; es merkt, was gut und böse ist und verbindet die einzelnen Konzepte mit dem Bild, das es in sich selbst hat: „Meine Mutter muss rechtzeitig nach Hause kommen, sonst habe ich Angst. – Ich muss rechtzeitig nach Hause kommen, sonst macht sich meine Mutter Gedanken, und ich werde bestraft. Wenn ich nicht pünktlich bin, sind die anderen böse auf mich und weisen mich ab."

Konzepte hinsichtlich der Gesundheit: „Was auf den Tisch kommt, wird gegessen." – „Du siehst blass aus, also bist du krank." – „Alle Männer wollen nur das Eine." – „Essen und Trinken hält Leib und Seele zusammen."

Derartige Konzepte können die Beziehung zum Körper und zu körperlichen Krankheiten beeinflussen. Sie sind ein Grund dafür, warum Menschen so unterschiedlich auf körperliche Beschwerden reagieren, hypochondrisch in einer Schmerz- und Krankheitserwartung leben oder körperliche Störungen verdrängen.

Konzepte hinsichtlich der Leistung: „Kannst du was, dann bist du was." – „Erst die Schule, dann das Spiel." – „Geschäft ist Geschäft und Schnaps ist Schnaps." – „Ohne Fleiß kein Preis." – „Zeit ist Geld." – „Lehrjahre sind keine Herrenjahre."

Konzepte hinsichtlich der Kontakte: „Wozu brauche ich die anderen?!" – „Allein ist man schwach, gemeinsam ist man stark." – „Gäste sind Gnade Gottes." – „Verlassen kannst du dich auf dich selbst, nie auf die anderen." – „Ein Mensch ohne Freunde ist ein halber Mensch."

Konzepte hinsichtlich der Phantasie und Zukunft: „Alles nur Hirngespinste." – „Was interessiert mich die Wirklichkeit, wenn ich glücklich bin!" – „Gott sei Dank, dass mit dem Tod nicht alles vorbei ist." – „Wer wagt, gewinnt." – „Wunschlos unglücklich." – „Kommt Zeit, kommt Rat."

Konflikt – Konzept – Gegenkonzept

Das Aufeinandertreffen unterschiedlicher Konzepte ist für viele Menschen mit großen Schwierigkeiten verbunden. Sie haben nur gelernt, sich im Bezugsrahmen des eigenen Konzeptes auseinander zu setzen. Kommt ein Konfliktpartner mit einem anderen Konzept, ergeht es ihnen wie einem Schachspieler, dessen Partner nicht mehr nach den Regeln des Schachs, sondern nach denen des Damespiels vorgeht. Die Verbalisierung der Konzepte erfolgt über Konzept und Gegenkonzept und kann über den Ist-Wert und den Soll-Wert geprobt werden.

Eine 38-jährige Frau hatte nach zwei Scheidungen ihre Kinder in ein Internat gegeben, nachdem sie selber nicht mehr mit ihnen fertig wurde. Die Patientin hatte während ihrer Kindheit nicht weniger als vier mütterliche Bezugspersonen gehabt. Bereits in den ersten Sitzungen der Psychotherapie war sie hoch erregt, den Tränen nahe und sagte, dass sie in den letzten Nächten überhaupt nicht schlafen konnte. Auslöser war eine Situation, die im Rahmen des Ist-Werts und des Soll-Werts durchgearbeitet wurde.

Situation	Ist-Wert	Soll-Wert
Eine Bekannte der Patientin fragte nach den Kindern und erwähnte beiläufig: „Wie können Sie bloß Ihre Kinder weggeben?" (Dazugehöriges Konzept: Eine Mutter, die sich von ihren Kindern trennt, ist eine Rabenmutter.)	Die Patientin fühlte sich angegriffen: „Ich war fix und fertig. Ich wollte niemanden mehr sehen. Hinterher habe ich mich fürchterlich aufgeregt." (Konzept der Patientin: „Niemand versteht mich.")	„Wenn jeder alles vom anderen wüsste, würde jeder gern und leicht vergeben" (Gegenkonzept). Die Aussage des Angreifers wird relativiert, das Konzept der Patientin wird einbezogen: „Wenn du wüsstest, warum ich es getan habe, würdest du mich nicht Rabenmutter nennen." Die Bekannte konnte nicht verstehen und damit nicht verzeihen, weil sie die Motive der Patientin nicht kannte.

Der Patientin gab das Gegenkonzept die Möglichkeit, den Konflikt anders zu sehen, als sie ihn zuvor interpretiert hatte. Aufgrund ihrer latenten Schuldgefühle hatte sie zuvor die Aussage ihrer Bekannten lediglich als ungerechte Aggression empfunden und spontan darauf reagiert. Das Gegenkonzept gab ihr die Möglichkeit, das Verhalten ihres Konfliktpartners als Missverständnis und damit weniger auf sich bezogen zu verstehen.

Aus Sicht der Positiven Psychotherapie kann jede Anpassung des Organismus an neue Situationen in diesem Sinn als Stress wirken. Vieles spricht sogar dafür, dass der Mensch ein Mindestmaß an Spannung und Stress braucht. Stress wird nicht von jedem gleich wahrgenommen. Für den einen wirken Leistungsanforderungen, für den anderen die Konfrontation mit Unordnung, Unhöflichkeit, Untreue oder betonter Pünktlichkeitsforderung als Stress.

Glück ist, was du täglich tust.

❖

Jeder will unbedingt etwas Großes leisten,
obwohl das Leben hauptsächlich aus Kleinkram besteht.

❖

Kleine Taten verändern die Welt.

❖

Die zweite Hälfte des Lebens eines Menschen besteht oft
aus nichts anderem als den Gewohnheiten,
die er in der ersten Hälfte angenommen hat.

Was haben Magenbeschwerden mit Sparsamkeit zu tun? – Die Entstehung psychischer und psychosomatischer Krankheiten

Zwei Dinge trüben sich beim Kranken:
a) der Urin, b) die Gedanken. (Eugen Roth)

„Meine Beschwerden nahmen in den letzten sechs Monaten zu. Nach jeder Mahlzeit bekam ich plötzlich Magenschmerzen. Bei der geringsten Erregung spürte ich sofort ein Völlegefühl im Magen. Dazu kommt, dass jede kleine Aufregung zu Schweißausbrüchen führt. Ich fühle mich durch diese Beschwerden in meiner Leistungsfähigkeit sehr eingeschränkt. Außerdem habe ich Angst, dass die Beschwerden weiter zunehmen könnten. Ich habe jetzt schon das Gefühl, dass ich alles nicht mehr so schaffen kann, wie ich das gerne möchte ... Angefangen haben die Beschwerden, kurz nachdem eine Abteilung der Firma in einen entlegenen Gebäudeteil verlegt wurde. Zugleich erhielt ich die Nachricht, dass mein ehemaliger Chef hierher zur Stammfirma kommen will. Als ich selbst noch in der Filiale gearbeitet habe, hatte ich große Probleme mit ihm. Diese Nachricht war ein großer Schock für mich" (Hartmut O., 48-jähriger Geschäftsmann).

Herr O. stellte sein Problem als beruflichen Konflikt dar. Von seinen Schilderungen her wäre ich fast geneigt gewesen, sein Problem als berufliche Überforderung und Autoritätskonflikt zu deuten. Die penible Art, wie Herr O. auftrat, gab mir den Eindruck einer eher zwanghaften Persönlichkeitsstruktur. Dennoch war aus den Beschwerden und der Selbstdarstellung des Patienten noch nicht genügend plausibel, wie es zu den Magenbeschwerden gekommen war, als deren Ursache bereits röntgenologisch ein Magengeschwür diagnostiziert worden war. Gegenüber diesem organischen Symptom trat die psychische Symptomatik in den Hintergrund. Der Patient sprach von Erregungsgefühlen, die sich bei ihm auf den Magen legten, und von der Angst, dass die Beschwerden weiter zunehmen könnten. Die Inhalte der

Angstgefühle, die nicht Folge, sondern Bedingung der körperlichen Beschwerden waren, wurden beharrlich verschwiegen. Allenfalls von Schweißausbrüchen konnte Herr O. berichten, die ihn anfallartig überfielen und die ein Äquivalent für verdrängte Angstgefühle sein konnten. Herrn O. fiel es nicht schwer, die Art seiner Konfliktverarbeitung zu beschreiben: „Ich reagiere auf Konflikte mit meinem Körper und mit meiner Phantasie, da bin ich genau wie meine Frau. Wenn die sich über etwas ärgert, bekommt sie Kopfschmerzen."

Er sprach hier zum erstenmal von seiner Frau und stellte sie so dar, dass sie mit nahezu dem gleichen Recht hätte Patient sein können wie er. Es deutete sich an, dass zusätzlich zu seiner beruflichen Problematik auch familiäre Schwierigkeiten bestanden. Als Ingenieur hatte Herr O. eine beachtliche Karriere gemacht und stellte jetzt, wie er selbst sagte, etwas dar. Dieses Gefühl genoss er, auch wenn er sich zum Teil von den ihm untergeordneten Ingenieuren bedrängt fühlte, ebenso von seinem Chef. Seine Frau habe, so berichtete er, ihren Beruf als Prokuristin aufgegeben und lebe jetzt nur noch für die Familie, das heißt für ihn und den 16-jährigen Sohn. Weder sie noch er zeigten sich besonders kontaktfreudig. Halb ironisch, halb überzeugt, kommentierte Herr O.: „Trautes Heim – Glück allein."

Auf die Frage, welche Konzepte für ihn wichtig gewesen seien, nannte er, ohne große Umstände: „Bei uns hieß es: ‚Was auf den Tisch kommt, wird gegessen.' Da waren meine Eltern und vor allem meine Tante unerbittlich. Wenn ich etwas nicht essen wollte, weil es mir nicht schmeckte, dann musste ich mich so lange in die Ecke stellen, bis ich bereit war, die Suppe aufzuessen. Dann war bei uns Leistung sehr groß geschrieben. Was ich bin, verdanke ich der Tatsache, dass ich immer wieder dazu angehalten wurde, nach oben zu streben. Wichtig war bei uns auch noch die Sparsamkeit." Gerade das Thema Sparsamkeit griff Herr O. bei der Durchführung des DAI auf. Er zeigte sich geradezu fasziniert davon. Als „Rezept" bekam Herr O. die Aufgabe, die Konfliktsituationen zu beschreiben, unter welchen seine Magenbeschwerden auftreten, und dabei auch etwas auf seine Beziehung zur Sparsamkeit zu achten.

Herr O. berichtet:
„Ich habe über das ganze Problem nachgedacht und die Fragen aufgeschrieben. Dabei ist mir bewusst geworden, dass ich tatsächlich geizig bin. Ich habe mich so darüber erregt und bin so erschüttert, dass ich das, was ich aufgeschrieben, wieder zerrissen habe. Mir fiel auf, dass ich der Einzige in der Familie bin, der die Zahnpasta zusammenrollt, um den letzten Rest aus der Tube herauszukriegen. Frau und Sohn lassen sie einfach so liegen, das stört mich. Eine andere Sache ist die mit der Marmelade: Beim Schöpfen aus dem Glas bleibt ja am Rand immer etwas hängen. Wenn die Marmelade im Glas weniger wird, dann schiebe ich mit dem Löffel die Marmelade vom Rand nach. Ein weiteres Beispiel ist das Licht im Haus. Ich gehe grundsätzlich jedem hinterher und drehe überflüssige Lampen ab. Das Nächste ist im Restaurant, wenn wir schon einmal essen gehen, was ich an und für sich nicht gerne tue, weil es mir innerlich widerstrebt, Geld für Dinge auszugeben, die ich zu Hause viel preisgünstiger bekommen kann. Wenn wir essen gehen, versuche ich also durch eine schnellere Wahl auf ein Preislimit hin gewisse Maximen zu geben. Aber mein Sohn kümmert sich grundsätzlich nicht darum, der bestellt sich, was ihm schmeckt, meistens ist das etwas Teures. Dann ärgere ich mich darüber, dass er meinen Hinweis nicht beachtet hat, und ich kriege dann einen Druck auf den Magen, und damit fangen dann schon die ersten Schwierigkeiten an, die zu den Magenschmerzen nach dem Essen führen. Ich führe z.B. auch meinen Bauchansatz darauf zurück, dass ich grundsätzlich, wenn ich eingeladen werde oder geschäftlich ausgehe, alles aufesse, das ist auch ein Teil des Geizes."

Diese Schilderung macht deutlich, welche Anforderungen bezüglich der Sparsamkeit und der Beziehung zum Körper (Nahrungsaufnahme) in der Ursprungsfamilie des Patienten herrschten. Es sind Spielformen eines betonten Sparsamkeitskonzeptes, das Besitz von verschiedenen Lebensbereichen ergriffen hat. Die Beziehung zum Körper ist ebenso von diesem Sparsamkeitsprogramm betroffen wie der familiäre Umgang, der Kontakt zu anderen Menschen und die berufliche Situation. Herrn O. quält auch die

Phantasie, die Zukunft könnte Veränderungen mit sich bringen, in deren Folge er seine berufliche Position verlieren und in seinem Alter noch arbeitslos werden könnte.

Nachdem wir uns ausführlich mit der Sparsamkeit beschäftigt hatten (Stufe der Beobachtung) und Herr O. Einblick in den Zusammenhang „Sparsamkeitskonzept und emotionale Spannungen" gewonnen hatte, fragten wir nach weiteren lebensgeschichtlichen Hintergründen dieser Konzepte (Stufe der Inventarisierung). Herr O. war Einzelkind. Er fühlte sich mehr zu seinem Vater hingezogen, einem sehr arbeitsamen und sparsamen Menschen. Er hatte schon immer großen Respekt für seinen Vater empfunden. Mit seiner Mutter war es öfter zu Auseinandersetzungen gekommen. Sie sei eine ausgesprochene Ordnungsfanatikerin gewesen – „wie meine Frau". „Wenn ich meine Familie mit meiner Sparsamkeit tyrannisiere, macht das meine Frau mit ihrem Ordnungssinn."

Die Ehe der Eltern, die heute noch lebten, sei ausgesprochen stabil. Für ihn selbst seien Familie und Ehe genauso wichtig: „Wenn ich irgendwoher Sicherheit bekommen möchte, dann kann ich das nur durch meine Familie bekommen. Ich bin als der Verdiener dafür verantwortlich, die äußeren Bedingungen zu schaffen." Seine Eltern hätten wenig Kontakt zu anderen Menschen; der Vater etwas mehr als die Mutter. Der Vater hätte sich darum gekümmert, dass trotz aller Schwierigkeiten die Familie nie Not leiden musste. Die Mutter habe sich dagegen mehr um religiöse Belange gekümmert: „Dafür war mein Vater zu materialistisch. Er sagte immer: ‚Lieber den Spatz des Sparkassenbuches in der Hand als die Taube des Paradieses auf dem Dach.'"

Auf der dritten Stufe beschäftigten wir uns vor allem mit den positiven Aspekten der Sparsamkeit. Wir beschäftigten uns damit, dass die Sparsamkeit Sicherheit und Geborgenheit bietet und dass diese Gefühle für Herrn O. sehr wichtig sind. Ebenso sprachen wir darüber, dass Sparsamkeit für Herrn O. auch Selbständigkeit und Unabhängigkeit repräsentiert, vor allem: Unabhängigkeit von väterlichen Autoritäten, mit denen er sich gleichwohl stark identifizierte. Die Stufe der Verbalisierung war dadurch charakterisiert, dass den Konzepten, die Herr O. präsentierte, Gegenkonzepte entgegengestellt wurden. Dies geschah in Form von transkulturellen Beispielen: Sparsamkeit wird im Orient – auch unter den Gesichtspunkten von Sicherheit und Geborgenheit – anders gestaltet. Man benutzt das Geld für Geselligkeiten, festigt durch dieses Opfer den sozialen Kontakt und schafft sich somit das Anrecht, von anderen unterstützt zu werden, wenn es einem selbst schlecht geht. Diese Art, das Problem der Sicherheit zu bewältigen, war für Herrn O. ein neuer Gesichtspunkt.

Dann wurde die eigene Familie direkt einbezogen. Themen, die im Verlaufe der ersten Sitzung der Familiengruppe akut wurden, waren immer noch die Sparsamkeit von Herrn O. sowie das betonte Ordnungsbedürfnis seiner Frau.

In der Zielerweiterung versuchte Herr O. gemeinsam mit seiner Familie, die bisher vernachlässigten Bereiche zu aktivieren. Dies bedeutete gleichzeitig, dass das Konzept seiner Sparsamkeit an Strenge verlor. Er gab Geld für eine Tennisausrüstung aus, nahm Trainerstunden und erfüllte sich so einen Wunsch, den er schon früher gehegt hatte, der ihm jedoch bislang als finanzieller Leichtsinn vorgekommen war. Bei Geschäftsreisen leistete er sich besseres Essen, bessere Hotels und versuchte nicht mehr, auch noch bei den Spesen zu sparen. Er schien insgesamt genussfähiger und weniger durch seine Sparsamkeitszwänge eingeengt. Erstaunlich war, welche Kontaktfähigkeiten er entwickelte. Er baute gemeinsam mit seiner Frau einen Freundeskreis auf, bei dem es ihm nicht einmal schwerfiel, von Zeit zu Zeit das Essen zu spendieren oder Gastgeschenke zu machen. Als wir uns verabschiedeten, meinte er: „Ich habe es immer noch recht gern, finanziell abgesichert zu sein. Aber ich finde auch sehr viel Sicherheit bei meiner Frau und meinen neuen Freunden."

Wer Erfolg haben will, muss sich einschränken;
wer alles will, verliert alles.
(Friedrich von Schiller)

❖

Stellen Sie sich vor,
jemand sitzt unter einem Apfelbaum und wartet,
dass Birnen herunterfallen.

❖

Ein guter Kaufmann
investiert in vier Bereiche des Lebens:
Gesundheit – Beruf – Familie – Mitmenschen
und Zukunft

Die Spielformen des Lebens – Aktualfähigkeiten und ihre Wirkung

Die Liebe lebt von liebenswürdigen Kleinigkeiten

Mangelnde oder überzogene Tugenden machen krank

Wenn lebenswichtige Aktualfähigkeiten oder Verhaltensregeln unterentwickelt oder maßlos überzogen sind, führt das oft zu körperlichen oder seelischen Störungen. Tugenden können im Übermaß zu Untugenden werden. Höflichkeit kann entarten zur Duckmäuserei und Heuchelei, Ordnung zur Pedanterie, Sparsamkeit zum Geiz, Fleiß und Leistung zur Gestalt des „Workaholic". Wer zu geduldig ist, wird zum missbrauchten Geduldsesel oder Sündenbock. Der Gerechtigkeitsgedanke kann im Übermaß schließlich zum Gerechtigkeitswahn führen. Wichtig ist aber auch ein Gleichgewicht der Aktualfähigkeiten. In den verschiedenen Kulturen sind jedoch die Verhaltenserwartungen nicht gleich. Während in den westlichen Kulturen größerer Wert auf die Bereiche Fleiß, Leistung und Ordnung gelegt wird, nehmen Menschen in den östlichen Kulturen die zwischenmenschlichen und familiären Kontakte viel wichtiger.

Aktualfähigkeiten nach der Positiven Psychotherapie:

Aktual-fähigkeiten	Negativformen	Mögliche seelische und körperliche Störungen
Pünktlichkeit	Pünktlichkeits-wahn Unpünktlich-keit	Erwartungsangst, Vertrauens-bruch, Zeitdruck, Aggressionen, Konzentra-tionsschwäche, Magen-, Darmstörungen, Ehe-, Schul- und Berufsprobleme
Sauberkeit	Überempfind-lichkeit Unsauberkeit Unreinlichkeit	Waschzwang, Bakterien-angst, Aggression, Ein-nässen, Vertrauensbruch, Sexualstörungen, Ekzeme, Allergien, Kontakt-störungen, Ehe-, Schul- und Berufsprobleme
Ordnung	Pedanterie Unordnung Schlampigkeit	Kontrollzwang, Unacht-samkeit, Angst, Schuld-gefühle, Aggressionen, Vertrauensbruch, Kopfweh, Ehe-, Schul- und Berufs-schwierigkeiten
Gehorsam	Überstrenge Ungehorsam	Blinde Autoritätsgläubigkeit, körperliche Strafen, Angst, Aggression, Trotz, Miss-handlungen, Anpassungs-probleme im Beruf und Alltag, Nägelkauen, Bettnäs-sen, Partnerschaftskonflikte
Höflichkeit	Superhöflich-keit Heuchelei Unhöflichkeit	Unfähigkeit, nein zu sagen, Egoismus, Taktlosigkeit, Frechheit, Aggression, Un-sicherheit, Angst, Kopfweh, Magen-Darmstörungen, Herzbeschwerden, Neigung zu Alkoholismus

Aktual- fähigkeiten	Negativformen	Mögliche seelische und körperliche Störungen
Ehrlichkeit	Ehrlichkeits- fanatismus Unehrlichkeit Phantasiewahn	Geltungsdrang, Eitelkeit, Untreue, soziale Konflikte, Flunkerei, Angst, Aggres- sionen, Eheprobleme, Berufsprobleme, Kopf- schmerzen, Herz- und Kreislaufbeschwerden
Gerechtigkeit	Gerechtigkeits- wahn Ungerechtigkeit	Selbstgerechtigkeit, Über- empfindlichkeit, Depres- sionen, Vergeltungssucht, Gefühl der Schwäche, Aggression als Einzelner oder in der Gruppe
Fleiß und Leistung	Workaholic Faulheit	Flucht in die Arbeit, Überfor- derung, Angst vor Versagen, Aussteigen, Flucht in die Einsamkeit oder Krankheit, Herz- und Magenstörungen, Kopfweh, Neigung zu Miss- brauch von Alkohol, Drogen
Sparsamkeit	Geiz Geltungssucht Verschwendung	Selbstüberschätzung, Hoch- stapelei, Schuldgefühle, Verantwortungslosigkeit, Lebensangst, Depressionen, innere Unruhe, Ratlosig- keit, Partnerprobleme, Erziehungsprobleme
Zuverlässigkeit Genauigkeit Gewissen- haftigkeit	Perfektionismus Unzuverlässig- keit Oberflächlich- keit	Angst vor dem Versagen, Pingeligkeitswahn, Vertrau- ensbruch, innere Unsicher- heit, Überforderung, Depres- sionen, Schuldgefühle, Schlaflosigkeit, Ehe-, Schul- und Berufsprobleme

Aktualfähigkeiten	Negativformen	Mögliche seelische und körperliche Störungen
Liebe	Überhöhte Erwartungen Abneigung, Hass	Emotionale Abhängigkeit, Eifersucht, Trennungsangst, Sexismus, Bindungsangst, Flucht in die Krankheit, Selbstvorwürfe, Ersatzbefriedigung, Gefühlskälte, Sexualabwehr, Ehescheidung Kopfschmerzen, Darmstörungen, Herzprobleme
Geduld	Eselsgeduld Ungeduld	Fehlende Konsequenz z.B. bei der Erziehung ausgenutzt werden, Überempfindlichkeit, Launen, Egoismus, Nicht-Zuhören-Können, Rücksichtslosigkeit, Angst
Zeit	Immer Zeit haben oder sich nehmen Nie Zeit haben	Überforderung, Unterforderung, Angst vor dem Alleinsein, nicht Neinsagen können, Egoismus, Flucht aus dem Haus oder in die Geselligkeit, Flucht vor der Verantwortung
Vertrauen Hoffnung	Blindes Vertrauen Misstrauen Hoffnungslosigkeit	Angst vor der Enttäuschung oder Niederlage Eifersucht, Hass, Neid, Misserfolgserwartung Minderwertigkeitsgefühle, Resignation, Überforderung
Kontakt	Betriebsnudel Kontaktscheuigkeit	Oberflächlichkeit, fehlende echte Bindung, hektische Umtriebigkeit, Enttäuschungen, Einsamkeit, Angst, Unsicherheit

Aktual-fähigkeiten	Negativformen	Mögliche seelische und körperliche Störungen
Glaube, Religion	Religions-fanatismus (Fundamentalismus) Aberglaube Atheismus	Bigotterie, maßlose Überheblichkeit, Intoleranz Flucht in Äußerlichkeiten der Religion, Flucht in Okkultismus und lebensfremde Praktiken oder in eine Ersatzreligion, Sündenangst, Verlassenheitsgefühl, Misstrauen, Traurigkeit, Leistungsabfall Aggressionen, Reizbarkeit, Depressionen, Gefühl der Sinnlosigkeit und Leere

Problemerkenntnis als Voraussetzung der Besserung

Wenn man weiß, wo Aktualfähigkeiten unterentwickelt oder übertrieben ausgebildet sind, kann man etwas tun oder sich helfen lassen. Nehmen wir einmal an, Sie wollen wissen, weshalb Sie Probleme mit Ihrem Partner haben. Dann hat es keinen Sinn, dem Partner vorzuwerfen, er sei unzuverlässig, unpünktlich, unordentlich und unhöflich. Das ist sicherlich schon oft durchgekaut worden. Um ein klares Bild zu erhalten, müssen Sie zunächst einmal den Partner – und sich selbst – ohne kritische Haltung und ohne Absprache ein bis zwei Wochen beobachten. Während dieser Zeit unterlassen Sie jegliches Nörgeln und geben dem Partner auch keine wohlgemeinten Ratschläge. Sprechen Sie darüber auch nicht mit anderen Personen. Sie beobachten nur und schreiben ihre Beobachtungen auf. Ähnlich würden Sie auch bei Kindern vorgehen.

Inhalt der Beobachtungsphase schriftlich festhalten:

1. Was ärgert mich am Partner?
2. Bei welchen Gelegenheiten (wann und wo) ärgere ich mich?
3. Wie wirkt es sich auf mich aus, was tue ich, wenn ich mich ärgere?

Das Inventar der Aktualfähigkeiten

Nach dieser stillen Beobachtung stellen Sie eine Liste der Aktualfähigkeiten auf und prüfen, ob sie beim Partner positiv oder negativ ausgeprägt sind. Die gleiche Liste sollten Sie auch über sich selbst aufstellen oder aufstellen lassen.

Beispiele

Pünktlichkeit	positiv	(+ = zufrieden; ++ = gut; +++ = sehr gut)
	negativ	(- = übertrieben pünktlich, pingelig)
		(-- = oft unpünktlich)
		(--- = fast immer oder unerträglich unpünktlich)
Sauberkeit	positiv	(+ = zufrieden; ++ = gut; +++ = sehr sauber)
	negativ	(- = Sauberkeitsfimmel)
		(-- = oft unsauber)
		(--- = fast immer oder unerträglich unsauber)
Ordnung	positiv	(+ = zufrieden; ++ = gut; +++ = sehr gut)
	negativ	(- = Ordnungsfimmel)
		(-- = oft unordentlich)
		(--- = fast immer oder unerträglich unordentlich)

Neben der allgemeinen Beurteilung der Aktualfähigkeiten werden in der letzten Spalte die Bereiche und Formen angegeben, in denen etwas beobachtet wurde. Der Untertitel „Wer – wo – wann – Häufigkeit" soll das Ausfüllen erleichtern. Bei dem auf der folgenden Seite aufgeführten Muster-Formular einer Mutter über ihre Tochter und bei dem folgenden Blankoformular handelt es sich um das Differenzierungsanalytische Inventar aus der Positiven Psychotherapie. Sehr oft stellt jemand nach der Beobachtung und dem Inventar fest, dass der Partner gar nicht so schlecht ist, wie man zuvor dachte. Es wird eben die ganze Persönlichkeit und nicht nur der Mangelbereich gesehen.

Differenzierungsanalytisches Inventar – Muster
(ausgefüllt von einer Mutter für ihre Tochter):

Aktual-fähigkeiten	**Positive Aus-prägung**	**Negative Aus-prägung**	Nähere Erläuterungen über den Bereich Wer–wo–wann–Häufigkeit
Pünktlich-keit	+++		Keine negativen Auffällig-keiten
Sauberkeit	+	–	Große eigene Sauberkeits-anforderung, aber keine eigene Bemühung um Sauber-keit
Ordnung		---	Das eigene Zimmer ist un-ordentlich; wie ein Schweine-stall
Gehorsam	+	--	Dickkopf, gerade der Mutter gegenüber
Höflichkeit	+	–	Wird der Mutter gegenüber oft ausfällig; gegenüber Vater und anderen jedoch höflich
Ehrlichkeit	+++		Keinerlei Schwierigkeiten
Gerechtig-keit	+	–	Fordert vor allem für sich Gerechtigkeit.
Fleiß / Leistung		---	Nur wenn Eltern dahinter-sitzen
Sparsamkeit	+	–	Sie geht mit eigenem Geld gut um, ist aber aus Schlam-pigkeit unsparsam
Zuverlässig-keit Gewissen-haftigkeit	+	–	Nur was sie gerne möchte, erledigt sie mit erstaunlicher Zuverlässigkeit

Aktualfähigkeiten	**Positive Ausprägung**	**Negative Ausprägung**	Nähere Erläuterungen über den Bereich Wer – wo – wann – Häufigkeit
Liebe		---	Sie ist liebevoll zu ihren Puppen und ihrem Hund
Geduld	+	–	Sie ärgert sich, wenn man sie auf Ordnung hinweist
Zeit	+	–	Die meiste Zeit ist sie mit dem Hund beschäftigt
Vertrauen Zutrauen	+	--	Zum Vater eher Vertrauen als zur Mutter. Sie wirft bei Misserfolgen die Flinte gleich ins Korn
Kontakt		--	Sie ist kontaktarm und zurückgezogen
Glaube, Religion		--	Eigentlich bei ihr noch nicht beobachtet

Differenzierungsanalytisches Inventar (Fragebogen)

Ausgefüllt von ________________ für ______________ Datum _______

Aktualfähigkeiten	**Positive Ausprägung**	**Negative Ausprägung**	Nähere Erläuterungen über den Bereich Wer – wo – wann – Häufigkeit
Pünktlichkeit			
Sauberkeit			
Ordnung			
Gehorsam			

Höflichkeit			
Ehrlichkeit			
Gerechtig- keit			
Fleiß / Leistung			
Sparsamkeit			
Zuverlässig- keit Gewissen- haftigkeit			
Liebe			
Sex / Sexualität			
Geduld			
Zeit			
Vertrauen Zutrauen			
Kontakt			
Glaube, Religion			

Gezielte Ermutigung ist besser als allgemeiner Schmus

Wenn Sie in unserem Fall des Partnerproblems die Phasen der Beobachtung und Inventarisierung erfolgreich abgeschlossen haben, beginnt als dritte Stufe die gezielte Ermutigung. Da sie stets aus einer gegebenen Situation geschehen soll, nennt man sie auch „situative Ermutigung". Allgemeine Feststellungen wie „Du bist ein netter Mensch", „Ich liebe dich", „Du hast schöne Augen" nutzen in dieser Situation wenig. Wenn der Partner etwas gut und richtig gemacht hat, sollten Sie genau diese Tatsache mit einem freundlichen Lächeln, einer Liebkosung oder auch in angemessenen, nicht übertriebenen Worten loben, anfangs öfter, später nach jedem zweiten, dritten oder vierten Mal und schließlich unregelmäßig. Die richtige Dosierung ist entscheidend. Auf keinen Fall sollten Sie gleich auf alle besonders positiven und besonders negativen Aktualfähigkeiten eingehen. Deshalb sollten Sie für sich erst einmal die drei extrem gut und die drei extrem schlecht beurteilten Aktualfähigkeiten Ihres Partners (auf einem besonderen Blatt auch ihre eigenen zum Vergleich) aufschreiben.

Jeweils drei besonders positiv und negativ ausgeprägte Aktualfähigkeiten

Besonders positiv beurteilt:	besonders negativ beurteilt:
1.	1.
2.	2.
3.	3.

Nehmen Sie zuerst den positivsten Fall. Leistungen und Verhalten in diesem Bereich belohnen Sie mit der Ermutigung. Gleichzeitig nehmen Sie sich streng vor, die negativste Verhaltensweise einfach zu ignorieren. Kritisiert wird in dieser Zeit nicht. Bevor Sie jedoch zum nächsten der drei stärksten Probleme übergehen, wird nach der kritiklosen Phase die am schlimmsten gestörte Aktualfähigkeit des Partners in sachlicher Form angepackt, aber mit Bedacht und Höflichkeit. Die ruhige, sachliche Aussprache zu geeigneter Zeit über das Negativmerkmal Nr. 1 wäre also die nächste Stufe.

Die nächste Stufe:
Aussprache über die negativste Aktualfähigkeit

Normal läuft eine streitige Aussprache in aggressiver Kurzfassung. Die folgenden Beispiele verdeutlichen dies:

Aktualfähigkeit:	Sie selbst:	Der Partner:
Ordnung	Schlamper!	Lass mich doch endlich in Ruhe!
Pünktlichkeit	Du wirst wohl nie rechtzeitig fertig!	Du wirst es erwarten können!
Zuverlässigkeit	Was du anlangst, geht daneben!	Mach es doch selber!
Fleiß/Leistung	Deine Faulheit stinkt zum Himmel!	Das ist meine Sache!
Sparsamkeit	Wirf das Geld nur zum Fenster raus!	Alter Geizkragen!

Damit wird kein Problem gelöst, und das Zusammenleben wird immer schwieriger. Auch das ewige Besserwissen, das Alleinreden und das Nicht-Zuhören-Können sind ein Hindernis. Deshalb müssen wir uns für die nötige Aussprache zur geeigneten Zeit einige Regeln merken.

1. Regel:
Keine verkürzte Angriffs- oder Abwehrsprache mehr.

2. Regel:
Kein Alleinreden und Ratgeben mehr. Problem sachlich nennen und den Partner freundlich um seine Meinungsäußerung bitten.

3. Regel:
Zuhören, was der oder die andere sagt, auch wenn es einem zuwider ist oder man die Aussage für falsch hält. Auf keinen Fall den Partner bei seiner Darlegung unterbrechen.

4. Regel:
Von beiden Seiten Lösungsvorschläge aufschreiben und erst anschließend darüber beraten und sich für eine Lösung entscheiden. Vielleicht einigt man sich auch auf eine Probezeit für den Lösungsversuch. Innerhalb dieser Zeit sollten beide Partner mit Geduld und Höflichkeit die Erfüllung der Vereinbarungen versuchen.

Diese Aussprache ist also immer erst möglich, wenn eine genügende Vertrauensbasis durch das vorherige Lob der besonders positiv beurteilten Aktualfähigkeit geschaffen worden ist. Eine geeignete Stunde und Situation wählen. Nie mit der Tür ins Haus fallen: „Jetzt wird es Zeit, einmal über deine Probleme zu reden!", sondern durch die Anerkennung des Verhaltens eine Vertrauensbasis schaffen, z.B.: „Du weißt, dass ich mich sehr darüber gefreut habe, dass du mir so tüchtig bei der Reinigung des Kellers geholfen hast. Du weißt aber auch, dass wir immer noch so einige Schwierigkeiten mit der Ordnung haben. Hast du eine Idee, wie wir da besser klarkommen könnten?" Sollte der Partner noch nicht bereit sein, darüber zu reden, so sollten Sie ihm Zeit lassen, selbst auf das Thema zurückzukommen.

Erst wenn das stärkste Problem gemeinsam erfolgreich bearbeitet und gelöst ist, sollten Sie an die Lösung der nächsten Probleme denken. Der Weg ist der gleiche.

Immer erst sich selbst in Ordnung bringen

Man muss sich immer erst selbst in Ordnung bringen, bevor man seinen Partner, die Kinder oder andere Personen bessern möchte. Das bedeutet, dass Sie sich zunächst über die Lage der eigenen Aktualfähigkeiten klar sein sollten. Lassen Sie einen guten Freund oder eine gute Freundin die Liste über Sie selbst ausfüllen, wenn das Ihr Partner noch nicht schafft. Das Ergebnis der gemeinsamen Liste zeigt Ihnen, wo Sie an sich selbst arbeiten müssen, um auch den Partner von der Notwendigkeit einer Verhaltensänderung zu überzeugen.

Partner-Inventar der Aktualfähigkeiten:

Vergleich der Aktualfähigkeiten	**ICH SELBST**		**MEIN PARTNER**	
	Positive Ausprägung	**Negative Ausprägung**	**Positive Ausprägung**	**Negative Ausprägung**
Pünktlichkeit				
Sauberkeit				
Ordnung				
Gehorsam				
Höflichkeit				
Ehrlichkeit				
Gerechtigkeit				
Fleiß/Leistung				
Sparsamkeit				
Zuverlässigkeit Gewissenhaftigkeit				
Liebe				

Sex/Sexualität				
Geduld				
Zeit				
Vertrauen Zutrauen				
Kontakt				
Glaube, Religion				

Selbsthilfe oder Fremdhilfe?

Wenn Partner es schaffen, gemeinsam Stück für Stück vom Problemblock abzubauen oder die Probleme mit den Kindern in dieser Weise gemeinsam zu lösen, ist das für alle Beteiligten sehr beglückend. Geduld und Ausdauer – zwei der wichtigsten Aktualfähigkeiten – sind dabei mitentscheidend, ob dies auch gelingt.

Der Irrtum ist viel leichter zu erkennen
als die Wahrheit zu finden.

Die Aktualfähigkeiten – was sie bedeuten

Kleinigkeiten machen die Summe des Lebens aus.
(Charles Dickens)

Die einzelnen Aktualfähigkeiten

Die Aktualfähigkeiten spielen in unserem Leben eine herausragende Rolle. Nahezu jeder geht mit ihnen um, ohne dass ihm in allen Fällen bewusst wäre, was sie bedeuten. Selbst in den bekanntesten Wörterbüchern und Enzyklopädien werden sie nur stiefmütterlich behandelt.

Da die Aktualfähigkeiten in ihrer psychosozialen Bedeutung meist nur randständig berücksichtigt werden, sind sie hier unter dem psychotherapeutischen Gesichtspunkt zusammengestellt. Um die Aktualfähigkeiten aus ihrer abstrakten Begrifflichkeit in konkrete Fragestellungen und Situationen überführen zu können, finden sich nach einer Definition und kurzen Skizze wesentlicher Entwicklungsmerkmale Beispiele, wie man nach den jeweiligen Aktualfähigkeiten fragen kann.

Die Aktualfähigkeiten	
Sekundäre Fähigkeiten	*Primäre Fähigkeiten*
Pünktlichkeit	Liebe
Sauberkeit	Vorbild
Ordnung	Geduld
Gehorsam	Zeit
Höflichkeit	Kontakt
Ehrlichkeit/Offenheit	Sexualität
Treue	Vertrauen
Gerechtigkeit	Hoffnung
Leistung	Glaube
Sparsamkeit	Zweifel
Zuverlässigkeit	Gewissheit
	Einheit

Diese Fragen sind gewissermaßen Beispiele und Schlüsselfragen, an die sich andere, spezifischere Fragen anschließen können. Die Synonyme und Störungen sollen es dem Leser erleichtern, sich unter den Aktualfähigkeiten die entsprechenden Situationen aus dem täglichen Leben vorzustellen und eine Übertragung auf entsprechende, jedoch hier nicht ausgeführte Situationen ermöglichen. Die Verhaltensregulative fassen Konflikt- und Lösungsstrategien stichwortartig zusammen – nicht als „Kochrezept", sondern als Anstoß für eigene Überlegungen (Anregungen zum Perspektivenwechsel).

I. Die sekundären Aktualfähigkeiten

Pünktlichkeit – die Fähigkeit, mit Zeit sinnvoll umzugehen

Abgeredet vor der Zeit,
gibt nachher keinen Streit.

Dem Weisen genügen wenige Worte

Zwei Freunde saßen in einer Kneipe. Als sie ihre letzte Flasche Wein bestellt und schon lange ausgetrunken hatten, saßen sie immer noch da, unterhielten sich und zeigten keine Absicht, das Lokal zu verlassen. Müde und erschöpft schaute der Wirt aus dem Fenster und sagte: „Es sieht nach Regen aus.“ Als die Freunde das hörten, antworteten sie: „Dann ist es besser, wir warten, bis der Regen aufgehört hat.“ Nach einer Weile sagte der Wirt: „Eben hat es aufgehört zu regnen.“ Darauf antworteten die Freunde: „Sehr gut, dann brauchen wir uns nicht zu beeilen!“

Von Pünktlichkeit bis Verspätung

Pünktlichkeit bezeichnet die Fähigkeit, eine erwartete oder vereinbarte Zeiteinteilung einzuhalten. Man unterscheidet passive (Anpassung an vorgegebene Zeiteinteilung) und aktive Pünktlichkeit (Erwartung, dass die anderen pünktlich sind). Während in der Psychoanalyse Sauberkeit als erste Kulturleistung gilt, kommt diese Rolle in der Positiven Psychotherapie der Pünktlichkeit zu. Die Fütterungs-, Säuberungs- und Schlaf-Wach-Rhythmen bestimmen die erste Zeiteinteilung des Säuglings. Im Verlauf der Entwicklung werden die Pünktlichkeitserwartung und das Pünktlichkeitsverhalten durch weitere spezifische Lernerfahrungen (z.B. zu spät in die Schule kommen) modifiziert.

Typisch für manche Menschen ist, dass sie in ungeheure Erregung geraten, wenn sie einen Termin nicht einhalten können.

Mehr noch als diese aktive Pünktlichkeit scheint jedoch die passive Pünktlichkeit, das Warten auf jemanden, gefühlsmäßig stark besetzt zu sein. Manche Menschen werden durch die oft „chronische Unpünktlichkeit" anderer zur Verzweiflung gebracht. Unpünktlichkeit wird daher häufig als Vertrauensbruch gesehen: Man möchte mit jemandem nichts mehr zu tun haben, weil dieser seine Vereinbarungen nicht einhält. Umgekehrt können pedantische Pünktlichkeit und überspitzte Pünktlichkeitserwartung „auf die Nerven gehen". Pünktlichkeit gerät dann zu einem Mittel der Bestrafung oder auch zur Selbstbestrafung.

Pünktlichkeitssituationen

„Er kommt ständig zu spät ins Büro."
„Sie lässt mit dem Abendessen auf sich warten."
„Ich füttere mein Kind auf die Minute genau alle vier Stunden."
„Ich hänge wie ein Sklave an der Uhrzeit."
„Wir kennen keine Verspätung."
„Halten Sie bitte die Zeit mit Rücksicht auf die nachfolgenden Patienten ein und sagen Sie im Verhinderungsfall rechtzeitig ab."
„Sie sind gesetzlich verpflichtet, pünktlich zu erscheinen."
„Bei mir jagen sich die Termine so, dass ich Herzbeschwerden bekomme."

Beispiele

„Von anderen erwarte ich äußerste Pünktlichkeit, weil ich keine Geduld habe und nicht warten kann. Während der Wartezeit steigere ich mich so in Wut, dass ich mich sofort heftig entlade, wenn der Betreffende kommt" (33-jährige Mutter von zwei Kindern, mit Herz- und Kopfschmerzen).

„Wenn ich nach Hause komme und meine Frau das Essen noch nicht fertig hat, will ich gar nichts mehr von ihr wissen, schlage die Tür hinter mir zu und gehe ins Bett – aber ich kann nicht einschlafen" (39-jähriger Architekt mit Magenbeschwerden).

„Ich fühle mich besonders abends nicht wohl in meiner Haut, und obwohl dieses Gefühl sehr oft auftritt, kann ich es nur schlecht beschreiben. Ich bin unruhig und unglücklich und möchte am liebsten fortlaufen. Nachts schlafe ich zwar mit Tabletten, habe aber schreckliche Träume. Es gibt für mich nichts Schlimmeres als zu warten. Jeden Abend muss ich warten, weil mein Mann nie genau sagen kann, wann er kommt. Es macht mich krank. Jede Sekunde wird zur Ewigkeit, und ich werde so traurig und fühle mich unsagbar einsam.

Für meinen Mann ist Pünktlichkeit ein Buch mit sieben Siegeln. Wenn er sagt, er kommt um 17 Uhr, rechne ich schon immer eine Stunde dazu, aber meistens langt das nicht, er kommt erst um 20 oder gar um 22 Uhr. Obwohl ich weiß, dass es so ist und es meistens an seinem Beruf liegt, kann ich mich nicht daran gewöhnen. Ich liege ab 17 Uhr auf der Lauer und kann nichts Rechtes mehr machen und mich nicht mehr konzentrieren. Ich beeile mich den ganzen Tag, damit ich um 17 Uhr auf jeden Fall fertig bin, es könnte ja sein, dass er doch kommt.

Früher als Kind herrschte bei uns immer Pünktlichkeit. Wir aßen zum Beispiel jeden Tag um die gleiche Zeit. Wenn es mal früher oder später war, dann war es außergewöhnlich. Wenn meine Mutter einmal einkaufen ging oder etwas zu erledigen hatte, sagte sie, wann sie zurück sein würde, und ich konnte mich immer darauf verlassen. Ebenso war es umgekehrt. In der Schule war ich auch immer pünktlich, eher zu früh als zu spät. Ich wache schon immer vor meinem Wecker auf und versuche, immer früh schlafen zu gehen, um morgens nicht zu spät zu kommen" (Eine verheiratete Frau mit Kopfschmerzen, Ängsten und Depressionen).

Im Laufe des therapeutischen Gesprächs wurde deutlich, welche Fragen zum eigentlichen Problem vordringen. Die Patientin berichtet:

„Meine Probleme hängen sehr stark von meinem Verhältnis zu meinem Mann ab. Es kommt immer wieder zu Streit zwischen uns, der mich vollkommen fertig macht, und ich habe das Gefühl, dass dieser Streit sich immer wieder um die gleichen Dinge dreht. Ich habe darüber nachgedacht: Ich bin fest davon überzeugt, dass alles mit „Pünktlichkeit" und mit „Ordnung" zusammenhängt. Eigentlich bin ich sogar etwas überrascht. In der letzten Zeit hatte ich eine vollkommene Abneigung gegenüber meinem Mann. Doch jetzt habe ich den Eindruck, dass mein Mann gar nicht ein solches Scheusal ist, als das ich ihn immer gesehen habe. Wenn ich mir das so recht überlege, bestehen da wirklich eine Reihe von Missverständnissen. Wir haben eine andere Auffassung, wenn es darum geht, rechtzeitig etwas zu machen, oder wenn es um das Aufräumen geht. Aber ich glaube, bei mir und meinem Mann sitzen diese Unterschiede sehr, sehr tief. Ich glaube, unsere Erziehung ist daran schuld ..."

Doch in der Psychotherapie sind wir nicht vor Gericht, vor dem eine Schuldfrage geklärt werden muss. Und auf die Frage, was sie machen würde, wenn Sie keine Probleme mehr hätte, antwortete die Patientin:

„Daran habe ich eigentlich noch nicht gedacht. Phantasiert habe ich da schon viel. Aber das wäre zu schön, um wahr zu sein. Ja, was würde ich tun? Mit der Arbeitszeit meines Mannes komme ich einfach nicht zurecht, ich kann mich auch gewaltsam nicht an die langen Abende gewöhnen. Wenn er mich doch bloß nicht so lange warten lassen würde. Was ich bestimmt nicht kann: Meinen Mann einmal warten lassen, dass er auch merkt, wie brutal Wartenmüssen sein kann.

Wenn ich mich bloß nicht so unsicher im Gespräch und Umgang mit anderen Menschen, ja sogar mit meinem Mann fühlen würde. Zur Zeit traue ich mich noch nicht einmal aus der Wohnung, obwohl ich wirklich den Wunsch habe, meine alten Bekannten wieder zu besuchen. Und dann hätte ich auf jeden Fall Lust, in eine neue Wohnung zu ziehen. Mit der Nachbarin komme ich hier nicht aus, wegen der Kinder. Ich habe jetzt schon Angst vor ihr, wenn sich eines der Kinder nur zu laut hinsetzt.

Ich würde auch ganz gern in Urlaub fahren, aber dann nur mit meinem Mann und mit unseren Kindern. Wenn ich doch bloß keine Schuldgefühle gegenüber meiner Mutter hätte. Meine Mutter ist nach Vaters Tod und nach dem Umzug so unglücklich. Mit meiner Schwiegermutter verstehe ich mich auch nicht gut. Ich möchte dieser Frau bloß einmal richtig die Meinung sagen können, ohne gleich zwei lange Gesichter zu sehen. Ich glaube, das sind die Wünsche, die mich zur Zeit am meisten bewegen."

Fragen

Wer von Ihnen (Sie oder Ihr Partner) legt mehr Wert auf Pünktlichkeit? – Haben oder hatten Sie Schwierigkeiten wegen Unpünktlichkeit (mit wem)? – Wie reagieren Sie, wenn jemand nicht zur vereinbarten Zeit kommt? – Nehmen Sie oder Ihr Partner immer alles auf die Minute genau? – Wer von Ihren Eltern (Großeltern) legte mehr Wert auf Pünktlichkeit und genaue Zeitplanung?

Synonyme und Störungen

Rechtzeitigkeit, Präzision, Verspätung, Aufschub, akademisches Viertel.

Erwartungsangst, Zeitdruck, ständige Furcht vor dem Nicht-Fertig-Werden, Unzuverlässigkeit, Stress, innere Unruhe.

Anregung zum Perspektivenwechsel

Wie wäre es, keine Termine zu geben und ohne Terminkalender zu leben? Jemandem ehrlich sagen, dass man keine Zeit hat, ist oft besser, als ihn warten zu lassen. Wenn jemand zu spät kommt, ist das mitunter noch besser, als wenn er gar nicht gekommen wäre. *Motto*: Schön, dass du trotzdem gekommen bist!

Zwischen heute und morgen liegt eine lange Zeit,
lerne schnell besorgen, da du noch munter bist.

❖

Pünktlichkeit ist die Höflichkeit der Könige.

❖

Ein bisschen zu spät ist viel zu spät.

❖

Liebende verfehlen die Stunde nur,
um vor der Zeit zu kommen.
(William Shakespeare)

Sauberkeit – die Fähigkeit, sich und seine Umwelt zu pflegen

Am Nest kann man sehen, was für ein Vogel darin wohnt.

Das Mädchen mit dem roten Samtkleid

Ein Mädchen trug ein rotes Samtkleid und war darüber ungeheuer glücklich. Es achtete auf das Kleid wie auf seinen eigenen Körper. Lag das geringste Staubkörnchen auf dem Samt des Kleides, beeilte sich das Mädchen, dieses abzuwischen. Und fielen einmal Tränen auf das Kleid, saugte das kleine Mädchen sie mit dem Munde auf. Das Kleid hatte eine ungeheure Wirkung auf die anderen Kinder; sie wünschten sich, immer in der Nähe des Mädchens mit dem schönen Kleid zu sein. Die Spielkameradinnen versuchten, das Kleid zu betasten und waren ganz stolz, wenn sie es angefasst hatten. Eines Tages, während des Spiels, rutschte das Kind aus und fiel hin. Mit dem Kopf schlug es auf die Steine des Weges, und die Dornen zerrissen ihm das schöne Kleid. Das kleine Mädchen beachtete die Wunde an seinem Kopf gar nicht, es sah nur den Riss im Kleid und weinte. (Nach P. Etessami, Persische Dichterin)

Von Sauberkeit bis Unsauberkeit

Sauberkeit bezeichnet die Fähigkeit einer auf den Körper, die Kleidung, die Wohnung und die Umwelt sowie, im übertragenen Sinn, auf den Charakter bezogenen Reinlichkeit. Es ist anzunehmen, dass die frühkindliche Reinlichkeits-Dressur Einfluss auf die spätere Persönlichkeitsentwicklung, zumindest auf die Einstellung zur Sauberkeit, nimmt.

Sauberkeitssituationen

„Mein Junge ist nicht dazu zu bewegen, sich vernünftig zu waschen."
„Mein Mann riecht nicht gut, weil er sich nicht jeden Tag duscht."
„Meine Frau hat einen Putzfimmel."
„Wenn Fred aus der Schule kommt, sieht er jedes Mal aus wie ein Dreckschwein."

„Halte deine Umwelt sauber."
„Dein Mann macht einen guten Eindruck, er sieht immer gepflegt aus."

Beispiele

„Mein Mann riecht oft nach Schweiß, und dann empfinde ich Ekel vor ihm und weise ihn ab. Er lässt seine Wut dann an den Kindern aus. Seine Mutter war auch so eine Schlampe."

„Wenn wir im Wald picknicken, wirft Marina leere Büchsen und Abfälle in der Gegend herum. Das bringt mich zur Raserei, während meine Frau nichts dabei empfindet. Wie oft hat es deswegen schon Krach zwischen uns gegeben" (41-jähriger Mann mit Ehe-Schwierigkeiten).

Fragen

Wer von Ihnen legt mehr Wert auf Sauberkeit? – Haben oder hatten Sie Schwierigkeiten wegen Sauberkeit (mit wem)? – Wie fühlen sie sich, wenn Sie in einer unsauberen Umgebung sind? – Achten Sie auf Körperpflege, Sauberkeit der Kleidung, der Wohnung, der Umwelt? – Wer von Ihren Eltern legte mehr Wert auf Sauberkeit und Reinlichkeit?

Synonyme und Störungen

Putzen, waschen, reinigen, Schweinerei, Schlamperei, Dreck.

Ritualisierte Sauberkeit, Waschzwang, Unsauberkeit, Kontaktstörungen, Sexualstörungen, Einnässen, Einkoten, Ekzeme, Allergien.

Anregung zum Perspektivenwechsel

Gemeinsam mit dem Kind vor dem Essen die Hände waschen, spart viele Worte. Wenn man weiß, warum man sich die Hände waschen soll, fällt es leichter.

Ist das Auge rein, so sieht es nichts als Reinheit.
(Sana'i, Persischer Dichter)

❖

Der eine erregt den Staub,
und einem anderen fliegt er ins Auge.

❖

Es ist dafür gesorgt, dass die Bäume
nicht in den Himmel wachsen.

❖

Die Welt ist vollkommen überall,
wo der Mensch nicht hin kommt mit seiner Qual.
(Friedrich von Schiller)

❖

Die Welt, obgleich wie wunderlich,
ist gut genug für dich und mich.
(Wilhelm Busch)

Ordnung – die Fähigkeit, das Chaos zu organisieren

Ordnung ist die Lust der Vernunft,
Unordnung ist die Wonne der Fantasie.

Ordnung ist das halbe Leben

Zwei Freundinnen unterhalten sich. Die eine sagt: „Ich esse so gerne selbstgebackenen Kuchen, aber leider komme ich nie dazu einen zu machen." Ihre Freundin fragt nach dem Grund. „Ganz einfach", ist die Antwort: „Kaufe ich Mehl, habe ich keinen Zucker; kaufe ich Zucker, ist die Butter zu Ende; habe ich Butter gekauft, dann fehlt mir was anderes." „Gelingt es dir nie, alles zusammenzustellen?" „Das schon, aber dann bin ich selbst nicht zu Hause, um zu backen."

Von Ordnung bis Chaos

Ordnung bezeichnet die Fähigkeit, die eigenen Wahrnehmungen und die der Umgebung zu organisieren und zu gliedern. Sie orientiert sich an verschiedenen Bezugssystemen: verstandesgemäße und sachliche Ordnung, traditionelle Ordnung, intuitive, phantasievolle, romantische Ordnung, äußere und innere Ordnung. Auch das unordentliche Kind hat seine Ordnung und seinen Ordnungssinn. Die Ordnung wird über das Vorbild der Eltern, der näheren Umgebung und über Belohnung und Bestrafung gelernt. Die scheinbare Unordnung eines Kindes ist eine Stufe bei dem Versuch, die persönliche Welt zu organisieren. Grundfunktion der Ordnung ist das Differenzieren: Man gewinnt über sie eine bestimmte Beziehung und Vertrauen zu den Dingen.

Ordnung spielt in eine Reihe von Aktualfähigkeiten hinein: Pünktlichkeit ist eine Ordnung der Zeit, Höflichkeit und Ehrlichkeit eine Ordnung der zwischenmenschlichen Beziehungen und Fleiß eine Ordnung hinsichtlich des Arbeitsaufwandes. Da die Ordnung sich nicht nur auf Äußerlichkeiten beschränkt, sondern auch eng mit dem Erleben und dessen Organisation zusammenhängt, ist diese Aktualfähigkeit besonders gefühlsbetont. So kann ein zwanghafter Mensch, für den die zwanghafte Ordnung Selbstschutz darstellt, zusammenbrechen, wenn irgendetwas an dieser Ordnung verändert wird. Wird Unordnung konsequent bestraft und peinlichste Ordnung belohnt, können sich Angst, Zwangshandlungen und Aggressionen – häufig verbunden mit psychosomatischen Beschwerden – einstellen: die Unordnung, aber auch die Pedanterie eines anderen kann auf die Galle gehen.

Ordnungssituationen

„Im Zimmer meiner Tochter sieht es aus wie nach einem Erdbeben."
„Mein Mann hat das Aufräumen nicht erfunden."
„Im Büro ist er korrekt, zu Hause schlampig."
„Die Wohnung wirkt steril und ungemütlich."
„Sie lässt immer alles liegen und stehen."
„Im Gottesdienst vollzieht sich alles nach einer uralten, geheiligten Ordnung oder einem Ritus."
„Vorne hui – hinten pfui! Man darf nicht in die Schränke schauen."
„Die Firma ist gut organisiert."

Beispiele

„Wenn ich mein Zimmer nicht aufgeräumt hatte, hieß es: ‚Ich habe dich nicht mehr lieb!' Das jagte mir panische Angst ein. Heute bin ich übertrieben pedantisch und gerate dadurch oft in Konflikt mit meinem Mann und den Kindern" (39-jährige Frau mit chronischer Verstopfung und Schlafstörungen).

„Wenn ich seinen Schulranzen nicht aufräumen und die richtigen Sachen für den Unterricht am nächsten Tag nicht einpacken würde, nähme er garantiert die falschen Bücher und Hefte oder gar keine mit. Ich will nicht erleben, was es dann in der Schule gäbe. Das möchte ich dem Kind ersparen!" (28-jährige Mutter, klagt über die Unselbstständigkeit und Wutausbrüche des 8-jährigen Sohnes).

„Bei meinen Großeltern wurde jeder Hinweis mit den Worten bekräftigt: ‚Der liebe Gott sieht alles', ob wir nun einen Rest im

Teller ließen, ein Brot nicht fertig aßen oder unsere Kleider nicht in den Schrank hängten. Das alles war Sünde und der liebe Gott würde uns dafür bestrafen. Heute will ich von Religion nichts mehr hören" (48-jähriger Architekt, leidet unter Depressionen).

„Nachdem ich gesehen habe, dass bei meiner Sekretärin auch wichtige unerledigte Dinge in die Ablage gerieten, ist sie bei mir unten durch. Wenn ich den Schreibtisch schon sehe, auf dem sich alles türmt, würde ich am liebsten alles herunterwerfen!" (45-jähriger Betriebsleiter mit Herzbeschwerden; kein organischer Befund).

Fragen

Wer von Ihnen legt mehr Wert auf Ordnung? – Haben oder hatten Sie Schwierigkeiten wegen Unordnung (mit wem)? – Achten Sie darauf, dass ihre Wohnung (Schlafzimmer, Wohnzimmer, Garage, Garten), Ihr Arbeitsplatz immer tipptopp aufgeräumt ist? – Fühlen Sie sich in einer unordentlichen Umgebung unbehaglich oder finden Sie, dass ein bisschen Unordnung dazugehört (Situationen)? – Wer von Ihren Eltern achtete mehr auf Ordnung? – Was geschah, wenn Sie als Kind nicht aufgeräumt hatten?

Synonyme und Störungen

Aufräumen, kreuz und quer, chaotisch, verschlampen, unübersichtlich.

Pedanterie, Kontrollzwänge, innere Unruhe, Verwahrlosung, Aggression, Generationskonflikte, berufliche Störungen, Herz-, Magen- und Darmbeschwerden.

Anregung zum Perspektivenwechsel

Grobe Einteilungen (Makro-Ordnung) schaffen oft erst den notwendigen Überblick. Eine Kiste für die Dinge, die man zur Zeit nicht braucht, verhindert das Chaos im Zimmer. Alles kommt an seinen Platz. Man findet die Dinge dort, wo man sie hingelegt hat (Mikroordnung). Das Kind braucht seine eigene Ordnung, vor allem im Spiel. Wenn Sie Ihrem Partner etwas wegnehmen, sagen Sie es ihm. Sie sparen sich und ihm Zeit und Ärger.

Das Leben schafft Ordnung,
aber die Ordnung bringt kein Leben hervor.
(Wilhelm Busch)

❖

Vom höchsten Ordnungssinn
ist nur ein Schritt zur Pedanterie.
(Christian Morgenstern)

❖

In einem aufgeräumten Zimmer
ist auch die Seele aufgeräumt.
(Ernst von Feuchtersleben)

❖

Ordnung führt zu allen Tugenden.
Was aber führt zur Ordnung?
(Georg Lichtenberg)

❖

Die menschlichen Einrichtungen
sind von Natur so unvollkommen,
dass es, um sie zu zerstören, fast immer genügt,
aus ihren Grundsätzen alle Folgerungen zu ziehen.
(Alexis de Tocqueville, Pensées détachés)

❖

Willst du das Land in Ordnung bringen,
so musst du zuerst die Provinzen in Ordnung bringen.
Willst du die Provinzen in Ordnung bringen,
so musst du zuerst die Städte in Ordnung bringen.
Willst du die Familien in Ordnung bringen,
so musst du zuerst deine Familie in Ordnung bringen.
Willst du deine Familie in Ordnung bringen,
so musst du zuerst dich selbst in Ordnung bringen.
(Orientalische Lebensweisheit)

Gehorsam – die Fähigkeit, sich an fremde Sitten anzupassen

Ich achte beides gleich hoch: Ob man selbst weise ist oder ob man einem guten Rat gehorcht. (Herodot)

Die Rache des Gärtners

Im Garten eines Weisen lebte einst ein prächtiger Pfau. Das Tier war die besondere Freude des Gärtners, der es hegte und pflegte. Voller Neid und Habsucht schaute ein Nachbar immer wieder über den Zaun, konnte er es doch nicht zulassen, dass jemand einen schöneren Pfau hätte als er selbst. In seinem Neid bewarf er das Tier mit Steinen. Dies sah wiederum der Gärtner und war darüber sehr erbost. Doch der Pfau ließ dem Nachbar keine Ruhe. Nach einiger Zeit begann er, dem Gärtner zu schmeicheln und fragte, ob er nicht wenigstens ein Pfauenküken bekommen könne. Doch der Gärtner lehnte ab. Schließlich wandte sich der Nachbar demütig an den weisen Herrn des Hauses, ob er nicht wenigstens ein Ei des Pfauen bekommen könne. Seine Absicht war, es einer Henne unterzulegen und es von ihr ausbrüten zu lassen. Der Weise bat seinen Gärtner, dem Nachbarn ein Ei aus dem Gelege des Pfauen zu schenken. Der Gärtner tat, wie ihm geheißen. Nach einiger Zeit kam der Nachbar und beklagte sich bei dem Weisen: „Mit dem Ei stimmt etwas nicht, meine Hühner saßen Wochen darauf, und doch will kein Pfau ausschlüpfen.“ Zornig zog er sich zurück. Der Weise rief seinen Gärtner: „Du hast doch unserem Nachbarn ein Ei gegeben. Warum schlüpft aus ihm kein Pfau?“ Der Gärtner antwortete: „Ich habe das Ei zuvor gekocht.“ Der Weise schaute erstaunt. Darauf meinte der Gärtner entschuldigend: „Sie haben mir gesagt, ich solle ihm ein Pfauenei schenken. Davon ob es gekocht oder nicht gekocht sein sollte, haben Sie mir nichts gesagt ...“

Von Gehorsam bis Rebellion

Die sozialen Beziehungen zwischen Menschen werden mit oder ohne ihren Willen durch eine Ordnung oder verschiedene Ordnungen geformt. Die Partner können gleichberechtigte und gleichwertige Rollen innerhalb eines großen Rollenspiels übernehmen. Beziehungen können aber auch von oben nach unten strukturiert sein, das heißt in Überordnung oder Unterordnung aufgeteilt sein. Diese Beziehungen umschreibt man gern durch Begriffe wie Autorität, Gehorsam, Disziplin.

Gehorsam bezeichnet die Fähigkeit, Bitten, Anordnungen, Befehle einer äußeren Autorität aus innerer Einsicht heraus zu befolgen. Gehorsam wird vor allem bezüglich der Bereiche Ordnung, Pünktlichkeit, Fleiß/Leistung gefordert und geleistet. Gehorsam wird entweder durch Strafe bzw. Strafandrohung oder durch Belohnung ausgeführter Anordnungen, sowie durch das Vorbild der Bezugsperson entwickelt.

Man kann sich mit der Autoritätsperson identifizieren, ihre Einstellungen und Verhaltensweisen übernehmen, sie von dritten ebenso erwarten. Man kann aber auch resignieren. Hier findet sich häufig die Ursache von Verhaltensstörungen wie Kontakthemmungen, Angst, Bettnässen oder psychosomatischen Symptomen wie Kopfschmerzen und Magen-Darm-Beschwerden. Man kann revoltieren und seine Aggressionen entweder gegenüber der Autorität oder einem schwächeren Sündenbock abladen. Das Verhältnis eines Erwachsenen zu Gehorsam kann seine Einstellung zur elterlichen Autorität widerspiegeln.

Neben der Frage, ob und nach welchen Kriterien ein bestimmtes Autoritätsverhältnis gerechtfertigt ist, ist die Frage wichtig, wie wir darauf reagieren. Außer der bedingungslosen Unterordnung und der antiautoritären Revolte – die Psychoanalyse beschreibt dies als symbolischen Vatermord – gibt es eine Vielzahl von weiteren Reaktionsmöglichkeiten. Sie unterscheiden sich nach Intensität und Art der Autoritätskrise, und die Frage ist, welcher der beiden Gegenpole – Unterordnung oder Auflehnung – im Vordergrund steht. Selbst wenn wir nur das Ergebnis sehen, dass der eine angepasst und gehorsam reagiert, ein anderer trotzig und antiautoritär, ist auch dieses Verhalten Reaktion auf einen akuten oder lebensgeschichtlichen Konflikt.

Wo Ungehorsam und Auflehnung das Verhalten eines Menschen bestimmen, besteht nicht selten das Bedürfnis nach absoluter Autorität, der man vertrauen kann. Umgekehrt befinden sich viele, die gehorsam und angepasst erscheinen, in einer latenten, stillschweigenden Autoritätskrise, einer heftigen inneren Revolte, die sich häufig nur auf eigentümlichen Wegen bemerkbar machen kann.

Gehorsam, der auf den Prinzipien von Lohn und Strafe aufbaut, ist ein – aber nicht der einzige Faktor zwischenmenschlichen Zusammenhalts. Gehorsam garantiert das Funktionieren einer Gruppe oder Gesellschaft. Unbedingter Gehorsam dagegen führt zu Konflikten, wenn Gesetze und Autoritäten den Anforderungen der Zeit nicht mehr genügen. Er schränkt die Selbständigkeit im Denken und Handeln ein. Wird der Gehorsam von starren, festgefahrenen Autoritäten oder Gesetzen bestimmt, entwickeln sich Angst und Aggressionen gegen das Neue.

Ungehorsam als Auflehnung gegen Autoritäten beinhaltet ein schöpferisches Moment. Jedoch besteht die Gefahr, dass der Ungehorsam mit seiner Revolte über das Ziel hinausschießt und den zweiten Schritt vor dem ersten macht. Gehorsam kann ebensogut in einer Spannung zwischen Wunsch und Angst ausgetragen werden.

Zwei Formen lassen sich beobachten: Man ist nach außen hin gehorsam und ordnet sich unter; nach innen oder anderen gegenüber zeigt man sich aufrührerisch und mutig. Oder: Man gibt sich nach außen ungehorsam, aufgeschlossen und revoltierend. Dieser Ungehorsam ist jedoch verbunden mit einer inneren Abhängigkeit und Ausdruck für diese.

Gehorsamssituationen

„Man muss Kindern den Willen brechen."
„Kinder müssen essen, was auf den Tisch kommt!"
„Prügel haben noch niemandem geschadet."
„Lehrjahre sind keine Herrenjahre."
„Mit Disziplin und Drill haben wir schon zwei Weltkriege verloren."
„Was die Eltern sagen, gilt, denn sie sind die Stellvertreter Gottes."
„Gehorsam ist eine der Stützen des Militärs und Grundprinzip vieler Rechtsordnungen."
„Wer nicht hören will, muss fühlen."

Beispiele

„Meine Mutter verlangte absoluten Gehorsam von mir. Sie begründete dies damit, dass sie meine Mutter sei, eine von Gott gewollte Einrichtung, und dass ich sonst den Zorn Gottes auf mich herabrufen würde. Ich habe innerlich revoltiert, aber mich dann doch gefügt. Überall sah ich den lieben Gott wie einen Polizisten lauern" (22-jährige Studentin, Angst, Schwitzen und Herzrasen).

„Wenn wir bei Verwandten waren, sagte meine Mutter oft zu mir: ‚Wenn die Mutti *ja* sagt, dann ist's ...?' – worauf ich *ja* antworten musste; ‚und wenn die Mutti *nein* sagt, dann ist's...?' – worauf ich *nein* antworten musste. Sie schaute sich dann immer triumphierend um wie nach einem Zirkusakt, und ich bekam auch ein ‚Stück Zucker' in Form eines schmatzenden Kusses, vor dem ich mich ekelte. Ich wagte nie, aufzumucken" (19-jähriger drogenabhängiger Schüler).

„Ich erinnere mich noch an einen Ausspruch meiner Mutter: ‚Wenn ich dir nicht alles bis ins Kleinste vorschreibe und verbiete, klappt es überhaupt nicht. Auch so geht's noch oft genug daneben. Das beweist du doch immer wieder.' Noch heute muss mein Mann mich bei allem anleiten" (33-jährige Hausfrau, Depressionen und Lebensangst).

Im Folgenden zwei Beispiele aus dem Erziehungsalltag:

Konflikt – Konzept – Gegenkonzept

Situation	Ist-Wert	Soll-Wert
Elke hat keine Lust, Klavier zu üben.	Mutter: Wenn du jetzt nicht übst, gehe ich heute abend nicht mit dir Schlittschuhlaufen; außerdem bekommst du keinen Pudding!	Ich habe Verständnis dafür, wenn du mal keine Lust zum Üben hast. Das wird auch sicher wieder anders werden. Wenn das aber ein Dauerzustand wird, müssten wir dich vom Unterricht abmelden. Wir wollen dich nicht zwingen.

Situation	Ist-Wert	Soll-Wert
Frank möchte gerne noch länger spielen. Doch die Familie will zu Abend essen.	Vater: Jetzt aber marsch! Ich werde dir schon beibringen, was Gehorchen heißt! Er gibt Frank zwei Ohrfeigen – Mir haben Prügel auch nicht geschadet!	Vater: Frank, du kannst noch fünf Minuten spielen, dann komm bitte zum Essen. – Nach fünf Minuten geht der Vater ins Kinderzimmer oder ruft: Frank, wir wollen jetzt essen – komm bitte! (Durch die „Vorwarnung" erreicht er, dass Frank nicht mitten aus seinem Spiel gerissen wird.)

Fragen

Wer von Ihnen legt mehr Wert auf Gehorsam, Disziplin? – Wer von Ihnen neigt mehr dazu, Befehle zu geben? – Mögen Sie es, wenn Ihnen die anderen (Partner, Kollegen, Vorgesetzte, Eltern) sagen, was Sie zu tun haben? – Haben oder hatten Sie Probleme wegen Gehorsam? – Wie reagierten Ihre Eltern auf Ungehorsam?

Synonyme und Störungen

Befolgen, sich selbst verleugnen, kuschen, klein beigeben, aufmucken, rebellieren, trotzen.

Autoritätsgläubigkeit, Befehlsautonomie, Autoritätskrise, Angst, Aggression, Trotz, Nägelkauen, Bettnässen, Anpassungsschwierigkeiten.

Anregung zum Perspektivenwechsel

Schreien und Unhöflichkeit garantieren noch lange keinen Gehorsam und eine freundliche Atmosphäre. *Motto*: Versuchen Sie es mit Höflichkeit. Wenn man weiß, warum man etwas tun soll, tut man es gerne und leichter. Auch der andere kann Recht haben.

Druck erzeugt Gegendruck.

❖

Es bellen die jungen Hunde das nach,
was sie von den alten gehört haben.

❖

Wem viel gegeben ist, von dem wird viel verlangt.
(Johann Gottfried Herder)

❖

Gehorchen mag, wer nicht zu herrschen weiß.
(William Shakespeare)

Höflichkeit – die Fähigkeit, die Beziehung zu anderen Menschen zu gestalten

Ein freundliches Wort kostet nichts
und ist doch das Schönste aller Geschenke.

Die Wahl der Prinzessin

Scharen von ausgewählten Fürsten wollten die Prinzessin heiraten, denn sie war die schönste und klügste Prinzessin, die man je getroffen hatte. Doch nur drei Auserwählte kamen als Ehemann in Frage. Die drei hatten alle dieselben Eigenschaften nachweisen können: Sie waren jung, gutaussehend, stark und vermögend.

Die Wahl fiel der Prinzessin sehr schwer. Deshalb verkleidete sie sich eines Abends als Bettlerin, ging zum Festzelt, wo die drei sich zum Abendmahl aufhielten, trat zu ihnen und bat sie um etwas zu essen. Der eine gab ihr etwas von seinen Resten, der zweite ein hartes Stück Fleisch, der dritte mit Namen Hakim arrangierte auf einem Teller die besten Fleischsorten und überreichte ihr diesen.

Die Sterne leuchteten bereits am Himmel, als die Prinzessin die Männer wieder verließ. Am nächsten Tag lud sie die drei Kandidaten zum Essen in ihren Palast. Die Palastdienerinnen sollten jedem Gast das anbieten, was er am Vorabend der Unbekannten gegeben hatte.

Hakim, der die Bratenplatte mit zarten Stücken vor sich hatte, teilte sein Essen mit den Rivalen. Für die Prinzessin war die Entscheidung nun klar: „Hakim ist der Großzügigste unter euch – ihn nehme ich zum Gemahl."

Von Höflichkeit bis Heuchelei

Höflichkeit bezeichnet die Fähigkeit, die zwischenmenschlichen Beziehungen zu gestalten. Ihre Erscheinungsformen sind Benehmen, das sich an den gesellschaftlichen Verhaltensregeln orientiert, Rücksicht, Achtung vor dem anderen und sich selbst sowie Bescheidenheit. Höflichkeit als Hintanstellung der eigenen Interessen und Bedürfnisse ist eine sozial begründete Aggressionshemmung. Für den Erwerb von Höflichkeit spielen das Lernen am Modell (zumeist das der Eltern) und das Lernen am Erfolg (der eigenen Verhaltensweisen) eine Rolle. Die Reaktion der Eltern auf scheinbar unhöfliches Verhalten der Kinder wiegt schwer. Die Art der zu erlernenden Höflichkeit wird zu einem wesentlichen Teil von der Kultur und den Normen der sozialen Schicht bestimmt.

Als Höflichkeit gilt die Einhaltung der Formen und Regeln des sozialen Kontakts. Gewisse Spielregeln müssen befolgt werden. Eine übertriebene Höflichkeitsanforderung kann dazu führen, dass aggressive Impulse verleugnet oder verdrängt werden. Sie drückt innere Unsicherheit und Selbstwertproblematik aus. Höflichkeit korrespondiert immer mit Ehrlichkeit. Höflichkeit ohne Ehrlichkeit ist Heuchelei. Ehrlichkeit ohne Höflichkeit ist verletzend. Wird höfliches Verhalten durch großen Triebverzicht erkauft, schlägt sie später in Aggression um, die sich in der Regel nach innen richtet.

Höflichkeitssituationen

„Das Benehmen Ulrichs gegen seine Freunde lässt zu wünschen übrig."
„Die Ausdrucksweise meines Manns widert mich an!"
„Was die Leute über uns denken, ist mir gleichgültig."
„Zu Fremden muss man immer nett sein."
„Er tritt dauernd ins Fettnäpfchen."
„Sie benimmt sich wie ein Elefant im Porzellanladen."
„Diplomatie ist ein anderes Wort für Lügen."
„Wenn Erwachsene reden, hast du sie nicht zu unterbrechen."
„Wenn mein Mann mit mir spazieren geht, läuft er immer zwei Meter vor mir her. Ich komme mir dann vor wie der letzte Dreck."

Beispiele

„Mein Mann freut sich immer, wenn ich so tue, als wäre ich mit meiner Schwiegermutter ein Herz und eine Seele. Hinterher könnte ich mich dann ärgern, dass ich der alten Schlange nicht die Meinung gesagt habe. Ich kann mich dann prompt mit Kopfschmerzen ins Bett legen" (36-jährige Hausfrau mit Migräne).

„Meine Mutter legte großen Wert auf gute Manieren, ich war ein gut dressiertes Kind. Das änderte sich schlagartig, als ich anfing zu studieren. Ich bekam wegen meiner Umgangsformen den größten Krach mit meinen Eltern, und besonders meine Mutter war tief verletzt. Einmal meinte sie: ‚Du bringst mich noch ins Grab.' Heute will kaum jemand was mit mir zu tun haben, weil ich so verletzend sein kann. Ich bin völlig isoliert" (23-jährige Studentin, Sexualabwehr und Kontaktschwierigkeiten).

Im Folgenden sind Konfliktsituationen aus dem Alltag dargestellt:

Konflikt – Konzept – Gegenkonzept

Situation	Ist-Wert	Soll-Wert
Im Badezimmer	Wenn du nicht schneller machst, gibt's was!	Bitte, beeile dich etwas mit dem Waschen, der Kaffee ist gleich fertig.
Im Kinderzimmer	In deinem Zimmer sieht's aus wie im Saustall!	Findest du, dass dein Zimmer aufgeräumt ist?
Der Ehemann hat beim Umziehen seine Sachen im Schlafzimmer auf den Boden fallen lassen.	Meinst du eigentlich, ich hätte hier nur aufgeräumt, damit der Herr des Hauses alles wieder durcheinanderbringt?	Ich würde mich freuen, wenn du deine gebrauchte Wäsche in den Wäschebeutel tun würdest.
Die Ehefrau macht Frühjahrsputz.	Der Mann: Mit deinem Putzfimmel kannst du einen zur Raserei bringen!	Ich freue mich auch, wenn alles sauber ist. Aber meinst du nicht, dass zweimal putzen in der Woche genügt?

Weiterführende Fragen

Wer von Ihnen legt mehr Wert auf Höflichkeit (Rücksicht, gutes Benehmen)? – Was empfinden Sie, wenn Ihr Partner nicht die erwartete Höflichkeit (Rücksichtsnahme) zeigt (Situation)? – Sind Sie eher höflich oder ehrlich? – Achten sie sehr darauf, was die anderen über Sie sagen? – Fressen Sie lieber den Ärger in sich hinein, als gute Beziehungen aufs Spiel zu setzen? – Wer von Ihren Eltern legte mehr Wert auf gutes Benehmen?

Synonyme und Störungen

Sich anständig benehmen, wissen, was sich schickt, auf Manieren und Umgangsformen achten, die gute Kinderstube.

Heuchelei, ritualisierte Höflichkeit, die Unfähigkeit, nein zu sagen, Egoismus, soziale Unsicherheit, Angst, mangelndes Durchsetzungsvermögen, Alkoholismus, Muskelverkrampfungen, rheumatische Beschwerden, Kopfschmerzen, Herzschmerzen, Magen-Darm-Beschwerden.

Anregung zum Perspektivenwechsel

Höflichkeit bestimmt nicht selten die Möglichkeit des Kontakts. Statt „Los, gib her!" besser: „Würdest du bitte ...?" Die Faustregel der Höflichkeit lautet: Was würden Sie sagen, wenn Ihr Partner Sie in gleicher Weise behandeln würde, wie Sie ihn?

Es kommt nicht nur darauf, was man sagt,
sondern auch, wie man es sagt.

❖

Vermöchten wir alle nur für einen einzigen Tag
höflich zu sein –
die Feindschaft unter den Menschen
würde sich in Liebe wandeln.
(Orientalische Lebensweisheit)

❖

Fische fängt man mit Angeln,
Leute mit Worten.

Höflichkeit ist Staatspapier des Herzens,
das oft umso größere Zinsen trägt,
je unsicherer das Kapital ist.
(Ludwig Börne)

❖

Höflichkeit ist wie ein Luftkissen:
Es mag wohl nichts drin sein,
aber sie mildert die Stöße des Lebens.
(Arthur Schopenhauer)

Ehrlichkeit – die Fähigkeit, seine Meinung zu äußern

Ehrlich währt am längsten.

Gebranntes Kind scheut das Feuer

Eine Mutter sagt zu ihrem fünfjährigen Sohn: „Morgen sind wir bei Tante Marianne eingeladen. Wenn wir kommen, sagst du ihr ‚Guten Tag' und gibst ihr ein Küsschen." Der Junge sagt, das mache er nicht, er habe Angst. Die Mutter versteht ihn nicht: „Warum Angst?" „Weißt du, als der Papa sie küssen wollte, hat er eine Ohrfeige bekommen!"

Von Ehrlichkeit und Offenheit bis Frechheit

Ehrlichkeit bezeichnet die Fähigkeit, offen seine Meinung zu äußern, seine Bedürfnisse oder Interessen mitzuteilen und Informationen zu geben. Wahrhaftigkeit und Redlichkeit zählen zur Ehrlichkeit. Ehrlichkeit in einer partnerschaftlichen Beziehung gilt als Treue, in der sozialen Kommunikation als Offenheit und Aufrichtigkeit. In dem Alter, in dem das Kind zu sprechen beginnt, kann es noch nicht klar zwischen Vorstellung und Wirklichkeit unterscheiden. Versteht der Erwachsene die Erlebnislogik des Kindes nicht und bestraft sie als Lüge, kann bereits hier eine Grundlage zur Unehrlichkeit gelegt werden.

Ehrlichkeit und Höflichkeit stehen in enger Beziehung zueinander: Weil ich zu höflich war, habe ich nicht ehrlich meine Meinung gesagt. Oder: Ich bin zu ehrlich, und das halten die anderen für unhöflich. Während Höflichkeit als Aggressionshemmung betrachtet werden kann, besitzt Ehrlichkeit häufig den Charakter aggressiven Verhaltens, wenn man jemandem ungeschminkt seine Meinung sagt, jemandem etwas offen ins Gesicht sagt oder jemanden zur Rede stellt.

Überbetonung von Ehrlichkeit kann so als Rüpelei gesehen werden und führt dann zu zwischenmenschlichen Konflikten, wenn der Partner sich beleidigt zurückzieht. Unehrlichkeit, als das gegenteilige Extrem, bringt zumeist nur zeitliche Vorteile mit sich. Es kommt oft zu undurchschaubaren Lügengebäuden, die ein spannungsreiches Konfliktfeld darstellen.

Extreme der Ehrlichkeit – Unehrlichkeit und Überehrlichkeit – sehen wir in: Schimpfen, üble Nachrede, Über- und Untertreibung, Hänseln anderer. Diese Extreme führen oft zu Gewissensbissen, innerer Unruhe und psychosomatischen Störungen.

Ehrlichkeitssituationen

„Unser Stefan trägt sein Herz auf der Zunge."
„In der Familie hält Nicola mit ihrer Meinung nicht hinter dem Berg, der Klassenlehrer hingegen muss ihr die Worte gleichsam aus dem Mund ziehen."
„Meine Frau macht mir gegenüber aus ihrem Herzen keine Mördergrube."
„Unser Pfarrer will lieber unwahren Schmus hören als eine ehrliche Meinung."
„Mein einziger Fehler ist, dass ich zu ehrlich bin."

Beispiel

„Mein Vater sagte immer unverblümt seine Meinung und handelte sich damit viel Ärger ein. Dadurch habe ich gelernt: Ich sage das, was die anderen hören wollen, ich ärgere mich nur im Stillen" (48-jährige Hausfrau mit Magen-Darm-Beschwerden).

Fragen

Wer von Ihnen kann seine Meinung offener sagen? – Haben oder hatten Sie Probleme mit sich oder Ihrem Partner wegen Unehrlichkeit? – Wie reagieren Sie, wenn jemand Sie belügt (überlegen Sie sich Situationen)? – Sind Sie mit der Wahrheit großzügig oder eher übergenau, gebrauchen Sie ab und zu Notlügen? – Erzählen Sie den anderen viel oder wenig von sich selbst (Offenheit)?

Synonyme und Störungen

Frank und frei von der Leber weg, kein Blatt vor den Mund nehmen, reinen Wein einschenken, reden, wie einem der Schnabel gewachsen ist, alles herunterschlucken, mit seiner Meinung hinter dem Berg halten.

Schimpfen, üble Nachrede, Über- und Untertreiben, Geltungsdrang, Ichhaftigkeit, zwischenmenschliche Konflikte, Aggressionen, Schweißausbrüche, Bluthochdruck, Kopfschmerzen.

Anregung zum Perspektivenwechsel

Das sagen, was man für richtig hält, aber es so sagen, dass es den Partner nicht verletzt. Manche Menschen, die Ihnen im Moment Ihre Offenheit übel nehmen, werden Ihnen später dafür dankbar sein.

Auch wenn es Ihnen vielleicht nicht schwer fällt, in der Partnerschaft ehrlich zu sein, ist es im Beruf oder wenn es um Geld geht, nicht mehr so leicht. Man wendet zumeist nicht in allen Lebensbereichen die gleichen Maßstäbe der Ehrlichkeit an. *Motto*: Beobachten Sie, bei welchen Aktualfähigkeiten und in welchen Situationen und wem gegenüber Ihnen Ehrlichkeit schwer fällt.

Die Wahrheit führt Freunde zusammen und entzweit sie auch.

❖

Manche Wahrheiten sollen nicht,
manche brauchen nicht, manche müssen gesagt werden.
(Wilhelm Busch)

❖

Ich sah nie einen Mann in die Irre gehen,
der einem geraden Weg folgte.
(Saadi)

❖

Falsche und heuchlerische Menschen sind die,
die alles mit dem Mund – und in Wirklichkeit nichts tun.
(Demokrit)

❖

Wer möchte diesen Erdenball
Noch fernerhin betreten,
Wenn wir Bewohner überall
Die Wahrheit sagen täten.
(Wilhelm Busch)

Treue – die Fähigkeit, sich vertrauenswürdig zu verhalten

Treue ist ein seltner Gast. Halt ihn fest, wenn du ihn hast!

Der Ziegelwerfer

In Aria, Altpersien, wollte ein Höfling sehen, welche Fortschritte der Bau des neuen Palasts machte. Er erblickte die Arbeiter und Handwerker, die sich eifrig abmühten. Mit Erstaunen fiel sein Blick auf die Handlanger, die den Maurern die getrockneten Lehmziegel, Khescht genannt, über drei Stockwerke hoch zuwarfen. Einer der Handlanger übertraf alle seine Kameraden. Während bei diesen mancher Lehmziegel den Maurer gar nicht erreichte, sondern nach kurzem Flug auf dem Boden zersprang, warf dieser Handlanger seine Ziegel mit unglaublicher Kraft und Sicherheit höher als alle anderen. Eine Zeit lang schaute der Höfling verwundert zu. Schließlich sprach er den Handlanger an: „Guter Freund, du leistest ganz Außergewöhnliches. Du wirfst den Stein höher als alle deine Kameraden, und dein Wurf übertrifft alle an Sicherheit. Wie kommt es, dass du das kannst?" Der Arbeiter antwortete: „Hoher Herr! Ich bin innerlich glücklich. Die Quelle meiner Kraft ist die Harmonie, in der ich mit meiner Frau zusammenlebe. Ihr gutes Wort begleitet mich am Morgen zur Arbeit und empfängt mich am Abend wieder zu Hause. Sie ist für mich da und ich für sie."

Den Höfling überfiel Neid bei dieser Schilderung. Ohne ein Wort verließ er die Baustelle und begab sich zur Siedlung der Arbeiter, wo er nach der Frau des Handlangers fragte. Er traf eine junge Frau höflichen Wesens und guter Gestalt, deren Formen ihn durch den Schleier der Kleidung faszinierten. „Du liebst deinen Mann", sagte er ohne Gruß. Sie schlug die Augen nieder und antwortete: „Ja, mein Herr!" „Dein Anblick ist Balsam für meine Seele. Sage mir doch, warum liebst du deinen Mann? Was findest du an ihm so gut?" „Er ist noch weniger als ein Arbeiter, ein Handlanger, ein Amalleh. Sein Körper ist von der Sonne verbrannt, und seine Hände sind rissig von der schweren Arbeit. Muss eine Blume wie du in solch groben Händen welken?" Verstört wandte sich die

Frau ab, sprach leise „Gott sei mit dir" und ging zurück ins Haus. Jedesmal danach, wenn der Höfling den Bau besuchte, achtete er besonders auf den Handlanger. Es dauerte nicht lange, da ließen die Würfe des Mannes nach. Öfter verfehlten seine Lehmziegel die Hände des Maurers. Der Handlanger wirkte krank und melancholisch und war auch nicht mehr in der Moschee zu sehen, die er früher regelmäßig zum Gebet besucht hatte. Schließlich rief der Höfling: „He da! Für das, was du leistest, willst du auch noch Geld bekommen? Du zerschlägst mehr Ziegel, als deine Arbeit überhaupt wert ist. Warum arbeitest du nicht wie früher?" „Eine Wolke verdunkelt mein häusliches Glück", antwortete der Amalleh traurig. „Ich habe keine Freude mehr zu Hause. Meine Frau ist nicht mehr wie früher. Das Gebet gibt mir keinen Frieden mehr, und den Menschen misstraue ich." Mit Genugtuung schaute ihn der Höfling von oben bis unten an: „Mach dir keinen Kummer, lieber Freund, du bist nicht der einzige Mensch, der solche Probleme hat."

Von Treue bis Untreue

Treue bezeichnet die Fähigkeit, eine feste Beziehung einzugehen und über eine längere Zeit hinweg aufrechtzuerhalten, sich vertrauenswürdig zu verhalten. Treue im engeren Sinn, in der Partnerschaft, bezieht sich vor allem auf die Sexualität. Die konventionelle Ehe basiert auf Treue. Ein labiles Verhältnis zur Treue hat ebenso lebensgeschichtliche Hintergründe wie eine bedingungslose, naive Fixierung an einen Partner.

Treue gibt es aber auch gegenüber Institutionen, Leitbildern oder Prinzipien (z. B. Verfassungstreue) und gegenüber sich selbst. Treue hängt allgemein mit Ehrlichkeit und Offenheit zusammen, ist jedoch nicht damit identisch: „Wenn mein Mann mit anderen Frauen Verhältnisse hat, möchte ich das nicht erfahren." Umgekehrt: „Ich könnte meinem Mann Untreue verzeihen, wenn er nur ehrlich und offen ist."

Die Beziehung eines Menschen zur Treue ist zu einem wesentlichen Teil abhängig von den Erfahrungen, die er mit seinen Eltern, seiner sozialen Umgebung, seiner Kultur und seiner Religion gemacht hat (Grundkonflikt). Aktuelle Lebenssituationen wie Beruf, zwischenmenschliche Beziehungen, Gesundheit und

Zielvorstellungen spielen ebenfalls eine bedeutsame Rolle (Aktualkonflikt). Inhaltlich beziehen sich Grund- und Aktualkonflikt auf die Aktualfähigkeiten (Treue und Vertrauen, Treue und Kontakt, Treue und Sparsamkeit, Treue und Zeit, Treue und Ordnung etc.).

Beispiel

„Ich habe Herzschmerzen und Magenbeschwerden, seitdem ich erfahren habe, dass mein Mann fremdgeht. Er hat es fertig gebracht, mir das jahrelang zu verheimlichen. Auch in anderen Dingen war er nicht offen. Die Kinder hatten unter unseren Spannungen zu leiden" (45-jährige Hausfrau nach der Scheidung, massive Gewichtsabnahme, hat Brustkrebs).

Fragen

Haben Sie in der Partnerschaft Probleme mit der Treue? – Was verstehen Sie unter Untreue? – Haben oder hatten Sie Schwierigkeiten, weil Sie Ihrem Partner untreu waren? – Wie würden Sie reagieren, wenn Ihr Partner fremdgehen würde (bzw. wie haben Sie in einer solchen Situation reagiert)? – Spielen Sie mit dem Gedanken, einen anderen Partner zu haben? – Halten Sie es für möglich, dass Ihr Partner in Ihrer Abwesenheit untreu würde? – Halten Sie ein bisschen Untreue für ganz reizvoll? – Waren Ihre Eltern einander treu?

Synonyme und Störungen

Vertrauen, loyal sein, anhänglich, konservativ, sich binden, versprechen, Misstrauen, Untreue, treulose Tomate, auf Treu und Glauben, Nibelungentreue.

Fixierte Treue, Eifersucht, Eifersuchtswahn, Treulosigkeit, Vertrauensbruch, Verrat, Hoffnungslosigkeit, Angst, Aggression, Depression, Sexualstörungen.

Anregung zum Perspektivenwechsel

Treue beginnt nicht mit der Eheschließung. Bereits die Partnerwahl hat mit Treue oder Untreue zu tun. *Motto*: Wählen Sie Ihren Partner so, dass Sie ihm treu sein wollen (Sex –Sexualität –

Liebe). Sich für einen Partner entscheiden bringt meist weniger Probleme, als unentschieden zwischen zwei Partnern hin und her zu schwanken, denen man beiden nicht wehtun möchte. Wenn Sie feststellen, dass Ihr Partner nicht zu Ihnen passt, trennen Sie sich erst, bevor Sie einen neuen Partner suchen. Dies ist ehrlicher dem Partner und Ihnen selbst gegenüber.

O wie viel holder blüht die Schönheit doch,
ist ihr der Schmuck der Treue mitgegeben.
(William Shakespeare)

❖

Treue üben ist Tugend,
Treue erfahren ist Glück.
(Maria von Ebner-Eschenbach)

Gerechtigkeit – die Fähigkeit abzuwägen

Ein freier Mann ist der, den die Beleidigungen der Menschen nicht schmerzen, und ein Held ist der, welcher den Beleidigung Verdienenden nicht beleidigt. (Dschelaladdin Rumi)

620 Euro Strafe in Cent bezahlt

Barcelona – Aus Protest gegen eine angeblich ungerechte Geldstrafe hat eine Spanierin den geforderten Betrag von 620 Euro in Münzen von einem Cent eingezahlt. Zusammen mit mehreren Verwandten schleppte die Frau neun Plastikbeutel mit den 62 000 Münzen in das Gerichtsgebäude von Barcelona. Die Münzen wogen fast eine halbe Tonne. Die Frau war verurteilt worden, weil sie ihrem Vetter im Streit eine Ohrfeige gegeben und dabei seine Brille zerbrochen hatte. (Bericht einer Tageszeitung)

Von Gerechtigkeit bis Gerechtigkeitstick

Gerechtigkeit bezeichnet die Fähigkeit, im Verhältnis zu sich selbst und anderen gegenüber Interessen abzuwägen. Als ungerecht empfindet man dabei eine Behandlung, die von persönlicher Zu- und Abneigung oder Parteinahme statt von sachlichen Überlegungen diktiert wird. Der gesellschaftliche Aspekt dieser Aktualfähigkeit ist die soziale Gerechtigkeit. Jeder Mensch besitzt einen Gerechtigkeitssinn. Die Art, wie Bezugspersonen ein Kind behandeln, wie gerecht sie zu ihm, zu seinen Geschwistern und zueinander sind, prägt das individuelle Bezugssystem für die Gerechtigkeit.

Wie Gerechtigkeit das Gefühl von Vertrauen und Hoffnung hervorruft, bedingt Ungerechtigkeit, Auflehnung, Verzweiflung, Resignation und Hoffnungslosigkeit. Gerechtigkeit nimmt Einfluss auf die Erwartungen, die ein Mensch seiner Zukunft gegenüber stellt. Inhaltlich kann sich Gerechtigkeit auf unterschiedliche Verhaltensbereiche beziehen: Pünktlichkeit (Sven findet es gerecht, dass sein Bruder zur gleichen Zeit zu Hause sein soll wie er), Sauberkeit (Antonia empfindet es als ungerecht, dass sie noch einmal aus dem Bett geholt wird, weil sie sich nicht gewaschen hat), Fleiß (Manuela schäumt vor Wut, weil ihr Bruder spielen darf, während sie selbst noch immer an den Hausaufgaben sitzen muss). Im partnerschaftlichen Verhältnis wie in der Erziehung bewegt sich das gegenseitige Verhalten zwischen den Extremen Gerechtigkeit und Liebe.

Gerechtigkeitssituationen

„Wenn ich unpünktlich nach Hause komme, bestrafst du mich; wenn Manuela nicht rechtzeitig kommt, passiert nichts."

„Sich selbst kauft er alle möglichen teuren Sachen, aber ich musste mich meist mit billigem Kram zufrieden geben."

„Sie ist der Ansicht, ich hätte das Geld zu verdienen und sie könne es ausgeben."

„Wie kann Gott als gerecht empfunden werden, wenn sein „Bodenpersonal" so ungerecht ist?"

„Wenn die Mutter meines Mannes kommt, ist er der freundlichste Mensch; wenn aber meine Mutter kommt, sollten Sie sein Gesicht mal sehen!"

„Ich habe den Prozess nur deshalb verloren, weil mein Gegner den besseren Anwalt hatte."

„Nur weil mein Freund aus einer Akademikerfamilie kommt, gab ihm der Lehrer bessere Noten als mir."

Beispiele

„Wenn bei uns zu Hause mal was war, dann hieß es gleich: ‚Das bist du gewesen, denn wer soll es sonst schon gewesen sein.' Diese Ungerechtigkeit kränkte mich immer sehr. Erst vor kurzem ist es mir bewusst geworden, dass ich es mit meinen Kindern genauso gemacht habe, nur dass meine Kinder sich dagegen gewehrt haben, im Unterschied zu mir damals. Ich fresse noch heute alles in mich hinein" (27-jährige Hausfrau mit Magen-Darm-Störungen).

„Kevin (9 Jahre) kam vor ein paar Tagen zu mir: ‚Die Evi braucht nur zu husten, dann rennst du schon zu ihr hin. Aber mit mir hast du nie Zeit zu spielen!' Meine Antwort: ‚Die Heidi benimmt sich auch anders als du; du kannst dir von ihr eine Scheibe abschneiden. Sieh dir bloß mal an, wie ihr Zimmer und wie deins aussieht!'" (41-jährige Hausfrau mit Kopfschmerzen und Aggression).

„Wenn ich schon an die Ungerechtigkeit meines Chefs denke, fange ich an zu zittern und es wird mir schlecht. Hinterher habe ich dann Kopfschmerzen und Magenbeschwerden" (28-jährige Angestellte mit psychosomatischen Störungen).

Fragen

Wer von Ihnen legt mehr Wert auf Gerechtigkeit (Gerechtigkeit oder Ungerechtigkeit in welchen Situationen und wem gegenüber)? – Halten Sie Ihren Partner für gerecht (den Kindern, den Schwiegereltern, den Mitmenschen, Ihnen selbst gegenüber)? – Wie reagieren Sie, wenn Sie ungerecht behandelt werden (im Beruf, in der Familie)? – Haben oder hatten Sie Probleme mit Ungerechtigkeiten (wurde bei Ihnen jemand bevorzugt)? – Wer von Ihren Eltern achtete Ihnen oder Ihren Geschwistern gegenüber mehr auf Gerechtigkeit (Situation)?

Synonyme und Störungen

Angemessen, wohlverdient, sachlich, unbefangen, unannehmbar, unberechtigt, im Vergleich zu, sich benachteiligt fühlen.

„Gerechtigkeitstick", Selbstgerechtigkeit, Überempfindlichkeit, Rivalität, Machtkampf, Gefühl der Schwäche, Ungerechtigkeit, Vergeltung, individuelle und kollektive Aggression, Depressionen, Rentenneurosen.

Anregung zum Perspektivenwechsel

Gerechtigkeit ohne Liebe sieht nur die Leistung und den Vergleich; Liebe ohne Gerechtigkeit verliert die Kontrolle über die Wirklichkeit. Lerne zu vereinigen: Gerechtigkeit und Liebe. Zwei Menschen gleich zu behandeln heißt, einen ungerecht behandeln.

Auch vom Feinde
muss man sich belehren lassen.

❖

Wenn man die Gerechtigkeit biegt, dann bricht sie.

❖

Wer einen Hinkenden verspotten will,
muss selbst gerade sein.

❖

Es gibt ein Wort, das jedem
als praktische Lebensregel dienen könnte: Gegenseitigkeit.
(Konfuzius)

❖

Feind ist nicht jeder, der Unrecht tut,
sondern nur der, der es bewusst tut.
(Demokrit)

❖

Von allem das Meistgeliebte ist mir die Gerechtigkeit;
wende dich nicht von ihr ab, wenn du nach mir verlangst,
und missachte sie nicht, damit ich dir vertrauen kann.
Durch ihre Hilfe wirst du mit deinen eigenen Augen
und nicht mit denen anderer sehen
und durch die eigene Erkenntnis und nicht durch die
deines Nächsten Wissen erlangen.
Erwäge in deinem Herzen, wie du sein solltest.
(BAHÁ'I)

❖

Der weise Mensch wird sorgsam abwägen,
auf dass er gerecht urteile.
Hastiges Urteilen ist die Art des Narren.
(Buddhismus)

❖

Ein ehrenhafter Mensch will Gerechtigkeit
und wird sich in allen seinen Taten darum bemühen.
Nur der Tor ist ungerecht.
(Konfuzius)

Richtet nicht, damit ihr nicht gerichtet werdet.
Denn mit dem Gericht, mit dem ihr richtet,
werdet ihr gerichtet werden. Und mit dem Maße,
mit dem ihr messet, wird euch gemessen werden.
Was siehst du aber den Splitter im Auge deines Bruders,
doch den Balken in deinem Auge nimmst du nicht wahr?
Heuchler, nimm zuerst den Balken aus deinem Auge.
Dann magst du sehen, wie du den Splitter
aus deines Bruders Auge wegnimmst.
(Christentum)

❖

Lebe ein gerechtes und ehrliches Leben.
Gott ist gerecht und erwartet dasselbe von seinen Gläubigen.
Handle gerecht, immer und unter allen Umständen.
(Islam)

❖

Der Herr liebt Gerechtigkeit und auf ihr
hat er seinen Thron errichtet.
Der Mensch, der seinen Mitmenschen
immer gerecht behandelt, er soll wahrhaft leben.
(Judentum)

Leistung – die Fähigkeit, am Ball zu bleiben

Ich habe nie Wertvolles zufällig getan.
Meine Erfindungen sind nie zufällig entstanden.
Ich habe gearbeitet. (Thomas Alva Edison)

Alle Menschen schieben auf – und bereuen den Aufschub.

„Mutter, freue dich", sagte der Sohn, „du brauchst für mich im nächsten Jahr kein Geld für die Schule auszugeben und für mich keine Schulbücher kaufen!" Die Mutter wollte wissen: „Warum?" „Ich wiederhole die Klasse," war die Antwort.

Von Fleiß und Leistung bis Leistungszwang

Leistung bezeichnet die Fähigkeit und Bereitschaft, eine meist anstrengende und ermüdende Verhaltensweise über einen längeren Zeitraum hinweg beizubehalten, um ein bestimmtes Ziel zu erreichen. Fleiß und Leistung sind Kriterien gesellschaftlichen Erfolgs, der durch Prestige und Ansehen honoriert wird. Das Spiel ist in der Entwicklung eines Kindes eine Vorstufe für Fleiß und Leistung. In der Schule wird der Fleiß gefordert. Er geht dann mit einem Verzicht auf andere, in der Regel leichtere Triebbefriedigung einher. Es fällt daher um so leichter, fleißig zu sein, je mehr man die Beschäftigung mit einer Aufgabe selbst als lohnend empfinden kann.

Über die Folgen der Faulheit – als Flucht aus dem Feld der Anforderungen – brauchen wir uns weniger auszulassen, sie dürften allgemein bekannt sein. Fleiß kann jedoch auch zum Problem werden: wenn Fleiß, Leistung und Erfolg isoliert zum Wertmaßstab für die Qualität einer Person wurden. Solch einseitige Betrachtungsweisen vernachlässigen die primären Fähigkeiten wie Geduld, Vertrauen und Hoffnung. Konkurrenzkampf, Angst vor der Niederlage, das Gefühl maßloser Unterlegenheit, anmaßende Vollkommenheit und Selbstwertprobleme resultieren daraus. Fleiß kann auch als Flucht aus anderen Konflikten in die Arbeit gesehen werden.

Als „positive" Einstellungen zum Fleiß finden sich Haltungen wie der sich Bescheidende, der Angst vor Änderungen im Beruf hat, der aufopfernde Arbeiter, der Streber, der Erfolgstyp und der Quartalsarbeiter, der nur dann eine optimale Leistung zeigt, wenn sich genügend Arbeit angehäuft hat.

Erfolg hängt zwar eng mit dem Fleiß zusammen, betrifft aber darüber hinaus noch andere Faktoren, unter denen die Aktualfähigkeiten Ordnung, Pünktlichkeit, Sauberkeit, Höflichkeit etc. eine bedeutsame Rolle spielen. Wenn Eltern Leistungen von ihrem Kind fordern, sollten sie sich der Einzigartigkeit der Fähigkeiten ihres Kindes immer bewusst sein.

Fleißsituationen

„Vor den Erfolg haben die Götter den Schweiß gesetzt."
„Unser Sohn ist in der Schule kein bisschen strebsam."
„Sie ist eifrig bei der Arbeit, wenn es um die Wohnung geht, aber für mich tut sie keinen Schlag."
„Er hat den Ehrgeiz, beruflich selbstständig zu werden."
„Fleiß und Gründlichkeit sind deutsche Tugenden."
„Gott hat uns nicht als Nichtstuer geschaffen."
„Mit seiner Drückebergerei stiehlt er dem lieben Gott die Zeit."
„Müßiggang ist aller Laster Anfang."
„Du bis soviel Wert, wie du leistest."
„Ich habe auch geschwitzt, bis ich es geschafft habe."
„Ich stehe den ganzen Tag über unter Leistungsdruck."

Beispiel

„Manchmal habe ich das Gefühl, dass ich unsagbar faul bin. Aber nur, wenn es ums Lernen geht. Mir wächst dann manchmal alles über den Kopf. Dann werde ich einfach apathisch und lege mich ins Bett. Wenn ich den Putzteufel habe, passiert mir das nie. Meine Mutter hat ihr ganzes Leben lang nur geschuftet und die Arbeit ist ihr zum Lebenszweck geworden. Allerdings nur körperliche Arbeit, denn eine andere Arbeit gibt es in ihren Augen nicht. Sie ist stolz darauf, wie ein Pferd arbeiten zu können" (22-jährige Studentin, Lernschwierigkeiten und Müdigkeit).

Fragen

Wer von Ihnen legt mehr Wert auf Fleiß und Leistung? – Haben oder hatten Sie berufliche Probleme? – Sind Sie mit Ihrem Beruf unzufrieden oder mit den Menschen, die mit Ihnen arbeiten? – Worin engagieren Sie sich mehr: im Beruf oder in der Familie? – Fühlen Sie sich wohl, wenn Sie einmal nichts zu tun haben? – Sind Sie mit den schulischen oder beruflichen Erfolgen Ihrer Kinder zufrieden? – Wie sind Sie zu Ihrem Beruf gekommen? – Wer von Ihren Eltern legte mehr Wert auf Fleiß und Leistung?

Synonyme und Störungen

Aktiv sein, sich beschäftigen, schaffen, tüchtig sein, die Zeit ausnutzen, sich vor etwas drücken, die Arbeit nicht erfunden haben, sich kein Bein ausreißen.

Flucht in die Arbeit, Strebertum, Leistungszwang, Stress, Überforderung, Zivilisationsmüdigkeit, Konkurrenzkampf, Neid, Aggressionen, Ängste, Faulheit, Flucht in die Einsamkeit, Magenbeschwerden, Schlafstörungen, Kopfschmerzen, Alkoholismus und Drogenabhängigkeit.

Anregung zum Perspektivenwechsel

Ein Mensch benötigt in seiner Ausbildung nicht nur Informationen. Er benötigt auch eine emotionale Basis, um die Informationen sinnvoll verarbeiten zu können. Lernen Sie zu unterscheiden: zwischen Bildung und Ausbildung. Wenn Sie sich über Ihren Beruf ärgern, lohnt es sich zu unterscheiden: Ärgern Sie sich tatsächlich über Ihre berufliche Tätigkeit oder über die unerfreulichen Begleitumstände (Ungerechtigkeit der Vorgesetzten, Rivalität der Kollegen)? Wenn „Leistung" zum Konfliktherd wird, ist es nicht unbedingt das Ziel, die Leistung zu verringern, sondern die anderen Bereiche, wie den Kontakt oder die Beziehung zu sich selbst, zu fördern.

Durch Tätigkeit gelingt ein Werk,
durch Wünschen kann man nichts vollbringen.

❖

Wenn ich täte, was ich spräche, stürb' ich als ein Heiliger.

❖

Man kann nicht mit einer Hand zwei Melonen tragen.

❖

Etwas versprechen
und ein Versprechen halten sind zweierlei.

❖

Gute Vorsätze sind grüne Früchte,
die abfallen, ehe sie reif sind.
(Nestroy)

❖

Alles sollte erlernt werden, nicht, um damit anzugeben,
sondern um es anzuwenden.

❖

Erledigte Arbeiten sind angenehm.
(Cicero)

❖

Guter Anfang ist halbe Arbeit.

Sparsamkeit – die Fähigkeit, mit eigenen und anderen Ressourcen umzugehen

Der Weg zu Reichtum liegt hauptsächlich in zwei Wörtern: Arbeit und Sparsamkeit. (Benjamin Franklin)

Geld ist wie ein Metall, das sowohl gut leitet als auch isoliert

Ein älterer Geschäftsmann wurde schwer krank und war dem Tod sehr nahe. Ein erfahrener Arzt erklärte ihm, er brauche nur eine intensive Therapie und verordnete ihm sehr teure Medikamente. Daraufhin rief der Kranke seine Frau zu sich und erkundigte sich bei ihr, wie viel eine Beerdigung kosten würde. Diese nannte ihm einen Betrag, der nicht so hoch war wie die Kosten der Behandlung. Der Geschäftsmann wandte sich daraufhin zu ihr und sagte: „Ich kann es mir nicht leisten, geheilt zu werden, es wäre besser, wenn du die Bettdecke über meinen Kopf ziehen würdest und mich sterben ließest, denn Sterben ist billiger."

Von Sparsamkeit bis Verschwendung

Sparsamkeit bezeichnet die Fähigkeit, mit Geld, Sachwerten, Fähigkeiten und Energien ökonomisch umzugehen. Extreme Sparsamkeit geht in Geiz über, das Gegenteil zu Geiz ist Verschwendung. Im engeren Sinn sprechen wir von Sparsamkeit erst ab dem Zeitpunkt, ab dem ein Kind mit Spielsachen und mit Geld umgehen kann. Das Kind lernt den Wert des Geldes zum einen über seinen Gegenwert und zum anderen über den notwendigen Aufwand an Fleiß und Leistung kennen.

Sparsamkeit mit ihren extremen Ausbildungsformen, dem Geiz und der Verschwendung, zielt auf Unabhängigkeit (man möchte über Geld und Dinge verfügen, um von anderen unabhängig zu sein), auf Macht (man häuft Güter an, um Macht anderen gegenüber auszuüben) und auf Liebesersatz (man versucht, durch Geld Freunde, emotionale Zuwendung und Liebe zu erkaufen). Das abgelehnte Kind versucht, sich durch Spielsachen und Süßigkeiten beliebt zu machen. Geltungsbedürftige Erwachsene versuchen, Anerkennung durch Freizügigkeit den Freunden gegenüber zu erwerben.

Sparsamkeitssituationen und Beispiele

„Meine Sekretärin nimmt für jede Notiz ein neues Blatt Papier. Darüber kann ich mich aufregen!"
„Mein Mann sagt immer: Wir müssen Licht sparen, eine 40-Watt-Birne statt einer 60-Watt-Birne tut's auch. Das hat er von seiner Mutter übernommen, die war manchmal direkt geizig. Andererseits überhäuft er die Kinder mit Spielsachen" (33-jährige Frau, Sexualabwehr).
„Ich habe mich für die Kinder geopfert und mir jeden Bissen vom Mund abgespart, damit es ihnen einmal besser gehen sollte. Ich habe mir nichts gegönnt. Aber sie haben das Geld sinnlos verjubelt. Heute ist es für mich zu spät" (56-jährige Frau, Depressionen und Herzbeschwerden).

Fragen

Wer von Ihnen legt mehr Wert auf Sparsamkeit? – Haben oder hatten Sie finanzielle Probleme? – Was würden Sie machen, wenn Sie mehr Geld hätten? – Wofür geben Sie eher Geld aus, wofür würden Sie kaum Geld ausgeben? – Wer von Ihren Eltern war sparsamer? – Bekamen Sie als Kind oder als Jugendlicher Taschengeld?

Spezielle Fragen

Ist die materielle Seite für die Beziehung primär oder sekundär? – Was bedeutet für mich finanzielle Sicherheit, finanzieller Erfolg oder Verlust? – Was würde ich machen, wenn ich keine finanziellen Probleme hätte; bliebe ich dann noch bei meinem Partner? – Kann ich mit den geschäftlichen Dingen auch ohne meinen Partner umgehen oder bin ich auf ihn angewiesen? – Was könnte geschehen, wenn ich/mein Partner plötzlich nur mit dem Existenzminimum leben müsste? – Wie habe ich gelernt, mit Geld, Finanzen und Vermögen umzugehen?

Wozu benötige ich das Vermögen? – Für den Kreis von Menschen, für den ich mich verantwortlich fühle? – Für die soziale und gesellschaftliche Entwicklung (hier lohnt sich die Frage nach der eigenen Beziehung zum Zahlen von Steuern)? – Für Notleidende im eigenen Land und in Entwicklungsländern (Umgang mit Spenden)?

Habe ich mir Gedanken darüber gemacht, wie man mit meinem Vermögen, dem von mir Geschaffenen, nach meinem Tod umgeht? – Was von meinem Besitz ist Teil meiner Einzigartigkeit, auf den ich entweder nicht verzichten kann oder nicht verzichten möchte, und was davon ist eine Last, die mich und meinen Partner im Kontakt mit unserer Wirklichkeit behindert? – Wodurch haben wir im Verlauf unserer Entwicklung Besitz erworben, welche Bedeutung hat Besitz für mich, für meinen Partner, für andere Menschen und für mein Gewissen, und wie kann ich neue Lösungen und Kompromisse finden?

Synonyme und Störungen

Sich einschränken, haushalten, auf den Preis achten, vergeuden, verschwenden, auf großem Fuß leben, Großzügigkeit.

Geiz, Geld als Machtmittel, Verschwendung, Geltungssucht, Glücksspieler, Hochstapelei, passive Erwartungshaltung, naiver Optimismus, Verantwortungslosigkeit, Lebensangst, Depressionen, Selbstwertprobleme, innere Unruhe, Schlaflosigkeit, Selbstmordabsichten.

Anregung zum Perspektivenwechsel

Es lohnt sich manchmal, sein eigenes Verhalten genauer zu betrachten, es mit dem anderer Menschen und Kulturen zu vergleichen: Was von meinem Besitz ist Teil meiner Einzigartigkeit, auf was kann und möchte ich nicht verzichten, und was davon ist eine Last, die mich und meinen Partner im Kontakt mit unserer Wirklichkeit behindert?

Wodurch haben wir im Verlauf unserer Entwicklung Besitz erworben, welche Bedeutung hat Besitz für mich, für meinen Partner, für andere Menschen und für mein Gewissen, und wie kann ich neue Lösungen und Kompromisse finden?

Geld nur auf ein Projekt zu setzen heißt Risiko spielen. Geld ausgeben kann verschiedene Ziele haben: für sich Geld ausgeben, für die Familie, für die Mitmenschen, für soziale Einrichtungen und für die Zukunft. Erst dann Geld ausgeben, wenn man die Einnahmen kennt; die Pläne mit der Familie besprechen. Jedem Familienmitglied Taschengeld gewähren. Man lernt: Ausgeben und Sparen.

Wahrer Reichtum ist Genügsamkeit,
Weisheit heißt: auf Unerreichbares verzichten!

❖

Schenken ist das Schönste auf der Welt
(Beschenkt werden das Zweitschönste).

❖

Geld macht nicht glücklich,
aber es gestattet uns,
auf verhältnismäßig angenehme Weise
unglücklich zu sein.

❖

Du kannst nicht die eine Hälfte eines Huhns
zum Kochen und die andere zum Eierlegen haben.

❖

Der gebildete Mensch
birgt in sich immer Reichtümer.
(Phaedrus)

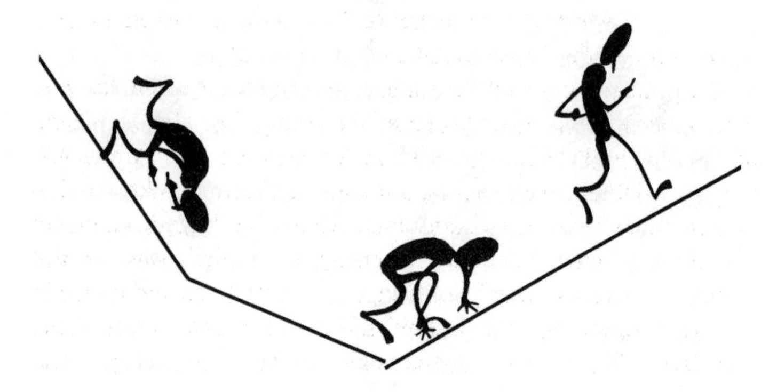

Zuverlässigkeit – die Fähigkeit, sich auf sich selbst und andere verlassen zu können

Ein Versprechen zu geben und ein Versprechen halten ist zweierlei.

Die Stellvertreter

In einigen Universitäten in England gibt es eine Sitte: Wenn der Dozent sich länger als zehn Minuten verspätet, verlassen die Studenten den Raum. An einem Tag wusste der Professor, dass er sich heute verspäten würde. Er wollte aber nicht, dass die Studenten weggingen, legte deshalb seinen Hut auf den Schreibtisch und verließ den Raum. Nach einer Viertelstunde kam er zurück und wunderte sich, dass der Raum leersteht. Am nächsten Tag fragte er die Studenten, warum sie alle weggegangen seien, obwohl sein Hut als sein Vertreter da gewesen sei? Zwei Tage später, der Dozent erscheint rechtzeitig zur Vorlesung, ist der Raum leer, aber auf jedem Sitz liegt ein Hut. Auf der Tafel ist zu lesen: „Unsere Vertreter sind bereits da!!“

Von Zuverlässigkeit und Genauigkeit bis Oberflächlichkeit

Von Zuverlässigkeit sprechen wir, wenn wir uns auf einen Menschen verlassen können. Er wird auch in unserer Abwesenheit eine Aufgabe in der vereinbarten Art erfüllen und unsere Erwartungen nicht enttäuschen. Genauigkeit bedeutet, dass eine Aufgabe wie vorgeschrieben erledigt wird. Je größer die Genauigkeit, umso geringer die Wahrscheinlichkeit von Fehlern.

Zuverlässigkeit und Vertrauenswürdigkeit gehören zu den Eigenschaften, die grundlegende Bedeutung für die zwischenmenschlichen Beziehungen besitzen. Sie schaffen eine Atmosphäre der Sicherheit, Freundschaft und Freiheit. Kontrapunkte der Zuverlässigkeit sehen wir einerseits im starren Festhalten an einem einmal gegebenen Wort oder in einer Gewohnheit (was oft mit Treue verwechselt wird), andererseits in der Unzuverlässigkeit, die der Partner als Unberechenbarkeit und Charakterschwäche registriert. Ebenso kann Genauigkeit in zwei entgegengesetzte

Extreme ausarten: zum einen zwanghafte Pedanterie – verwandt sind die Begriffe Gründlichkeit, Skrupelhaftigkeit, Perfektionismus und Grübelei; typischer Vertreter ist der Prinzipienreiter. Zum anderen die bedenkenlose „Schlamperei" (die Genauigkeit schwankt haltlos und je nach Laune).

Zuverlässigkeit, Genauigkeit und Gewissenhaftigkeit sind drei komplexe Verhaltensbereiche, die sich aus der Erziehungssituation heraus entwickeln. Es ist immer danach zu fragen, in Bezug auf welche Aktualfähigkeiten Zuverlässigkeit, Genauigkeit und Gewissenhaftigkeit verlangt und entwickelt wurden. Die Zuverlässigkeit eines Menschen gibt zumeist die Haltung wieder, die seine Bezugspersonen ihm gegenüber gezeigt hatten.

Zuverlässigkeitssituationen

„Mein Sohn ist schon ein Prinzipienreiter wie sein Vater."
„Meine Frau gibt jeder Laune nach und schwankt hin und her wie ein Rohr im Wind. Was sie gestern oder vor einer Stunde gesagt hat, streitet sie im nächsten Augenblick ab."
„Mein Perfektionismus im Büro führt dazu, dass ich jede Warenliste fünf- bis sechsmal überprüfe. Manchmal sitze ich abends um 11 Uhr noch dran."
„Wenn er einmal etwas versprochen hat, hält er sich stur daran, auch wenn die Situation sich vollkommen geändert hat."
„Meine Frau ist unberechenbar: heute so – morgen so."
„Kein Wunder, wenn mir bei dieser Schlamperei der Geduldsfaden reißt!"

Beispiele

„Auf ihrer Arbeitsstelle war meine Mutter eine zuverlässige, gewissenhafte Arbeitskraft. Fremden Leuten gegenüber verspürte sie eine große Verantwortung und außerdem lebte sie von der Bestätigung, die gute Arbeitskraft zu sein. Zu Hause brauchte sie niemandem zu imponieren, denn meine Zuneigung konnte sie auf andere Art erzwingen oder es wenigstens versuchen. Da sie mit mir ohnehin machte, was sie wollte, konnte sie ihr Wort zurücknehmen, ohne dass ich etwas machen konnte. Sie war einfach die Stärkere. Das habe ich mir gemerkt und später ähnlich gehandelt. Mein Mann ließ das mit sich machen, bis unsere Ehe in die Brüche ging" (36-jährige geschiedene Frau mit Ängsten und Depressionen).

„Nicola ist schrecklich: keinen Auftrag, keine Aufgabe bringt sie bis zum Ende. Alles bleibt halbfertig liegen. Woher hat sie das nur? Mein Mann und ich sind doch ganz anders!" (Mutter eines 10-jährigen Mädchens, das unter Konzentrationsmangel, Schulschwierigkeiten, Aggressivität, Bettnässen leidet. Der Vater tyrannisiert die Familie durch seine Pedanterie)

„Wie oft habe ich Stefan schon vorgehalten, dass man sich nicht auf ihn verlassen kann, und dass aus ihm nie etwas wird, wenn er so weitermacht. Aber es hilft alles nichts; im Gegenteil, es wird immer schlimmer" (Mutter eines 12-jährigen Jungen, der den Eltern oft nicht gehorcht)

„Meine Mutter war ein Musterbeispiel an Genauigkeit. Alle Abweichungen von der von ihr gesetzten Norm wurden bestraft. Wenn ich einkaufen ging, wurde mir genau gesagt, welche Margarine etc. ich zu bringen hatte. Wenn ich nun aus Versehen eine andere brachte, die genauso teuer war, wurde ich zurückgeschickt und musste die Ware umtauschen, da ‚X viel besser schmeckt' und ‚das andere Zeug nicht zu genießen' sei. Ich bin ins andere Extrem verfallen: zeitweise war ich eine richtige Schlampe, und das hat mir mein Mann vorgeworfen" (44-jährige Frau mit Eheschwierigkeiten).

Im Folgenden zwei Beispiele, die das Problemfeld verdeutlichen:

Konflikt – Konzept – Gegenkonzept

Situation	Ist-Wert	Soll-Wert
Michael hat einen Text abgeschrieben. Die Abschrift weist viele Flüchtigkeitsfehler auf. Sätze fehlen.	Mutter: Du schreibst den Text so lange ab, bis er fehlerfrei und vollständig ist. Und wenn es bis abends dauert.	Mutter: Du hast ja eine ganze Menge Wörter richtig abgeschrieben. Bitte verbessere jetzt die Fehler und schreibe die fehlenden Sätze noch hin, dann werden wir es zusammen noch mal nachschauen.

Situation	Ist-Wert	Soll-Wert
Herr Dr. M. hat eine neue Arztsekretärin. Diese erfüllt seine Erwartungen nicht.	Dr. M.: eine solche Unkorrektheit ist bei meiner vorigen Sekretärin nicht vorgekommen.	Dr. M.: Sie wissen, sie haben sich in einen neuen Arbeitsbereich einzuarbeiten. Dies verlangt besondere Aufmerksamkeit von Ihnen. Hier habe ich ein Muster, wie ein solches Gutachten geschrieben wird. Wenn sie Fragen haben, dann wenden Sie sich an mich.

Fragen

Wer von Ihnen legt mehr Wert auf Zuverlässigkeit? Neigen Sie oder Ihr Partner dazu, alles fehlerlos und perfekt machen zu müssen? Haben oder hatten Sie Probleme im Zusammenhang mit Zuverlässigkeit, Genauigkeit und Gewissenhaftigkeit? Führen Sie Ihre Arbeiten genauso gut aus, wenn Ihr Chef nicht da ist, wie wenn jemand anwesend ist? Wie fühlen Sie sich, wenn Ihr Partner Ihnen gegenüber unzuverlässig war? Können Sie Beispiele nennen? Wer von Ihren Eltern legte mehr Wert auf Zuverlässigkeit und Genauigkeit? Wie reagierten Ihre Eltern, wenn Sie einmal eine Arbeit nicht so genau ausführten?

Synonyme und Störungen

Akkuratesse, Pedanterie, Exaktheit, sich auf ihn/sie verlassen heißt verlassen sein, Gründlichkeit, Perfektionismus.

Umständlichkeit, mangelnde Flexibilität, Oberflächlichkeit, Vertrauensbruch, Angst vor dem Versagen, soziale und berufliche Konflikte, Zwangsvorstellungen, Zwangshandlungen, Enttäuschungen, Überforderung, Depressionen, Schuldgefühle, Schlaflosigkeit, Grübelei.

Anregung zum Perspektivenwechsel

Zuverlässigkeit und selbstständige Arbeit wurden nicht in ausreichendem Maße gelernt, große Aufgaben stellen eine Überforderung dar, deshalb kleine Aufgaben geben, häufigere Kontrollschritte. Man hat es gelernt, bestimmte Tätigkeiten zu perfektionieren, andere Bereiche werden dabei vernachlässigt: Langsam neue Bereiche, vor allem aus den primären Fähigkeiten erschließen. Zuverlässigkeit und Genauigkeit treten nur vorübergehend auf: Kontaktbestrebungen werden mit einem Absolutheitsanspruch vertreten, um bald wieder aufgegeben zu werden; z.B.: Ein Freund ruft an, möchte sich sofort treffen. Das Termindiktat nicht übernehmen, sondern einen eigenen Vorschlag machen.

Vorsicht ist besser als Nachsicht.

❖

Habt ihr Acht gegeben,
was für Menschen am meisten Wert
auf strengste Gewissenhaftigkeit legen?
Die, welche sich vieler erbärmlicher
Empfindungen bewusst sind,
ängstlich von sich und an sich denken
und Angst vor andren haben.
(Friedrich Nietzsche)

II. Die primären Aktualfähigkeiten

Liebe – die Fähigkeit, zu sich und anderen liebenswürdig zu sein

Liebe ist wie ein Glas, das zerbricht,
wenn man es zu fest oder zu locker anfasst.

Einen solchen Dummkopf heirate ich nicht

Schmachtend lag der Verehrer zu Füßen seiner Angebeteten. „Du musst mich heiraten, ohne dich kann ich nicht leben." Sie betrachtete ihn lächelnd und meinte: „Nun, ich möchte vorher aber einige Bedingungen klären, ehe ich dir mein Wort gebe. Ich werde meinen Namen nicht aufgeben, sondern du musst meinen Namen annehmen." „Ja, das verstehe ich voll und ganz, Liebling", hauchte der Verliebte. „Außerdem kann ich in deiner engen Wohnung nicht leben. Wir brauchen auch unbedingt ein großes Haus, weil nämlich meine Mutter dann bei uns einziehen wird", lautete die nächste Bedingung. Der junge Mann gab seine Zustimmung mit den Worten: „Du weißt, wie ich mich darauf freue." „Du weißt doch, dass ich meine Selbständigkeit gewöhnt bin, und da ist klar, dass ich abends ausgehen kann, wann ich möchte. Kontrolle muss ich mir von vornherein verbitten." „Selbstverständlich brauchst du deine Freiheit, ich werde deinen Wunsch gerne akzeptieren", sagte der junge Mann. „Außer meiner Freiheit brauche ich aber auch genügend Geld, um mir meine Wünsche erfüllen zu können ..." Der junge Mann ließ sie nicht ausreden, er antwortete mit bebender Stimme: „Darum will ich mich ein Leben lang bemühen!" Und voller Erwartung fuhr er fort: „Und was sagst du jetzt?" Mit einem mitleidigen Lächeln antwortete die Angebetete: „Einen solchen Dummkopf heirate ich nicht!"

Von Liebe bis Hass

Liebe bezieht sich auf die Fähigkeit zu einer positiven emotionalen Beziehung, die sich auf eine Reihe von Objekten in unterschiedlichen Gradabstufungen richten kann. Das Gefühl der Gewissheit ist die stabilste Grundlage jenes Phänomens, das man als Liebe bezeichnet. Liebe ist eine umfassende Fähigkeit, die in sich eine Anzahl unterschiedlicher Aspekte besitzt. Oft wundern sich Eltern darüber, dass ihr Kind diese oder jene Störung zeigt, obwohl sie doch soviel Liebe aufgebracht hätten. Bei näherer Betrachtung erweist sich, dass die aufgewendete Liebe nicht differenziert genug war. Die allgemeine Empfehlung „Gebt dem Kind mehr Liebe" hilft recht wenig, wenn zugleich der Aufschluss darüber fehlt, in welchem Bereich ein Liebesdefizit vorliegt und auf welche Art der emotionalen Beziehung daher besonderer Wert zu legen ist. Die Liebe kann sich auf das eigene Ich richten. Bis zu einem gewissen Grad muss sie sie sich sogar zuerst auf das eigene Ich richten, um sich in reifer Form auf andere richten zu können.

In der frühesten Form betrifft Liebe die Beziehung zwischen Mutter und Kind. Das Kind benötigt die emotionale Zuwendung der Mutter oder einer entsprechenden Bezugsperson. Auf dieser elementaren Stufe entwickelt das Kind ein grundlegendes Vertrauen. Sofern eine mangelnde Bedürfnisbefriedigung vitaler Ängste in den Vordergrund rückt, kann es zu einem Urgefühl des Misstrauens kommen. Die vordringlichsten Äußerungen von Liebe in der Erziehung sind: Vorbild, Geduld, Zeit.

Emotionelle Zuwendung – Liebe – steht nicht im luftleeren Raum, sondern bezieht sich immer auf verschiedene Verhaltensbereiche und Eigenschaften. Zu unterscheiden ist zwischen der Fähigkeit zu lieben und der Fähigkeit geliebt zu werden. Der eine verhält sich so, dass ihm Sympathie zufliegt; der andere betreibt einen großen emotionellen Aufwand und bekommt doch kein positives Echo, weil er sich nicht erwartungsgemäß verhält.

Die Liebe zu einem Du ist die konventionelle Form. Das Du kann die eigene Mutter oder der Vater sein, es können die Geschwister sein, Spielkameraden, Freunde und Freundinnen, Lebenspartner und Ehepartner. Dabei ist die Liebe nicht in allen

Fällen dasselbe. Jedoch kann eine Beziehung zum Ersatz für eine fehlende andere werden, wie beim Schoßhündchen oder geliebten Haustier oder dem Traumkameraden.

Liebe und Zuwendung können auch als Waffe gebracht werden:

Liebe als „heiße Waffe“: Die Bezugsperson lobt und dankt bei jeder Gelegenheit durch Worte, Gesten, Mimik, Taten, oder sie nimmt dem Partner jede Arbeit ab und erledigt sie selbst. Darauf resultieren auf Seiten der Bezugsperson ein Dankbarkeitskomplex, eine erschwerte Loslösung, zu starke Identifikation, Schwierigkeiten in ungewohnter Umgebung.

Liebe als „kalte Waffe“: Sie wirkt durch Liebesentzug, Drohungen, Mahnungen, Strafen. Die betroffenen Menschen erscheinen dressiert, aggressionsgehemmt oder sehr einseitig auf Leistung und Erfolg orientiert. Die emotionale Sphäre wird nur unzureichend entfaltet.

„Wechselbäder“: Man wendet verschiedene, unvorhersehbare Erziehungspraktiken an. Die Betroffenen entwickeln sich zu bindungs- und entscheidungsunfähigen Menschen, sind leicht zu beeinflussen und passen sich den Normen an, die für sie am vorteilhaftesten sind.

Eisen ist nicht immer hart

Eine wesentliche Quelle der Beziehung zu einem Du, der Partnerin oder dem Partner, ist die Sexualität. Im Zusammenhang mit der selektiven Sexualstörung, bei der häufig die sexuelle Beziehung zu bestimmten Partnern – in der Regel die Beziehung zum Ehepartner – beeinträchtigt ist, höre ich in der Praxis nahezu regelmäßig die Klage: „Wir sind ganz verschiedene Typen, wir passen nicht zusammen." Diesem Denken steht das Erweiterungskonzept gegenüber, bei dem die eigene Sichtweise durch den Partner erweitert wird.

Während die Äußerung: „Wir passen nicht zusammen" bereits das Scheitern der Partnerschaft andeutet, sorgt das Erweiterungskonzept für einen Aufschub: Man versucht, verhärtete Fronten aufzulockern und über Jahre hinweg verfestigte Vorurteile und gegenseitige Einschätzungen in Frage zu stellen.

Gegen diese Offenheit rebelliert die Erfahrung: „Die Probleme bestehen bereits seit Jahren, und daher ist nicht einzusehen, warum sie sich ausgerechnet jetzt auflösen sollten; mein Partner wird sich nie ändern."

Einer Patientin, die sich in diesem Sinne geäußert hatte, beschrieb ich folgendes Bild, das sie nachdenklich machte und sie dazu veranlasste, ihre Beziehung zu ihrem Partner zu überdenken: „Betrachten Sie dieses Eisen." Ich zeigte ihr dabei eine gusseiserne Plastik, die auf meinem Schreibtisch stand. „Dieses Eisen ist grau, spröde, kalt und scharfkantig. Wenn es erhitzt wird, verliert es diese Eigenschaften. Es ist nicht mehr grau, spröde, kalt und scharfkantig, sondern weißglühend, zähflüssig, heiß und ohne feste Form. Es hat gewissermaßen die Eigenschaften des Feuers übernommen." Für die Patientin hieß dies: Die „scharfkantige" Art ihres Mannes ist nicht eine unveränderliche persönliche Eigenschaft, sondern abhängig von seiner Situation und der Patientin selbst. Er hatte aufgrund seines Berufs weniger Zeit für seine Frau, als sie es sich wünschte. Sie reagierte darauf mit Vorwürfen und offener Ablehnung. Als Folge davon suchte der Mann sich vorübergehend andere Partnerinnen, verärgerte seine Frau durch betonte Sparsamkeit und wandte sich zunehmend von ihr ab. Das Eisen war kalt geworden. Um es wieder schmieden zu können, müsste es erhitzt werden; eine Aufgabe, die sich nun innerhalb der partnerschaftlichen Therapie stellte. Im Folgenden einige Leitmotive, die in Beziehungen eine Rolle spielen:

Wem gehört mein Partner?

„Mein Partner gehört zunächst einmal mir! Das zumindest sagt das besitzanzeigende Fürwort ‚mein' Partner aus. Irgendwie erfüllt mich dieser Gedanke mit Besitzerstolz, zugleich aber auch mit Unbehagen und schlechtem Gewissen. Darf ich ihn denn so vereinnahmen, für mich in Besitz nehmen? Muss ich ihm nicht vielmehr zugestehen, dass er sich selbst gehört? Wenn ich daran denke, erlebe ich mich als edel und bereit, einen Verzicht zu tragen, und zugleich als traurig. Ist mein Partner nur für sich allein verantwortlich? Dieser Gedanke will mir nicht schmecken."

Wer hat noch Anspruch auf ihn?

„Da gibt es seine Eltern, die sagen ‚mein Kind', und die ihm auch heute noch vorschreiben wollen, wie er sein soll. Und dann denke ich an seinen Chef, der sagt: ‚mein Angestellter und Mitarbeiter'. Er hat seinen Besitzanspruch erkauft durch den Lohn, den er bezahlt. Aber, so überlege ich, was von meinem Partner gehört nun ihm selbst? Bevor ich ihn kennen lernte, heiratete, hatte er Freunde, mit denen er gemeinsame Erlebnisse, angenehme und unangenehme, teilte. Weil die Vergangenheit meines Partners wohl kaum von ihnen zu trennen ist, gehört er deswegen ihnen? Dann gibt es den Staat, der macht ihn zu ‚seinem Mitbürger', legt ihm Verpflichtungen auf, nimmt sogar einen Teil seiner Identität in Anspruch. Er fühlt sich als Deutscher, Amerikaner, Österreicher, Italiener, Spanier. Ist er deswegen Eigentum des Staates, der Opfer von ihm fordern kann?

Er steht im Umfeld einer religiösen weltanschaulichen Tradition und fühlt sich ihr angehörig. Gehört er nun seiner Religion und Weltanschauung? Ist mein Partner so etwas wie eine Aktiengesellschaft, die in Anteilen vielen Eigentümern gehört? Oder ist trotz aller gegenteiligen Beweise das Wort ‚gehören' das falsche Wort? Wie auch immer, ich kann es nicht anders sagen und weiß es nicht anders: Er bleibt mein Partner."

Fragen

Akzeptieren Sie sich selbst (Ihren eigenen Körper)? – Wer von Ihnen ist mehr geneigt, den anderen zu akzeptieren? – Wollen Sie Ihren Partner am liebsten nur für sich allein haben? – Fühlen Sie sich in einer größeren Gruppe geborgen oder bedrängt? – Was bewegt Sie dazu, anderen Menschen etwas Gutes zu tun? – Wurden Sie als Kind und später als Jugendlicher von Ihren Eltern akzeptiert? – Waren Ihre Eltern großzügig oder sparsam mit Zärtlichkeiten, Zuwendungen, Liebesbeweisen?

Synonyme und Störungen

Sich finden, sich an jemanden hängen, jemanden gern haben, gut zu ihm sein, für ihn etwas übrig haben.

Angst vor Liebe, Liebesentzug, Unsicherheit, Misstrauen, Eifersucht, übertriebene Erwartungen, Launen, gefühlsmäßige Enge, Sexualstörungen, Kontaktarmut, emotionale Versandung.

Anregung zum Perspektivenwechsel

Wenn Sie Ihren Partner lieben, verhalten Sie sich dann so, dass auch sie geliebt werden? Wenn Sie geliebt werden, sind Sie auch in der Lage, Liebe und Zärtlichkeit zu geben? Welche Aktualfähigkeiten sind für Sie Kriterien dafür, ob Sie Ihren Partner akzeptieren und lieben können?

Wer Blumen liebt, muss zunächst eine positive Beziehung zu ihnen haben. Die positive Beziehung allein reicht aber nicht aus, die Pflanze würde bald welken. Wer Blumen liebt, muss auch wissen, welche er besonders mag. Wer Blumen liebt, muss wissen, was Blumen brauchen. Er muss ihnen Wasser und Nährstoffe, saubere Luft und Sonne gewähren. Aber auch dann können seine Blumen welken.

Wer Blumen liebt, braucht Erfahrung und den Rat derer, die Erfahrung gesammelt haben. Ihr Rat hilft, Fehler in der Pflege zu vermeiden, Wachstumsstörungen, Mangelerscheinungen oder Folgen der Überdüngung auszugleichen. Das Beispiel der Blume lässt sich sehr gut auf die Partnerschaft übertragen.

Die Liebe ist der Endzweck der Welt
der Weltgeschichte, das Amen des Universums.
(Novalis)

Eigenliebe bedeutet eine Liebe ohne Rivalen.

Sonne kann nicht ohne Schein,
Mensch nicht ohne Liebe sein.
(Johann Wolfgang von Goethe)

Zur Liebe gehört immer,
dass man einen Menschen dort aufsucht,
wo er ist und nicht dort, wo man ihn haben möchte.
(Adolf Köberle)

Vorbild – die Fähigkeit, am Modell zu lernen oder selbst Modell zu sein

Ein gutes Beispiel ist der beste Lehrmeister.

Dank an die Mutter

Ein junger Mann war wegen wiederholten Kameldiebstahls zum Tode verurteilt worden. Als ihm der letzte Wunsch gewährt werden sollte, erbat er sich nur eines: seine Mutter noch einmal zu sehen, sie zu küssen und sich bei ihr zu bedanken. Als man die Mutter zu ihm brachte, umarmte er sie und bat sie: „Zeig' mir deine Zunge!“ Verwundert streckte die Mutter die Zunge heraus und in einem innigen Kuss biss der Verurteilte seiner Mutter ein Stück der Zunge ab. Dieses spuckte er verächtlich aus und schrie seine Mutter an: „Du bist daran schuld, dass ich heute am Galgen hängen werde. Hättest du mir damals als Kind gesagt, dass es nicht richtig ist, Eier zu stehlen, hätte ich später nicht die Kamele gestohlen, die mir jetzt das Leben kosten sollen! Du hast deine Zunge nicht gebraucht und deshalb wirst du sie jetzt auch nicht brauchen.“ Mit diesen Worten schritt er auf den Galgen zu.

Von Vorbild bis Ablehnung

Ein Vorbild haben oder ein Vorbild sein bezeichnet die Fähigkeit, andere nachzuahmen bzw. selber das Modell für Nachahmungen zu bieten. Nachgeahmt werden nicht nur Verhaltensweisen, die vom Vorbild zur Nachahmung bewusst freigegeben und erwünscht sind, sondern auch Haltungen, Einstellungen und Gefühlsqualitäten, die vom Vorbild als private Angelegenheit betrachtet werden. Nachahmung ist eine der wesentlichen Lernfunktionen. Das Kind ahmt seine Eltern nach, weil es belohnt wird. Die Nachahmung erfolgt oder unterbleibt auch dann, wenn das Vorbild seinerseits belohnt oder bestraft wird.

Für das Selbstbild eines Kindes gewinnt das Modellverhalten der primären Bezugspersonen zum Kind und den Geschwistern zentrale Bedeutung. Der Partnerbeziehung dient das Verhalten der Eltern untereinander als Modell. Durch die Einstellungen und das Verhalten der Eltern zur außerfamiliären Umgebung werden die Gefühlsbeziehungen des Kindes zur Außenwelt geformt. Ob ein Kind Sinnfragen oder religiöse Fragen stellt (und wie es sie beantwortet), hängt weitgehend vom Vorbild seiner frühesten Umgebung ab. Immer wirkt das konkrete beobachtbare Verhalten (sekundäre und primäre Fähigkeiten) der Bezugspersonen als Modell. In manchen Verhaltensweisen, die Eltern an ihren Kindern bestrafen, bestrafen sie das Vorbild, das sie selbst gegeben haben: Ein Vater prügelte seinen Sohn deshalb, weil sich auf dessen Schreibtisch Bücher, Hefte, Zettel und andere Sachen türmten. Zugleich lagen im Auto des Vaters die verschiedensten Dinge herum.

Man übernimmt neue Verhaltensweisen in das bisherige Verhaltensrepertoire; dabei treten folgende drei Prozesse in Erscheinung:

1. Das Kind ahmt seine Eltern nach, weil es die Nachahmung als solche als lohnend empfindet. Es raucht die ihm übelschmeckende Zigarre des Vaters, weil es sich dann wie der Vater fühlen kann.
2. Die Nachahmung erfolgt, weil sie belohnt wird. „Du hast deinen Schrank aufgeräumt, wie ich es schon seit zwanzig Jahren mache, du bist ein kluges Kind."
3. Die Nachahmung erfolgt oder unterbleibt, weil das Vorbild belohnt oder bestraft wurde. „Ich hätte auch etwas gesagt, aber nachdem ich gesehen habe, dass mein großer Bruder Hausarrest bekam, habe ich es lieber unterlassen."

Ein Beispiel aus der Literatur

„Weil du entsprechend deinem kräftigen Hunger und deiner besonderen Vorliebe alles schnell, heiß und in großen Bissen gegessen hast, musste sich das Kind beeilen, düstere Stille war bei Tisch, unterbrochen von Ermahnungen ‚zuerst iss, dann sprich' oder ‚schneller, schneller, schneller' oder ‚siehst du, ich habe schon längst aufgegessen'. Knochen durfte man nicht zerbeißen, du ja, Essig durfte man nicht schlürfen, du ja. Die Hauptsache war, dass man das Brot gerade schnitt, dass du das aber mit einem von Sauce triefenden Messer tatest, war gleichgültig. Man musste achtgeben, dass keine Speisereste auf den Boden fielen, unter dir lag schließlich am meisten. Bei Tisch durfte man sich nur mit Essen beschäftigen, du aber putztest und schnittest dir die Nägel, spitztest Bleistifte, reinigtest mit dem Zahnstocher die Ohren. Bitte, Vater, verstehe mich recht, das wären an sich vollständig unbedeutende Einzelheiten gewesen, niederdrückend wurden sie für mich erst dadurch, dass du, der für mich so ungeheuer maßgebende Mensch, dich selbst an die Gebote nicht hieltest, die du mir auferlegtest" (Franz Kafka, „Brief an den Vater").

Fragen

Wer von Ihnen ist mehr das Vorbild? – Welche Person, Figur, welcher Autor, welches Motto ist Ihr Leitbild? – Möchten Sie gerne wie die anderen sein? – Wer von Ihren Eltern war Ihr Vorbild? – Finden Sie bei sich (Ihrem Partner) Eigenschaften und Verhaltensweisen, die Sie an eine frühere Bezugsperson erinnern?

Synonyme und Störungen

Abgucken, imitieren, kopieren, nachahmen, nachäffen, nacheifern, sich nach jemandem richten, in die Fußstapfen eines andern treten, sich mit fremden Federn schmücken.

Nachahmungstendenzen, Einschränkung der eigenen Urteilsfähigkeit, affektive Ablehnung des Vorbildes, Schwanken zwischen Liebe und Hass, Hemmungen, Idealisierung, überhöhte Erwartungen, Enttäuschungen, Selbstwertprobleme, finanzielle Probleme.

Anregung zum Perspektivenwechsel

Jede unserer Handlungen und auch Gedanken kann ein Vorbild für andere sein: Verhalten Sie sich in dem Bewusstsein, dass Sie Vorbild sind. Auch das, was wir vom besten Vorbild übernommen haben, bedarf der Nachprüfung: Mit eigenen Augen sehen, mit eigenen Ohren hören, mit der eigenen Vernunft urteilen.

Nachahmen und Nacheifern sind zweierlei.

❖

Der ist ein guter Prediger,
der seine eigenen Ermahnungen befolgt.

❖

Lang ist der Weg durch Lehren,
kurz und wirksam durch Beispiele.
(Seneca)

❖

Gibst du jemanden einen Fisch,
nährt er sich nur einmal.
Lehrst du ihm aber das Fischen,
nährt er sich für immer.
(Orientalische Weisheit)

❖

Nicht durch Alter, sondern durch Begabung
gelangt man zu Weisheit.
(Plautus)

Geduld – die Fähigkeit, Menschen in ihrer eigenen Art anzunehmen

Geduld bringt Rosen – Ungeduld bringt Neurosen.

Geduldig ist, wer annimmt, was doch nicht zu ändern ist

An einem Freitag kam ein Mann fast außer sich in den Palast des König Salomons. Er bat um die sofortige Erlaubnis, den König zu besuchen. Er verbeugte sich und sagte. „Herr, hab' Erbarmen mit mir und hilf mir. Heute begegnete ich unerwartet dem Todesengel. Er hat mich so merkwürdig angeschaut, ich glaube, er hat mit mir was vor. Bitte schicke mich mit deinem „Fliegendem Teppich" weit weg von hier, so dass der Todesengel mich nicht so bald finden kann." Salomons Herz brannte vor Mitleid mit ihm. Der König ließ nun den Mann am selben Tag auf dem Teppich nach Indien reisen.

Zwei Tage später kam der Todesengel in den Palast. Man führte ihn vor den König, und dieser erkundigte sich über die Begegnung des Todesengels mit dem Mann. Der Todesengel schilderte seine Erlebnisse: „Auf meiner Tafel steht geschrieben, dass ich den Mann am Freitagabend in Indien treffen sollte, um ihn ins Jenseits zu befördern. Geduldig habe ich darauf gewartet, bis der Zeitpunkt genau festgelegt war, wunderte ich mich sehr, dass er noch nicht hier war. Aber als die Nacht anbrach und ich dahin zog, konnte ich rechtzeitig mein Amt durchführen. Er war wie durch ein Wunder schon in Indien."

Von Geduld bis Ungeduld

Geduld bezeichnet die Fähigkeit, sich selbst, Menschen oder Situationen so zu nehmen, wie sie sind. Geduld ist gleichbedeutend mit der Fähigkeit zu warten, die eigenen Wege des Partners trotz der bestehenden Zweifel und Erwartungen zu dulden, Teilbefriedigungen aufzuschieben und dem anderen Zeit zu lassen. Die Entwicklung der Geduld hängt von den jeweiligen Wertschätzungen der beteiligten Aktualfähigkeiten ab. Einen prinzipiell Ungeduldigen gibt es kaum. Er ist vielleicht ungeduldig in Bezug auf Pünktlichkeit, Ordnung, Sparsamkeit, Treue oder Fleiß und Leistung. Während Geduld sich auf Menschen bezieht, bezieht Ausdauer sich auf Dinge.

Die Geduld des Erziehers kann zwei verschiedenen Quellen entspringen: Jemand kann aus Angst geduldig sein: Durch seine Geduld möchte er Konfrontationen aus dem Weg gehen. Der Vater, der überall wegen seiner toleranten Geduld bewundert wird, mit der er seinen Kindern alles erlaubt, verbirgt hinter der Maske der Geduld oft eine große Portion Unsicherheit. Die Erziehung wird meistens der Frau überlassen, ebenso wie unangenehme Entscheidungen. Geduld ist aber auch aus Einsicht möglich: Man ist geduldig, man verzichtet auf Kritik, gleich welcher Form. Man weiß, dass der Partner seine Zeit braucht, dass er in seinem Entwicklungsstand und seiner Individualität vielleicht andere Vorstellungen hat, dass man affektbesetzte Missverständnisse einkalkulieren muss.

Für die Selbstbild-Entwicklung spielt Geduld eine zentrale Rolle. Ein Großteil der Tätigkeiten, die wir im täglichen Leben vollbringen müssen, erfordert einen weiten Spannungsboden und die Bereitschaft, Versagungen und Enttäuschungen zu ertragen. Bringt man diese Bereitschaft nicht auf, sinkt die Schwelle des Selbstwertes: Man reagiert schon auf kleine Misserfolge durch Niedergeschlagenheit und erlebt ein momentanes und zeitlich begrenztes Versagen als Minderwertigkeit. Im Kontakt mit anderen wird Geduld zu einem wichtigen sozialen Faktor: Das Kind bedarf für seine Entwicklung der Geduld des Erziehers. Das Verhältnis von Partnern zueinander macht die Bereitschaft erforderlich, auch „Tiefs" auf der Wetterkarte der Partnerschaft zu ertragen.

Geduldsituationen

„Ich rege mich jedes Mal furchtbar auf, wenn Andreas seine Hausaufgaben nicht macht."
„Wenn Manuela zu spät kommt, empfange ich sie nicht gleich mit einem aggressiven Ton, wie mein Mann das tut."
„Wenn ich jetzt nicht sofort etwas zu essen bekomme, dann drehe ich durch."

Fragen

Wer von Ihnen ist geduldiger bzw. wer regt sich leichter auf? – In welchen Situationen und wem gegenüber werden Sie und Ihr Partner ungeduldig? – Was empfinden Sie dabei, wenn Ihr Partner ungeduldig wird? – Können Sie warten? – Verlieren Sie schnell Ihre Beherrschung? – Wer von Ihren Eltern brachte mehr Geduld auf? – Wie reagierten Ihre Eltern, wenn Sie einmal ungeduldig wurden?

Synonyme und Störungen

Auf den Tisch schlagen, mir platzt der Kragen, überkochen, sauer reagieren, aus der Haut fahren, sich abfinden, in Kauf nehmen, aushalten, dulden, beherrschen, ertragen, etwas hinnehmen, ruhig Blut bewahren, sich in der Hand behalten, gelassen bleiben.

Ungeduld, Geduld aus Angst, Inkonsequenz, Überempfindlichkeit, überhöhte Erwartungen, Ehrgeiz, nicht zuhören können, Rücksichtslosigkeit, Arroganz, Kopfschmerzen, Schlafstörungen, innere Unruhe.

Anregung zum Perspektivenwechsel

Ungeduld braucht man nicht in sich hineinzufressen. Man kann darüber sprechen: Aufschreiben, was Sie in Ungeduld versetzte, und womit Sie Ihren Partner ungeduldig gemacht haben; mit dem Partner zu einer geeigneten Zeit darüber sprechen. Wenn Sie mit Ihrem Partner ein Problem besprochen haben, lassen Sie ihm die Zeit, die er braucht, um sich mit Ihren Konzepten auseinander zu setzen und die eigenen Konzepte zu revidieren. Geben Sie sich nicht mit der Behauptung zufrieden, dass Sie ein ungeduldiger Mensch sind. Achten Sie einmal darauf, in welchen Situationen, wem gegenüber und in welchem Ausmaß Sie Ihre Geduld verlässt. Wenn man schon ungeduldig geworden ist, ist es manchmal angenehmer, sich zu entschuldigen, als die Schuldgefühle für sein aufbrausendes Verhalten mit sich herumzutragen.

Ungeduld und Zorn machen alle Ding' verworren.

Zeit – die Fähigkeit, Vergangenheit, Gegenwart und Zukunft einzuordnen

Ein Kamel geht langsam, aber Tag und Nacht.

Die Zeiten ändern sich

Ein Mittel taugt nicht für alle Fälle. Ein Esel, der mit Salz beladen war, musste durch einen Fluss waten. Er fiel hin und blieb einige Augenblicke in der kühlen Flut liegen. Beim Aufstehen fühlte er sich um einen großen Teil seiner Last erleichtert, weil das Salz im Wasser geschmolzen war. Langohr merkte sich diesen Vorteil und wandte ihn gleich am folgenden Tage an, als er, mit Schwämmen belastet, wieder durch denselben Fluss ging.

Diesmal fiel er absichtlich nieder, sah sich aber arg getäuscht. Die Schwämme hatten nämlich das Wasser angesogen und waren bedeutend schwerer als vorher. Die Last war so groß, dass er erlag.

Von Zeit bis Zeitdruck

Zeit bezieht sich auf die Fähigkeit, den Zeitablauf zu gestalten und eine ausgeglichene Beziehung zur Vergangenheit, Gegenwart und Zukunft aufzunehmen. Dies kann passiv geschehen, indem Zeiteinteilungen und Zeitgestaltungen übernommen werden, und aktiv durch die Gliederung der Zeit nach einem persönlichen Konzept. Bereits von der frühen Kindheit an lernt das Kind, ob es selber etwas mit der Zeit anfangen, wie es sie gestalten kann, oder ob es passiv allem Geschehen ausgesetzt ist.

Zeit heißt, dem anderen in seiner Entwicklung Zeit zu lassen, meint aber auch, ihm in geeignetem Maße und in hinreichender Qualität Zeit, sprich Zuwendung, zu geben. Die Aussage einer Mutter „Ich bin den ganzen Tag bei meinen Kindern" gibt noch keinen Aufschluss darüber, was sie während dieser Zeit mit den Kindern macht. Eine Mutter, die diese Zeit dazu benutzt, ungeduldig zu kritisieren, zu schimpfen, zu nörgeln und ihre Vorstellungen von „Erziehung" durchzusetzen, hat ihre Zeit anders genutzt als eine Mutter, die ihrem Kind Spielraum lässt. Neben der Bedeutung, welche die Zeit für die Entwicklung der elterlichen oder partnerschaftlichen Zuwendung hat, betrifft sie die charakteristische menschliche Fähigkeit des Bewusstseins, über Vergangenheit, Gegenwart und Zukunft zu verfügen und die drei Zeit-Dimensionen zu integrieren.

Zeitsituationen

„Ich gehe nicht mehr zu dem Arzt, obwohl er bestimmt eine Kapazität ist. Man muss stundenlang warten, bis man drankommt, und dann dauert die Behandlung nur vier Minuten."
„Warum sind sie nicht früher in die Behandlung gekommen? Wenn sie rechtzeitig gekommen wären, hätten wir uns eine Operation ersparen können."
„Wegen der Zeitüberschreitung gerate ich zunehmend unter Druck und möchte Sie deshalb bitten, mir die aufgeführten Unterlagen entsprechend unserer Vereinbarung zu bestätigen."
„Langsamkeit und Sich-Zeit-Nehmen sind wichtige Komponenten beim Essen, in der Partnerschaft, bei Pflege und Zuwendungen, in allen menschlichen Beziehungen."
„Mein Vater hatte früher nie Zeit für mich. Jetzt nehme ich mir auch keine Zeit für ihn."

Beispiele

„Meine Tochter musste immer den anderen Kindern voraus sein, in der Sauberkeitserziehung, beim Laufen, beim Sprechen lernen und in der Schule" (32-jährige Mutter eines zwölfjährigen Kindes, Erziehungsschwierigkeiten).

„Ich ließ mich von meinem Mann scheiden, weil er mit seinem Beruf verheiratet war und keine Zeit für mich und meine Kinder hatte" (48-jährige Patientin mit Depressionen, Ängsten, nach einer zwanzigjährigen Ehe).

Fragen

Wer von Ihnen hat für sich und für den Partner mehr Zeit? – Wie fühlen Sie sich, wenn Ihr Partner für Sie wenig Zeit hat (Situationen)? – Kommen Sie mit Ihrer Zeit aus oder empfinden Sie Langeweile oder Hetze? – Haben Sie genug Zeit für sich selbst und können Sie mit dieser Zeit etwas anfangen? – Was würden

Sie tun, wenn Sie eine Woche lang freie Zeit zu Ihrer Verfügung hätten? – Haben Sie (Ihr Partner) eine geregelte Arbeitszeit? – Welche Zukunftspläne haben Sie? – Denken Sie oft darüber nach, was Sie in der Vergangenheit richtig oder falsch gemacht haben? – Wer von Ihren Eltern hatte mehr Zeit für Sie?

Wie wirkt sich die mangelnde Zeit des Partners auf die Stabilität der Partnerschaft aus? – Warum ist Stress gefährlich für die Partnerschaft? – Kann Zeitdruck und Stress problematische Persönlichkeitsaspekte freimachen? – Können beide Partner zusammen mit Zeitdruck und Stress umgehen?

Synonyme und Störungen

Langeweile, dauerhaft, beständig, vergänglich, utopistisch, Hetze, Freizeit, die guten alten Zeiten, Zeit verschwenden, Zeit ist Geld, kommt Zeit, kommt Rat, nütze die Zeit, denn sie eilt.

Überforderung, Unterforderung, Vernachlässigung, Angst, Grübelei, Eigenbrötelei, Stresserscheinungen, Fixierung an die Vergangenheit, einseitige Realitätsbezogenheit, Utopismus, Magenbeschwerden, Herzbeschwerden, Sexualstörungen.

Anregung zum Perspektivenwechsel

Sich vorher überlegen, was man mit seiner Zeit anfangen möchte; mit dem Partner oder der Familie darüber sprechen. Durch Planung können Sie Störungen vermeiden. Mit den Überraschungen, die trotzdem auftreten, müssen wir fertig werden. Feststellen, was dringlich und weniger dringlich ist; nacheinander aufarbeiten. Wofür Zeit nehmen: für sich, für den Partner, die Familie, sozialen Kontakt, Beruf, Weltanschauung/Religion.

Vergiss das Gestern, denn es ist vergangen,
das Morgen kommt, du brauchst es nicht verlangen.
Du sollst dich nicht an das, was nicht ist, ketten,
denn Freude kannst du nur im Jetzt empfangen.
(Omar Khayyam)

Warte nie, bis du Zeit hast!

Man verliert die meist Zeit damit,
dass man Zeit gewinnen will.
(John Steinbeck)

❖

Was man nicht tun kann, tut die Zeit.

❖

Nichts wird so oft unwiederbringlich versäumt
wie eine Gelegenheit, die sich täglich bietet.
(Marie von Ebner-Eschenbach)

❖

Die Gegenwart ist das Kind der Vergangenheit
und die Mutter der Zukunft.

❖

Es ist nicht leicht,
gleichzeitig zu blasen und zu schlucken.
(Plautus)

❖

Alt ist man dann, wenn man an der Vergangenheit
mehr Freude hat als an der Zukunft.
(John Knittel)

Kontakt – die Fähigkeit, Beziehungen einzugehen und zu pflegen

Der Mensch ist wie eine Ananas:
außen rau und innen von erlesener Süße.

Wer sich Einsamkeit ergibt, ach, der ist bald alleine

Ein geiziger, reicher Mann hat nie bei sich zu Hause Feste gefeiert. Eines Tages hat ihn ein Nachbar um Erlaubnis gebeten, in seiner großen Halle ein Fest zu feiern.

Als das Fest in vollem Gange war, staunte ein vorbeigehender Passant, als er die Musik hörte und den Geruch von leckerem Essen wahrnahm. Er fragte den Hausdiener, ob sein Herr heute feiern würde. „Überhaupt nicht", war die Antwort. „Es wird eine Generation dauern, bis mein Herr ein Fest mit Essen geben wird."

Das hatte der Hausherr gehört. Er kam hinzu und sagte lauthals zu ihm: „Wer hat dir die Erlaubnis gegeben, einen Termin für das Fest auszumachen!"

Von Kontakt bis Kontaktarmut

Kontakt bezieht sich auf die Fähigkeit, soziale Beziehungen aufzunehmen und zu pflegen. Der soziale Kontakt ist eine Erscheinungsform der Kontaktfähigkeit, die sich auch auf Tiere, Pflanzen oder Dinge richten kann. Als Auswahlkriterien für den Kontakt fungieren die anderen Aktualfähigkeiten: Man erwartet von einem anderen Höflichkeit, Pünktlichkeit und Ordnung, Beschäftigung mit bestimmten Interessensgebieten, und sucht sich Partner, die diesen Kriterien entsprechen.

Wenn wir von Kontaktfreudigkeit sprechen, meinen wir die Fähigkeit und Bereitschaft, uns anderen Menschen, den Eltern, den Partner, den Berufskollegen und sozialen Gruppen, aber auch den Tieren, Pflanzen und Dingen zuzuwenden. Diese Zuwendung ist bei manchen Menschen eng verknüpft mit Angst und Aggression. Schließlich ist sozialer Kontakt nicht nur eine Bestätigung, sondern stellt darüber hinaus eine gewisse Bedrohung dar: Durch die Konfrontation mit den anderen wird die eigene Wertvorstellung in Zweifel gezogen. Für einige ist dies Anlass genug, nur dort Kontakt zu suchen, wo sie mit Zustimmung rechnen können, wo die gleichen Muster der Aktualfähigkeiten vorherrschen. Bekanntlich neigen wir dazu, solche Menschen als Freunde zu gewinnen, die in ähnlicher Weise denken wie wir, die dieselben Ansichten über bestimmt Dinge haben und sich bezüglich der Geschmacksrichtungen und Liebhabereien nicht so sehr von der eigenen Position unterscheiden.

Ist eine Gruppe unter diesen Gesichtspunkten zusammengesetzt, bildet sich ein festes Repertoire von Antworten und somit ein gemeinsamer Grundstock von Selbstverständlichkeiten. Man hat sich nach einiger Zeit nichts Neues mehr zu sagen und gefällt sich darin, das Gleiche zu hören und zu wiederholen, weil es bequem ist.

Treffen Menschen zusammen, die einen unterschiedlichen Hintergrund haben, entwickeln sich leicht Spannungen. Sie haben unterschiedliche Verhaltensmuster und Erwartungen. Man stelle sich vor, ein Gruppenmitglied hat gelernt, besonders auf Höflichkeit zu achten. Er wird versuchen, den anderen Mitgliedern gegenüber Aggressionen zu vermeiden, jedoch zugleich eine recht geringe Toleranzschwelle gegenüber der Unhöflichkeit im Benehmen der anderen Gruppenmitglieder entwickeln. Umgekehrt kann ein anderer Gruppenpartner diese Haltung als heuchlerisch und unehrlich empfinden, da er es gelernt hat, geradeheraus seine Meinung zu sagen. Allein das Wechselspiel dieser beiden Gruppenpartner wird Zündstoff genug geben, um gegebenenfalls die Gruppe auseinander fallen zu lassen.

Der Mensch tritt jedoch nicht nur in Kontakt mit weitgehend bekannten Größen wie einem Ich, einem Du oder einer Gruppe. Er pflegt auch Beziehungen zu dem, was ihm noch nicht bekannt ist oder prinzipiell unerkennbar für ihn sein wird. Gemeint ist damit die Frage des Menschen nach dem Sinn seines Lebens und weiter die Frage nach Gott. Der Mensch ist einerseits endlich. Seiner irdischen Existenz sind Grenzen gesetzt. Zugleich greift sein Bewusstsein über diese Grenzen hinaus und versucht, auf irgendeine Weise Beziehung mit einer Vergangenheit ohne Ursprung und einer Zukunft ohne Ende zu finden. Die Antworten, die darauf gegeben werden, sind unterschiedlich. Gleich bleibt hingegen die Frage, die wohl jeder Mensch in seinem Leben stellt.

Fragen

Wer von Ihnen ist kontaktfreudiger? – Wer von Ihnen möchte lieber Gäste im Hause haben? – Wie fühlen Sie sich, wenn Sie in einer Gesellschaft unter vielen Menschen sind? – Fällt es Ihnen schwer, zu anderen Menschen Kontakt aufzunehmen? – Wie fühlen Sie sich, wenn Sie viele Gäste haben? – Wer von Ihren Eltern war kontaktfreudiger? – Hatten Sie als Kind viele Freunde, oder waren Sie eher isoliert? – Wenn Ihre Eltern Gäste hatten, durften Sie dabei sein und mitsprechen?

Synonyme und Störungen

Unterhaltend, umgänglich, begegnen, treffen, näherbringen, Gedankenaustausch, Beratung, Annäherung, Tuchfühlung, Berührung.

Hemmungen, Unsicherheit, Misstrauen, Überempfindlichkeit, Kontaktarmut, überhöhte Erwartungen, Isolation, Einsamkeit, Flucht in die Geselligkeit, finanzielle Schwierigkeiten, Massenbildung, Depressionen, Generationsprobleme, transkulturelle Schwierigkeiten.

Anregung zum Perspektivenwechsel

Es reicht nicht, das schönste Kontaktbedürfnis zu haben, wenn Sie nichts in Richtung Kontakt, Besuch, Gäste, Briefe schreiben, telefonieren, ausgehen unternehmen. Kontakt knüpfen und soziale Beziehungen pflegen kann gelernt werden. Kontakttraining allein nutzt wenig, wenn die Kontaktstörungen auf andere Aktualfähigkeiten zurückgehen: Einschränkungen des Kontaktes können aus Gründen der Sparsamkeit, der Ordnung, der Sauberkeit, der Höflichkeit, der Pünktlichkeit geschehen.

Es ist halt schön,
Wenn wir die Freunde kommen sehn.
Schön ist es ferner, wenn sie bleiben
und sich mit uns die Zeit vertreiben.
Doch wenn sie schließlich wieder gehen,
ist's auch ganz schön.
(Wilhelm Busch)

❖

Lebenskunst
besteht zu neunzig Prozent aus der Fähigkeit,
mit Menschen auszukommen,
die man nicht leiden kann.

❖

Das Glück kann man nur festhalten,
wenn man es weitergibt.

❖

Wer sich der Einsamkeit ergibt,
ach der ist bald allein.
(Bettina von Arnim)

❖

Liebe deinen Nachbarn,
aber reiß den Zaun nicht ein!

❖

Den Wert
von Menschen und Diamanten
kann man erst erkennen,
wenn man sie aus der
Fassung bringt.

Sexualität – die Fähigkeit, zwischen Sex, Sexualität und Liebe zu unterscheiden

Wer nicht genießt, wird ungenießbar.

Zwei Beispiele

Zwei Freundinnen sehen sich nach langer Zeit wieder. Die Eine ist verheiratet, die Andere ledig.

„Sag mal, Karla, hast du denn noch immer nicht den Richtigen gefunden? Es ist doch nicht schön, immer allein zu sein."

„Das ist gar nicht so schlimm", erwiderte Karla. „Während ich auf den Richtigen warte, amüsiere ich mich mit dem Falschen!"

Nicole schreibt einen Aufsatz über ihre Vorfahren. Sie fragt die Mutti: „Wo bin ich hergekommen?" – „Der Storch hat dich gebracht!"

„Und wo bist du hergekommen?" – „Mich hat auch der Storch gebracht."

„Und die Oma?" – „Die auch!"

Daraufhin schreibt Nicole: „In unserer Familie hat es seit drei Generationen keine normale Geburt mehr gegeben!"

Von Sexualität bis Sexualangst

Sexualität bezieht sich auf die Fähigkeit, zu sich oder zu einem Partner (Du) eine geschlechtliche oder geschlechtlich motivierte Beziehung aufzunehmen. Wir unterscheiden zwischen Sex, Sexualität und Liebe. Sex bezieht sich auf körperliche Eigenschaften und Funktionen. Sexualität betrifft die Eigenschaften und Eigenarten, die zu Kriterien der Zu- oder Abneigung werden. Liebe bezieht den Träger dieser Eigenschaften, den man liebt, mit ein. Nicht das, was er hat, sondern er selbst wird geliebt. In die Entwicklung der Sexualität fließt das unmittelbare Vorbild der Eltern ein, wie sie den Zärtlichkeitsbedürfnissen des Kindes entgegen kamen und in welcher Weise die Sexualität auf andere Aktualfähigkeiten, wie Sauberkeit, Höflichkeit, Ehrlichkeit, Treue und Pünktlichkeit, bezogen ist.

Eine wesentliche Quelle der Beziehung zum Du ist die Sexualität. Zumeist sprechen wir von Sexualität, wenn wir es mit geschlechtsreifen Individuen zu tun haben. In der Tat findet sich eine auf das Du gerichtete Sexualität erst in diesem Alter. Gleichwohl besteht eine auf das Ich bezogene egozentrische Sexualität vom Kleinkinderalter an. Beim geschlechtsreifen Individuum tritt diese Form der Liebe als passive Erwartungshaltung auf: „Ich bin da, lieb mich." Menschen, die mit einer derartigen Erwartungshaltung auftreten, sehen sich in der Regel enttäuscht. Wenn wir lieben, müssen wir mit dem Liebesobjekt in Beziehung treten; wir müssen dazu aber zunächst wissen, wie wir das tun sollen. Gerade diese Fertigkeit fehlt bei der passiven Erwartungshaltung.

Beispiel

Ein 23-jähriger Student beklagt sich: „Ich würde so gern eine Freundin haben, aber ich komme einfach an die Frauen nicht ran. Ich weiß nicht, wie man es macht. Wenn ich ein sympathisches Mädchen in der Universität sehe, fühle ich mich plötzlich wie gelähmt und bekomme kein Wort heraus. So bleibt mir nichts anderes übrig, als vor mich hin zu masturbieren."

Nicht die Fähigkeit zu lieben ist gestört. Es besteht vielmehr ein Defizit im Wissen um die Verhaltsweisen und Konventionen, wie man dem anderen seine Liebe zeigt. Das krasse Gegenteil dazu ist der Objekttyp. Ihm mangelt es nicht an dem technischen Wissen. Er weiß, wie man Frauen „aufreißt" bzw. einen Mann fesselt. Was ihm jedoch abgeht, ist die Bereitschaft und Fähigkeit, emotionale Beziehungen zu dem Partner zu entwickeln. Mit anderen Worten: den anderen zu lieben und von ihm geliebt zu werden. Vielen Menschen kommt es darauf an, emotionale Beziehungen zu entwickeln und andere an sich zu binden. Sie lieben und verhalten sich so, um geliebt zu werden. Jedoch nimmt das Interesse am Partner in dem Augenblick ab, in dem das Ziel erreicht ist, die Freundin, der Freund erobert ist, die Frau, der Mann geheiratet ist. Auch folgende Situationen sind hier von Bedeutung: Das Studium ist abgeschlossen, finanzielle Sorgen bestehen nicht mehr, die Kinder sind aus dem Haus. Hier setzt nach dem Erreichen des Zieles und den damit verbundenen Anspannungen das Gefühl der Leere und der Überdruss ein. Diese Reaktionsweise ist Kennzeichen für den Entlastungstyp. Obwohl viele Menschen sich nichts anderes wünschen, als mit einem Partner auf einer Robinson-Insel zu leben – bei anderen Menschen weckt diese Vorstellung tiefste Angst – greifen unsere sozialen Beziehungen weit über das Zweier-Verhältnis hinaus. Wir leben mit anderen Menschen zusammen und sind auf sie angewiesen.

Fragen

Wer von Ihnen ist sexuell aktiver? – Haben Sie im Bereich der Sexualität Probleme? – Gefällt Ihnen Ihr Partner körperlich? – Welche Eigenschaften Ihres Partners mögen Sie, welche nicht? – Hatten Sie bereits mit einem anderen Partner sexuelle Beziehungen, vermissen Sie ihn? – Wann hatten Sie erstmals sexuelle Beziehungen? – Wann haben Sie damit begonnen, sich selbst zu befriedigen? – Was halten Sie davon? – Welche Formen der Sexualität bevorzugen Sie? – Wer hat Sie aufgeklärt? – Wie war das Verhältnis Ihrer Eltern zur Sexualität?

Synonyme und Störungen

Verliebt, beliebt, vernarrt, zärtlich, zugetan, erotisch, leidenschaftlich, hinreißend, reizend, locken, verführen, Anziehungskraft, Zuneigung, Hingabe, Lust, Leidenschaft.

Sex als Lebensziel, Hypersexualität, Selbstbefriedigung als Sucht, sexuelle Verwahrlosung, Perversionen, Sadismus, Masochismus, sexueller Leistungszwang, Sexualangst, Enttäuschung, Selbstwertprobleme, Eheschwierigkeiten, Sexualabwehr, Anklammerungstendenzen.

Anregung zum Perspektivenwechsel

Lerne zu unterscheiden zwischen Sex, Sexualität und Liebe. Worüber sollte man Kinder aufklären? Über die sexuellen Funktionen, die zwischenmenschlichen Beziehungen, Ursachen und Folgen für eine Partnerschaft? Entwicklungsgemäß aufklären. Auch über sexuelle Probleme und Wünsche sprechen.

Es ist der Geist, der sich den Körper baut.
(Friedrich von Schiller)

❖

O! zarte Sehnsucht, süßes Hoffen,
Der ersten Liebe goldne Zeit,
Das Auge sieht den Himmel offen,
Es schwelgt das Herz in Seligkeit.
O! dass sie ewig grünen bliebe,
Die schöne Zeit der jungen Liebe!
(Friedrich von Schiller)

Vertrauen – die Fähigkeit, sich geborgen zu fühlen und Geborgenheit zu geben

Kontrolle ist gut, Vertrauen ist besser.

Wer nicht voran geht, geht zurück

Ein Feldherr marschierte mit seiner Truppe. Die Wasserreserven waren zu Ende und die Truppe war nicht in der Lage, neues Trinkwasser zu finden. Die Männer waren fürchterlich durstig. Der erfahrene Feldherr sagte: „Ich kenne ein Gebiet voll von Pflaumenbäumen in unmittelbarer Nähe. Ihr werdet unzählige Pflaumen pflücken. Die Früchte sind sauer und haben eine Spur von Süßgeschmack an sich. Sie sind ausgezeichnet geeignet, um Durst zu löschen." Bei diesen Worten lief den Männern das Wasser im Mund zusammen, und die Truppe konnte weiter gehen.

Von Vertrauen und Zutrauen bis Misstrauen

Vertrauen bezeichnet die Fähigkeit, sich auf jemanden verlassen zu können und sich bei ihm geborgen zu fühlen. Zutrauen ist die Fähigkeit, sich auf bestimmte Leistungen und Eigenschaften verlassen zu können und diese zu erwarten.

Das Vertrauen entsteht zunächst auf dem Boden der primären Fähigkeiten und der Liebesfähigkeit und bezieht die ganze Person, mitunter die gesamte Umwelt in ein Vertrauensverhältnis ein.

Vertrauen berücksichtigt die Zukunft eines Menschen, sie führt zu einem Zutrauen gegenüber den besonderen Fähigkeiten, die er besitzt oder die man von ihm erwartet. Aus dem bestätigten Zutrauen, also daraus, wie sich die Fähigkeiten in Bezug auf die gestellten Erwartungen entwickeln, resultiert ein Vertrauen auf den Menschen als Ganzes: Das Vertrauen hängt nicht nur von den Einzelerfahrungen mit einem bestimmten Menschen ab, sondern von der Gesamtheit der Erfahrungen, die seine Bezugsperson in ihrer Lebensgeschichte gemacht hat. Gerade diese Vorerfahrungen setzen umso mehr voraus, dass die Einzigartigkeit eines Menschen angenommen und in der Struktur der Erwartungen berücksichtigt wird. Neben diesem Vertrauen, das sich Schritt für

Schritt aus dem bestätigten Zutrauen entwickelt, gibt es ein Vertrauen, das noch ursprünglichen Charakter besitzt. Es findet sich oft in ausgeprägter Form in dem Mutter-Kind-Verhältnis: Ich vertraue dir, weil du da bist. Das spätere Selbstvertrauen spiegelt das Vertrauen wider, das andere einem entgegen-gebracht haben.

Beispiel

„Ich habe mir nie etwas zugetraut. Alles habe ich angefangen und nichts fertig gemacht, weil ich nicht an mich geglaubt habe, immer nur an die anderen. Ich sah mich immer nur als Niete. Man hatte mir ja auch lange genug gesagt, dass aus mir nichts werden würde. Ich bekam dauernd unter die Nase gerieben: du kannst es gleich bleiben lassen, du kannst es doch nicht" (28-jähriger Student mit Depressionen).

Fragen

Haben Sie zu sich und zu Ihrem Partner Vertrauen? – Sind Sie in Ihrem Vertrauen enttäuscht worden (Situationen)? – Haben Sie das Vertrauen anderer enttäuscht (Situationen)? – Können Sie fremden Menschen Vertrauen schenken, oder sind Sie eher vorsichtig? – Welche Fähigkeiten und Möglichkeiten trauen Sie Ihrem Partner zu (Treue, Ehrlichkeit, Fleiß/Leistung, Zuverlässigkeit, Pünktlichkeit)?

Trauen Sie sich (Ihrem Partner) zu, dass Sie (er) einzelne Verhaltensweisen ändern können (z.B. pünktlich nach Hause kommen)? – Zu wem von Ihren Eltern hatten Sie mehr Vertrauen, bei wem fühlten Sie sich als Kind mehr geborgen? – Hat man Ihnen selbständiges Verhalten zugetraut, oder hat man Sie dauernd kontrolliert?

Synonyme und Störungen

Vertrauensvoll, vertrauenerweckend, vertrauenswürdig, vertrauensselig, jemandem etwas Schlechtes zutrauen, die Hand für jemanden ins Feuer legen, so sicher wie das Amen in der Kirche, auf Treu und Glauben.

Vertrauensbruch, Misstrauen, blindes Vertrauen, Enttäuschung, Eifersucht, Hass, Neid, Ablehnung, überhöhte Erwartung, Misserfolgserwartung, Minderwertigkeitsgefühle, Resignation, Ängste, Depressionen.

Anregung zum Perspektivenwechsel

Statt Misstrauen, mehr Genauigkeit und Ehrlichkeit. Auf welche Eigenschaften, welche Personen und welche Gruppen bezieht sich das Vertrauen, Zutrauen oder Misstrauen? Wie entstand das Misstrauen, durch Enttäuschung oder Nachahmung?

Was macht mir der Schiffbruch aus,
wenn Gott das Meer ist.

❖

Sobald du dir vertraust, sobald weißt du zu leben.
(Johann Wolfgang von Goethe)

❖

Vertrauen ist eine zarte Pflanze.
Ist es zerstört, kommt es so schnell nicht wieder.

❖

Vertrauen ist die Oase,
die die Karawane des Denkens nie erreicht.

Hoffnung – die Fähigkeit, den Glauben an eine positive Zukunft nicht zu verlieren

Nur die Sache ist verloren, die man aufgibt.
(Gottfried Ephraim Lessing)

Solange ich atme, hoffe ich auch

Der Todeskandidat durfte vor der Vollstreckung noch einen Wunsch äußern, und man garantierte ihm, so lange zu warten, bis sein Wunsch erfüllt sei. „Ich wünsche mir, alle Bücher der National-Bibliothek auswendig zu lernen."

Von Hoffnung bis Hoffnungslosigkeit

Hoffnung bezieht sich auf die Fähigkeit, über den gegenwärtigen Moment hinaus positive Beziehungen zu den eigenen Fähigkeiten, zu denen des Partners und der Gruppe zu entwickeln. Wir hoffen in diesem Sinn, dass morgen, im nächsten Jahr oder zu unbestimmter Zeit etwas geschieht, was uns einzelne Handlungen oder unser ganzes Leben sinnvoll erscheinen lässt. Das positive Konzept von Hoffnung ist Optimismus, das negative ist Pessimismus. Wie die Hoffnung sich entwickelt, hängt von den Erfahrungen und Erlebnissen ab, die ein Mensch hatte, und von den Möglichkeiten, die ihm durch seine Umwelt in Aussicht gestellt wurden. Hoffnung als Beziehung zur Zukunft wird kontrolliert durch positive Erfahrungen und Enttäuschungen, die sich konkret auf einzelne Aktualfähigkeiten beziehen.

In ihrer Entwicklung hängt die Hoffnung davon ab, welche Erfahrungen ein Mensch machte und welche Erlebnisse er hatte. Wurde ihm nie die Möglichkeit gezeigt, dass für jede Schwierigkeit eine Lösung besteht, wird er zur Hoffnungslosigkeit neigen. Die Hoffnungslosigkeit kann auch aus einer undifferenzierten Einstellung gegenüber der Zukunft resultieren. Dies ist dann der Fall, wenn die Hoffnung auf wenige Bereiche beschränkt ist und andere Bereiche nicht anerkannt werden. Menschen, die eine solche Einstellung zeigen, neigen zu Enttäuschungen und Fluchtreaktionen und werden in ihrer Hoffnungslosigkeit bestärkt.

Die Hoffnungslosigkeit tritt in vielfältigen Abstufungen auf: von fast völliger Resignation bis hin zum Zweckpessimismus. Entsprechend abgestuft sind auch die Folgeerscheinungen. Sie reichen vom „psychogenen Tod" bis zu Störungen des Schlaf-Wach-Rhythmus. Die ausweglosen Situationen können scharf abgegrenzt, aber auch verschwommen sein. Zuweilen werden Schwierigkeiten in einem speziellen Bereich generalisiert. Was und in welchem Grade es als ausweglose Situation erlebt wird, hängt mit von der Erziehung ab, die einer Person zuteil wurde (Grundkonflikt). Entsprechend funktionieren aktuelle Situationen als Auslöser.

Beispiele

„Jede Aktivität ist in mir erloschen. Ich möchte Hoffnung lernen, doch ich verbringe meine Zeit mit Träumen; ich bin hungrig, doch allein kann ich nicht essen; ich möchte etwas unternehmen, doch ich bin wie gelähmt; so wird mir die Sinnlosigkeit meines Lebens bewusst. Dies alles kam zum Durchbruch, als mein Freund sich von mir trennte. Wir hatten uns monatelang über Kleinigkeiten gestritten: weil er mit mir verkehren wollte, obwohl er aus dem Mund roch; weil ich nie die Zeit einhielt etc. Ich wurde ganz aus meinen von Kindheit an gewohnten Bahnen geworfen" (26-jährige Angestellte nach einem Suizidversuch).

„Hinsichtlich meiner beruflichen Ziele bin ich ganz zuversichtlich. Dass ich dagegen einmal die Frau finde, der ich vertrauen kann, halte ich für fast unmöglich" (38-jähriger Geschäftsmann mit Kontaktstörungen).

Fragen

Wer von Ihnen ist optimistischer? – Welche Pläne haben Sie für Ihr privates und berufliches Leben? – Wie reagieren Sie (Ihr Partner), wenn Sie enttäuscht werden (Situationen)? – In welchen Bereichen sind Sie besonders anfällig für Enttäuschungen (Situationen)? – Haben Sie die Hoffnung, dass sich bei Ihnen oder Ihrem Partner alles zum Guten ändert (Begründung)? – Wer von Ihren Eltern war optimistischer oder pessimistischer? – Wie hat sich das geäußert?

Synonyme und Störungen

Hoffen, auf etwas rechnen, sich etwas versprechen, verheißungsvoll, erwarten, in Aussicht stellen, sich an einen Strohhalm klammern, alles rosarot sehen, schwarzsehen, sinnlos, aussichtslos, unerreichbar, unlösbar, unmöglich.

Hoffnungslosigkeit, Unzufriedenheit, Pessimismus, Resignation, Flucht in die Phantasie, passive Erwartungshaltung, naiver Optimismus, Lebensangst, Todesangst, Blockierung der Handlungsfähigkeit, Selbstmordabsichten.

Anregungen zum Perspektivenwechsel

„Jede dunkle Nacht hat ein helles Ende" statt: „Das klappt ja doch nicht". Unterscheiden zwischen dem, was man ändern kann, und dem, was man lernen muss zu ertragen (Geburt, Tod, Vergangenheit). Erwarte ich bloß, dass meine Hoffnung in Erfüllung geht, oder tue ich etwas dafür? Auch die schwärzeste Hoffnungslosigkeit hat ihre Ursachen, zumeist in den Erfahrungen mit einzelnen Aktualfähigkeiten. Was sind die realen Wurzeln der Hoffnungslosigkeit? Trotz Hoffnung und genauester Planung bleibt ein unkalkulierbarer Rest. Ich freue mich auf die erhoffte Zukunft, ich freue mich aber auch auf die Überraschungen.

Licht dringt immer in die Dunkelheit, nie ins Licht.

❖

Viele Menschen versäumen das kleine Glück,
weil sie auf das große vergeblich warten.

❖

Lustig gelebt und selig gestorben,
heißt dem Teufel die Rechnung verdorben.

❖

Was der Sonnenschein für die Blumen ist,
das sind lachende Gesichter für die Menschen.
(Joseph Addison)

Wenn ich über mich und meine Denkweise nachdenke,
komm ich zu dem Schluss,
dass die Gabe der Phantasie für mich mehr bedeutet hat,
als meine Begabung, absolutes Wissen aufzunehmen.
(Albert Einstein)

❖

Ich bin Pessimist für die Gegenwart,
aber Optimist für die Zukunft.
(Wilhelm Busch)

Glaube – die Fähigkeit, auf eine unbekannte Dimension zu vertrauen

Der Glaube kann Berge versetzen.

Rat des Propheten

Die Gläubigen kamen in Scharen, um die Worte des Propheten Mohammed zu hören. Ein Mann hörte besonders aufmerksam und andächtig zu, betete mit gläubiger Inbrunst und verabschiedete sich schließlich vom Propheten, als es Abend wurde. Kaum war er draußen, kam er wieder zurückgerannt und schrie mit sich überschlagender Stimme: „Oh Herr! Heute morgen ritt ich auf meinem Kamel zu dir, um dich, den Propheten Gottes, zu hören. Jetzt ist das Kamel nicht mehr da. Weit und breit ist kein Kamel zu sehen. Ich war dir gehorsam, achtete auf jedes Wort deiner Rede und vertraute auf Gottes Allmacht. Jetzt, oh Herr, ist mein Kamel fort. Ist das die göttliche Gerechtigkeit? Ist das die Belohnung meines Glaubens? Ist das der Dank für meine Gebete?" Mohammed hörte sich diese verzweifelten Worte an und antwortete mit einem gütigen Lächeln: „Glaube an Gott und binde dein Kamel fest."

Von Glaube bis Aberglaube

Glaube bezieht sich auf die Fähigkeit, eine Beziehung zum Unbekannten und Unerkennbaren aufzunehmen und sich ihm schrittweise zu nähern, bis ein Teil dieses Unbekannten bekannt wird. Der Glaube kann sich auf die eigenen Fähigkeiten, die der Mitmenschen richten, auf das noch Unbekannte und Erforschbare der Wissenschaften und das Unerkennbare der Religionen. Das Kind verfügt zunächst über einen absoluten Glauben. Später differenzieren sich die Glaubensinhalte; das Kind glaubt an die Zuwendung oder die Gerechtigkeit der Eltern. Über das Vorbild der Eltern lernt es eine Beziehung zum Unbekannten und Unerkennbaren aufzubauen und übernimmt die geschichtlich geprägten Formen des religiösen oder weltanschaulichen Glaubens.

Glaube ist eine grundlegende Fähigkeit des Menschen. Als Einstellung und Erwartung dem Unbekannten gegenüber bezieht er sich nicht nur auf das innere Unbekannte, sondern auch auf das Unbekannte der Umwelt und das Unerkennbare des Weltalls, das durch den Begriff *Gott* umschrieben wird.

Auch die Wissenschaft, die sich als objektiv begreift, baut auf Glauben auf. Über den Glauben, die kleinen Schritte der Hypothesen, nähert man sich schrittweise dem Unbekannten.

Die potentiellen Fähigkeiten eines Menschen sind ein Teil seiner Wirklichkeit. Sie sind die Grundlage seiner künftigen Entwicklung und müssen von anderen und ihm selbst anerkannt werden.

Beispiel

„Ich glaube nicht, dass in mir noch Fähigkeiten stecken, die man entwickeln könnte. Ich habe mir eine feste Theorie gebildet und die lautet: Ich kann mir nichts merken. Das sind schlechte Aussichten für meinen Beruf. Wozu soll ich mich selbst anerkennen; ich bin doch immer von allen abgelehnt worden" (33-jähriger schizophrener Mann).

Fragen

Gibt es in Ihrer Partnerschaft Probleme wegen der Religion oder Weltanschauung? – Wer von Ihnen ist religiöser? – Glauben Sie an ein höheres Wesen? – Glauben Sie an ein Leben nach dem Tod? – Was halten Sie von den Religionen? – Welcher religiösen Gemeinschaft gehören Sie an? – Wie stehen Sie zur Kirche? – Wer von Ihren Eltern war religiöser? – Wie wurde die Religion zu Hause praktiziert (Gebet, Meditation, Riten)? – Glauben Sie, dass Sie (Ihr Partner) sich noch weiter entwickeln und noch weitere Reserven erschließen können? – Haben Sie für Ihre beruflichen und privaten Tätigkeiten feste Ziele?

Synonyme und Störungen

Annehmen, erachten, meinen, vermuten, voraussetzen, sich verlassen auf, vertrauen, Weltanschauung, Ideologie, Theorie, Hypothese.

Aberglaube, Bigotterie, Glaubenskrise, Unglauben, Angst, Aggressionen, Nachahmungen, Resignation, Überforderung, Unsicherheit, Stimmungsschwankungen, Lebensangst, kollektiver Hass, Vorurteile, Fanatismus, religiöser Wahn.

Anregung zum Perspektivenwechsel

Jeder Mensch, ohne Ausnahme, hat die Fähigkeit zu glauben. Es ist wichtig, zwischen Glaube, Religion und Kirche unterscheiden zu lernen. An sich selber glauben, seine Fähigkeiten, einen Partner, eine Gruppe, ein Idol, eine Idee, eine Theorie, eine Weltanschauung, einen Gott. Lerne zu unterscheiden zwischen: Glaube/ Religion und Institution.

Nur ein erneuter Glaube an Gott
kann die Wandlungen herbeiführen,
die unsere Welt vor der Katastrophe retten können.
Wissenschaft und Religion
sind dabei Geschwister, keine Gegensätze.
(Wernher von Braun)

❖

Zu wenig glauben ist wie nicht glauben.
Gott vergilt Glaube mit Glaube
und Unglaube mit Unglaube.
(Taoismus)

❖

So ist dir klar und deutlich, dass alle Propheten
Tempel der Sache Gottes sind,
die in verschiedener Tracht erscheinen.
Wenn du mit scharfem Auge beobachtest,
wirst du sehen, dass sie alle im selben Heiligtum wohnen,
sich zum selben Himmel aufschwingen,
auf demselben Throne sitzen, dieselbe Sprache sprechen
und denselben Glauben haben.
(BAHÁ'I)

Wer glaubt, wird höheres Bewusstsein und
innere Erkenntnis in allen Bereichen erlangen.
(Zoroastrische Religion)

❖

Wahrlich, ich sage euch:
Wer zu dem Berge da spricht:
Hebe dich weg und wirf dich ins Meer,
und in seinem Herzen nicht zweifelt,
sondern glaubt, dass das, was er ausspricht, geschieht,
dem wird es zuteil werden.
Darum sage ich euch:
Alles, um was ihr betet und bittet –
glaubt, dass ihr es empfangen habt
und es wird euch zuteil werden.
(Christentum)

❖

Glaube ist der Pfad zur Weisheit.
Der Glaube wird kommen,
wenn du dich wirklich von Herzen danach sehnst.
Was Gott am meisten schätzt,
ist der Mensch mit Glauben.
(Hinduismus)

❖

Glaube ist erforderlich für ein tugendhaftes Leben.
Jemandes Glaube wird nicht unbelohnt bleiben.
Gedeihen ist eine Folge des Glaubens.
(Buddhismus)

❖

Gott ist treu. Er behütet die Gläubigen.
Den gläubigen Menschen erwartet Gottes Lohn.
(Judentum)

Zweifel – die Fähigkeit, den Glauben in Frage zu stellen

Mit dem Wissen wächst der Zweifel.
(Johann Wolfgang von Goethe)

Aus ungelegten Eiern schlüpfen keine Küken

Ein Mechaniker saß gemütlich in einer Kneipe und trank sein viertes Glas Wein. In diesem Augenblick platzte ein Mann herein und sagte zu ihm: „Deine Frau liegt im Sterben! Beeile dich! Die Arme: Als sie auf eine Leiter kletterte, um die vollen Marmeladengläser auf den Schrank zu stellen, ist sie heruntergefallen, und jetzt liegt sie in den letzten Atemzügen!“

Der Mechaniker warf sein Glas um und rannte nach Hause. Unterwegs sprach er zu sich: „Ich verstehe nicht – auf welchen Schrank? Wir haben gar keinen Schrank! Was für Marmelade? Ich kann mich nicht erinnern, dass wir jemals Marmelade gekocht hätten. Woher kommt die Leiter in unsere Wohnung? Wir haben keine Leiter.“ Plötzlich ist er stehen geblieben – laut sagte er zu sich: „Welche Frau? Ich habe doch keine Frau!!!“

Von Zweifel bis Starrheit

Zweifel bezeichnet die Fähigkeit, einen Glauben in Frage zu stellen, Unterscheidungen zu treffen und Inhalte gegeneinander abzuwägen. Die Funktion des Zweifels, die sich auf einzelne Aktualfähigkeiten und weniger auf die gesamte Persönlichkeit bezieht, wird im Umgang mit den Bezugspersonen gelernt.

Den Zweifel kennzeichnet eine verzerrte Zeit-Dimension, die sich als Missverhältnis von Entwicklungszeit des Kindes und Erwartungszeit der Bezugsperson darstellt. In dem Maße, in dem die Bezugsperson in der Lage ist, das kindliche Verhalten in dem großen Rahmen seiner Entwicklungszeit zu sehen, werden der Zweifel und die mit ihm verbundenen Ängste und Aggressionen der Bezugspersonen kanalisiert.

Der Zustand des Hin- und Herschwankens, auch eine nur vorübergehende Orientierungslosigkeit, erscheint für manche Menschen so erschreckend, dass sie das andere Extrem wählen. Um sich vor Zweifeln – sprich: vor dem Zustande der Verzweiflung – zu schützen, flüchten sie sich in Starrheit, die sie dann noch für Charakterfestigkeit und Treue halten. Um das Verhalten nicht ändern zu müssen, werden Informationen, welche den Zweifel verstärken könnten, nicht zur Kenntnis genommen. Man setzt sich erst gar nicht auseinander, damit die eigene Position nicht gefährdet wird.

Beispiel

„Ich war früher sehr autoritär, war der Meinung, dass man Kindern den Willen brechen müsse. Die Kinder hatten zu Hause zu sein, wann ich es wünschte. Modische Kleidung und Haarschnitt duldete ich nicht: alle wurden preußisch kurz geschoren. Aber dann meldeten sich leise Zweifel, ob ich richtig lag, und die Zweifel wurden immer stärker. Unser ältester Sohn rebellierte. Er trug zerknitterte Hosen und die üblichen olivgrünen Anoraks. Längere Haare konnte ein Mädchen kaum haben. Ich schäumte vor Wut. Oliver, 14 Jahre, reagierte nicht. Meine Frau redete mir zu, ich sollte doch nachgeben, das seien doch zweitrangige Probleme. Schließlich passierte es: Oliver war verschwunden. Wir ließen ihn suchen. Meine Frau machte mir Vorwürfe. Ich kann Ihnen sagen, diese drei Wochen möchte ich nicht noch einmal mitmachen. Oliver wurde von der Polizei nach drei Wochen aufgegriffen und zurück gebracht. Ich weiß nicht, wie es dazu kam, dass ich mich zu einem Gespräch mit ihm aufraffte, in dem ich meine Zweifel durchblicken ließ. Ich war so verunsichert, dass ich im Grunde nur noch ein Rückzugsgefecht führte. Um mich zu informieren, ging ich sogar zu einer Erziehungsberatung" (41-jähriger Rechtsanwalt).

Fragen

Worauf richtet sich Ihr Ziel? – Zweifeln Sie an Ihren eigenen Fähigkeiten? – Haben Sie manchmal das Gefühl, nicht die richtige Frau (den richtigen Mann) zu haben? – Haben Sie den Eindruck, nicht den richtigen Beruf ergriffen zu haben? – Wäre es Ihnen lieber, in eine andere Zeit, eine andere Umwelt und Gesellschaft hineingeboren zu sein? – Kommt es vor, dass Sie an Ihrer Religion und Weltanschauung zweifeln? – Wer von Ihren Eltern war der größere Zweifler?

Synonyme und Störungen

Innerer Zwiespalt, schwanken, zögern, unschlüssig sein, mit sich selbst kämpfen, weder ja noch nein sagen, Starrheit, Kompromissunfähigkeit.

Unsicherheit, Angst, Ambivalenz, Stimmungsschwankungen, Launen, Ungeduld, Ungewissheit, Entscheidungsschwäche, Ratlosigkeit, Selbstwertprobleme, Negativismus.

Anregung für einen Dialog

Zweifel ist nicht bloß als Schwäche zu werten, sondern ist eine wesentliche Funktion einer zeitgemäßen Realitätskontrolle. Zweifeln Sie an sich, dem Partner, an der Welt oder an einzelnen Eigenschaften, die mit Ihrem Anspruch nicht mehr verträglich sind?

Man muss gut überlegen, was man haben will.
Es könnte passieren, dass man's bekommt.

❖

Im Zweifel handle nicht.

❖

Der Schwache zweifelt vor der Entscheidung,
der Starke hinterher.
(Karl Kraus)

❖

Mit dem Wissen wächst der Zweifel.
(Johann Wolfgang von Goethe)

❖

Zweifel ist der Weisheit Anfang.
(René Descartes)

Gewissheit – die Fähigkeit, eine Entscheidung zu treffen und Zweifel hinter sich zu lassen

Die ersten Schritte sind wertlos,
wenn der Weg nicht zu Ende gegangen wird.

Schaden, Sorge, Klage wachsen alle Tage

Eine junge Frau bewarb sich für die Krankenschwesternschule in einem Krankenhaus. Der Chefarzt fragte sie, ob sie praktische Erfahrung hätte. „Selbstverständlich!", war die Antwort, „mein älterer Bruder ist Fußballspieler, der jüngere Bruder ist bei den Boxmeisterschaften dabei und meine Eltern schlagen sich täglich. Ich muss die ganze Familie täglich versorgen und ihnen einen Verband anlegen."

Von Gewissheit bis Ungewissheit

Gewissheit bezieht sich auf die Fähigkeit, nach einem Zustand des Zweifelns Entscheidungen zu treffen, die keine Schuldgefühle mehr auslösen. Der Mensch ist imstande, klar ja oder nein zu sagen und sich mit dieser Entscheidung zu identifizieren.

Gewissheit meint darüber hinaus eine Qualität oder eine Intensität des Glaubens. Auch beim Kind finden sich Situationen des Zweifelns. Wenn es nach Nahrung schreit, weiß es nicht, ob jemand kommt, es zu füttern. Indem die Mutter sich ihm immer wieder zuwendet, entwickelt sich die Gewissheit: „Auch wenn meine Bedürfnisse nicht gleich erfüllt werden, werden sie doch bald befriedigt."

Die Gewissheit bezieht sich nicht darauf, dass das Kind oder der Partner, ein Abbild der Erwartungen würden – eine solche „Gewissheit" würde zur Enttäuschung führen –, sondern darauf, dass jeder seine eigenen Fähigkeiten entfaltet. Diese Gewissheit ist keine abstrakte Glaubensgewissheit, sondern hat praktische Konsequenzen im Umgang mit anderen.

Während Zweifel den Zustand des Unentschiedenseins bestimmt und Ambivalenz gegenüber dem Partner zum Ausdruck bringt, bewirkt Gewissheit, dass man sicher hinsichtlich seiner Entwicklungsmöglichkeiten ist. Erst diese Sicherheit macht es möglich, den Partner in seiner Einzigartigkeit und Einmaligkeit zu akzeptieren und ihm im Vertrauen auf seine Fähigkeiten die notwendigen Entscheidungen zu überlassen.

Beispiel

„Ich begriff endlich, dass ich nicht mit meiner Mutter verheiratet war ... Endlich bin ich dabei, mich von der Vorherrschaft meiner Mutter und meiner Schwester zu lösen. Die beiden sind reine Sauberkeitsfanatiker. Ich war es auch. Dann heiratete ich. Mein Mann wollte eine gemütliche Wohnung haben. Ich würde zuviel aufräumen und putzen, meinte er, das wirke steril. Weil ich es mir nicht mit ihm verderben wollte, gab ich nach, und siehe da: was mir vorher verpönt war, fand ich jetzt selbst sehr angenehm. Die Stimmung zwischen uns hatte sich gebessert, ich hatte mehr Zeit für meinen Mann und für meine Hobbys. Bis eines Tages meine Mutter zu Besuch anreiste: ‚Aber Kind, wie sieht es denn hier aus!' Ich wurde schwankend, stand zwischen zwei Fronten: ich hatte die Wahl, es entweder mit meinem Mann zu verderben oder mit meiner Mutter. Es war ein ewiges Hin und Her. Ich hatte Schuldgefühle gegenüber meiner Mutter. Sie meinte, sie müsse sich ja für mich schämen, es fiele auf sie zurück. Dabei war unsere Wohnung nicht etwa schmutzig. Gut, die Betten blieben bis abends schon mal ungemacht, wenn wir tagsüber keine Zeit hatten, und das Geschirr blieb ungespült, abends half mein Mann dann mit. Und ich wischte auch nicht jeden Tag Staub. Schließlich begriff ich, dass ich nicht mit meiner Mutter verheiratet war. Kam es nicht darauf an, dass mein Mann und ich uns wohlfühlten? Als meine Muter das nächste Mal kam und mir wieder Vorwürfe machte, sagte ich ihr in aller Ruhe, ich würde ihren Standpunkt respektieren, sie dürfe jedoch nicht erwarten, dass ich genauso dächte wie sie. Ergebnis: Sie rauschte beleidigt von dannen. Ich kann es nicht ändern. Vielleicht braucht sie Zeit, um einzusehen, dass ich nicht ganz unrecht habe und kommt dann zurück. Jedenfalls bin ich mir sicher, dass ich richtig gehandelt habe" (38-jährige Mutter von drei Kindern).

Fragen

Haben Sie (Ihr Partner) bei Entscheidungen das Gefühl, dass das, was Sie tun, richtig ist? – Wie sicher fühlen Sie sich, wenn Sie (beruflich oder privat) eine Entscheidung treffen müssen? – Wer von Ihren Eltern vermittelte eher das Gefühl von Sicherheit, Gelassenheit und Gewissheit? – Wie verhielten sich Ihre Eltern, wenn Sie eine eigenständige Entscheidung trafen?

Synonyme und Störungen

Sicherheit, feste Überzeugung, zweifelsohne, absolut, definitiv, endgültig, fraglos, selbstverständlich, auf alle Fälle, Standhaftigkeit.

Starrheit, Dogmatismus, Fixierung, Fanatismus, Abwehr, Ambivalenz, Schuldgefühle, Ungewissheit, Ängste, Misstrauen, Hoffnungslosigkeit, Überforderung.

Anregung zu einem Dialog

Die Kontrolle der Gewissheit, der Zweifel, ist eine menschliche Fähigkeit der Wirklichkeitsprüfung. In Bezug auf welchen Inhalt empfinden Sie Gewissheit: Treue, Ehrlichkeit, Gerechtigkeit, religiöse oder weltanschauliche Inhalte? Die eigene Gewissheit mit den Gewissheiten anderer konfrontieren (Kontakt, Sprechen, Konflikte erkennen und lösen, gegenseitiges Verständnis und Respekt, Relativität der Werte).

Tief im Ozean, da liegen Schätze
von unvergleichlichem Wert: doch wenn du
Sicherheit suchst – die findest du am Ufer.
(Sa'di von Schiras, Persischer Dichter)

❖

Wie viel du auch studierst, du kannst nicht
wissen, ohne entsprechend zu handeln.

❖

Nicht nachbedenken,
sondern vorbedenken soll der weise Mann.
(Epicharm)

Einheit – die Fähigkeit zu integrieren

Eintracht ernährt, Zwietracht verzehrt.

Einigkeit macht stark

Ein einfacher Mann begab sich zusammen mit 99 anderen auf eine Reise. Unterwegs wurden er und seine Mitreisenden von drei Dieben ausgeraubt. Als er nach Hause kam und das Abenteuer erzählte, wurde er gefragt, wie es kommen konnte, dass hundert Männer von drei Dieben besiegt werden konnten. Er antwortete: „Wir waren hundert Einzelne, und sie waren drei Verbündete."

Von Einheit bis Einheitsverlust

Einheit bezieht sich auf die Fähigkeit, die Aktualfähigkeiten, die Grundfähigkeiten und Wertsysteme in die Erlebnisse zu integrieren und die eigenen Bedürfnisse mit denen der Umwelt in Einklang zu bringen. Übergeordnet ist dem die „universelle Einheit", die die Fähigkeit meint, mit anderen Menschen, Gruppen, Lebewesen, Dingen und Kräften Beziehungen aufzunehmen und bestehende Zusammenhänge zu begreifen. Die Einheit der Persönlichkeit, das Selbstverständnis des Menschen als Individuum, das auch die Selbstwahrnehmung umfasst, hängt von der Entwicklung der Aktual- und Grundfähigkeiten und den Erlebnissen mit ihnen ab.

Ein Mensch, der Einsicht über die Ursache seiner Pedanterie erhält, wird vermutlich auch gegenüber seiner Sparsamkeit eine andere Einstellung entwickeln können. Man neigt allgemein dazu, erst dem Erwachsenen die Einheit der Persönlichkeit zuzusprechen. Dabei wird Einheit in Zusammenhang mit Reife und Weisheit gebracht.

Hingegen scheint uns der Mensch in jeder Entwicklungsstufe eine Einheit darstellen zu können: der Säugling, das Kleinkind, das Kind, der Pubertierende, der Heranwachsende und der Erwachsene. Jeder kann auf seiner Entwicklungsstufe seine Identität, seine unverwechselbare Einheit finden. In den verschiedenen Abschnitten seiner Entwicklung ist der Mensch jedoch bestimmten Formen des Einheitsverlustes und damit bestimmten Störungen gegenüber besonders anfällig.

Die Störbarkeit der Identität ist jedoch kein Grund, diese einem Menschen in einem bestimmten Entwicklungsabschnitt abzusprechen. Wenn wir die primären Fähigkeiten, die wir als Bedingungen der gefühlsmäßigen Beziehungen begreifen, nicht als Einzelfähigkeiten verstehen, sondern in den Ablauf der engeren zwischenmenschlichen Kommunikation integrieren, lässt sich eine idealtypische Entwicklungskette darstellen: Unbekannte Fähigkeiten, Angst, Aggression, Nachahmung, Glaube, Zweifel, Hoffnung, Zutrauen und Vertrauen, Geduld, Gewissheit, Liebe und Einheit.

Auch Partner durchlaufen diese Entwicklungskette. Sie nehmen jedoch zumeist nicht zur gleichen Zeit die gleiche Position ein, sondern sind Phasen unterworfen. Den unbekannten Fähigkeiten des einen entsprechen Glaube, Zweifel und Hoffnung beim anderen Menschen; mit dem Zweifel des einen kann die Gewissheit des anderen korrespondieren. Wie das relative Verhältnis der Partner hinsichtlich der Entwicklungskette Konflikte verhindern mag, kann es umgekehrt durch eine konflikthafte Phasenverschiebung zu zwischenmenschlichen Dissonanzen kommen, etwa wenn ein Partner auf die Unordnung des anderen durch Aggression und Zweifel reagiert, wenn Ängste des einen Hoffnungslosigkeit beim andern hervorrufen und konflikthafte Nachahmungen die Liebe zerstören.

Fragen

Sind sie mit Ihrem körperlichen Aussehen, Ihrem Gesundheitszustand, Ihrer körperlichen Leistungsfähigkeit zufrieden? – Worauf beziehen Sie den Sinn Ihres Lebens: auf das eigene Wohlergehen, auf die Familie, auf besondere Gruppen, auf die gesamte Menschheit, auf eine bessere Zukunft? – Haben Sie das Gefühl, mit sich selbst eins zu sein? – Haben Sie das Gefühl, mit ihrer Umwelt eine Einheit zu bilden oder ihr gegenüberzustehen? – Hatten Sie das Gefühl, von Ihren Eltern in allen Persönlichkeitsbereichen akzeptiert zu werden oder, wenn nicht, welche Bereiche und Inhalte wurden betont oder vernachlässigt?

Synonyme und Störungen

Zusammenarbeit, Integration, Identität, einheitlich, Einigkeit, Zusammenhänge, System, universal, Einförmigkeit, Totalität, Synthese, Struktur, Polarität.

Einheitsverlust, Desintergration, Ich-Störung, Depersonalisation, Einseitigkeiten, hypochondrische Beobachtung des Körpers, Beruf als Lebensspiel, Flucht in die Phantasie, in die Zukunft, Vorurteile, Identitätskrisen, Totalitarismus, Uniformität, Sektierertum, Eklektizismus.

Anregung zum Perspektivenwechsel

Alles was wir tun, hängt mit allem anderen zusammen, was um uns herum ist, auch wenn wir dies nicht wahrnehmen wollen. Es besteht eine Vielzahl von Bezugsgrößen, die uns in einer Situation als Einheit gelten können. Therapie ist nicht nur Beseitigung der Störung, sondern Wiederherstellung der Einheit. Eine Krankheit, ein Leid, eine Krise ist keine universelle Störung, sondern eine Störung einzelner Bereiche. Es ist sinnvoll, zwischen Störungen und Fähigkeiten unterscheiden zu lernen.

Durch Eintracht wachsen Kleinigkeiten,
durch Zwietracht werden oft die größten Dinge vernichtet.

❖

Wenn viele Schwache sich vereinen,
so sind sie schwer zu überwinden.

❖

Es ist eine unzweifelhafte Wahrheit,
dass der Mensch nicht ein losgelöstes Wesen,
sondern ein Teil des Universums ist,
und wenn er dies erkennt, wird er groß.
(Tagore)

❖

Glücklich, wem es gelungen,
die Zusammenhänge der Dinge zu durchschauen.
(Vergil)

Der Tropfen weint: „Wie bin vom Meer ich weit!"
Das Weltmeer lacht: „Vergeblich ist dein Leid!
Sind wir doch alle eins, sind alle Gott –
uns trennt ja nur das winzige Pünktchen
Zeit!"
(Omar Khayam, Persischer Dichter)

❖

Das Ziel finden, heißt den Ursprung wieder finden.
(Paul Claudel)

❖

Viele kleine Leute
aus vielen kleinen Orten,
die viele kleine Dinge tun,
werden das Angesicht der Erde
verändern.

Andere verstehen – auch in der Gruppe

Wer alleine arbeitet, addiert.
Wer mit anderen zusammen arbeitet, multipliziert.

Gib du ihm deine Hand

In einem Sumpf in Nord-Persien war ein Mann eingesunken. Nur sein Kopf schaute noch aus dem Morast heraus. Lauthals schrie er um Hilfe. Bald sammelte sich eine Menschenmenge an dem Ort des Unglücks, und einer fasste den Mut, dem Verunglückten zu helfen. „Gib mir deine Hand“, rief er zu ihm herüber, „ich werde dich aus dem Sumpf herausziehen.“ Doch der Versunkene schrie weiterhin um Hilfe und tat nichts, damit der andere ihn herausziehen hätte können. „Gib mir deine Hand“, forderte dieser ihn mehrere Male auf. Die Antwort war lediglich ein erbärmliches Schreien um Hilfe. Da trat ein anderer Mann hinzu und sprach: „Du sieht doch, dass er dir niemals seine Hand geben wird. Gib du ihm deine Hand, dann wirst du ihn retten können.“

Konflikte und Probleme, die ihre Ursache in zwischenmenschlichen Beziehungen haben, gehen zu einem wesentlichen Teil darauf zurück, dass ein Missverständnis zwischen den eigenen Bedürfnissen und Wünschen und den Verhaltensweisen der Partner besteht, also ein Konflikt zwischen Höflichkeit und Ehrlichkeit.

In einer Gruppe von Menschen, die sehr aktiv war und in der es zu einer ausgeprägten Gruppenarbeit gekommen war, trat nach einiger Zeit eine deutliche Unruhe auf. Einzelne Mitglieder, die sonst regelmäßig zu den Veranstaltungen gekommen waren, blieben plötzlich aus. Während der Veranstaltungen zeigten sich viele gereizt, vor allem wenn ein bestimmtes Mitglied kam oder sich zu Wort meldete. Es zeigte sich, dass das Verhältnis zwischen diesem Mann und anderen die Ursache der Unruhe war. Wie war es dazu gekommen?

Der Mann, der den Stein des Anstoßes bildete, lebte alleine in einer Wohnung, in der es kein Bad gab, und hatte vor nicht allzu langer Zeit seine Mutter verloren, die bis dahin seine Wäsche gewaschen hatte. So kam es, dass er ungepflegt und mit einem sehr starken Körpergeruch zu den Veranstaltungen kam. Die anderen fühlten sich dadurch belästigt, wollten dem Mann aber nicht weh tun (Höflichkeit) und verzichteten darauf, ihm zu sagen, was sie störte (Ehrlichkeit und Offenheit).

Dies hatte zur Folge, dass die Mehrheit sich unwohl fühlte, sich von dem Mann distanzierte und hinter seinem Rücken über ihn sprach.

Die Folge war die beschriebene Unruhe und zugleich ein paradoxer Sachverhalt: Alle wussten, was die Spannung auslöste, außer dem betroffenen Mann.

Die Gruppenmitglieder lernten, ihre Meinung offen zu äußern und zwar in einer Form, die den betroffenen Partner nicht verletzen konnte. Für die meisten war es erstaunlich, als ihnen bewusst wurde, welche Folgen die mangelnde Integration von Höflichkeit und Ehrlichkeit für sie hatte: Höflich und schonend wollten sie sein, dabei waren sie aggressiv und nachtragend geworden und hatten Verhaltensweisen gezeigt, die sie selbst zutiefst verabscheuten. Einer meinte: „Ich habe bisher immer gedacht, dass Rücksichtsnahme das Beste ist. Bei uns Zuhause hieß es: ‚Was sagen die Leute?‘ Dabei haben wir wirklich manchmal die Ehrlichkeit vergessen."

Dieser Prozess kann als beispielhaft für Selbsthilfe und Selbstkorrektur gelten. Es geht dabei auch darum, die eigenen Wertmaßstäbe zu hinterfragen. Daraus ergibt sich die Chance, Hinweise auf die Fähigkeiten zu finden, die bislang in der eigenen Entwicklung unterdrückt und von den anderen Bereichen überschattet wurden.

Ebenso konnte ich in anderen Gruppen feststellen, dass sich einzelne Mitglieder zurückzogen, weil sie die Unpünktlichkeit und Unzuverlässigkeit anderer nicht ertragen konnten oder umgekehrt mit den Vorwürfen nicht fertig wurden, die sie immer wieder wegen ihrer eigenen Unpünktlichkeit hören mussten.

Auch hier war häufig das Gespräch über Höflichkeit und Ehrlichkeit in Beziehung zu dem jeweiligen Konfliktinhalt der

Schlüssel für eine angemessene Lösung, an der die gesamte Gruppe mitarbeitete.

Viele unserer Gedanken und Handlungsweisen sind eingeschliffen und bewegen sich immer in den gleichen Bahnen. In diesem Sinne werden immer wieder die gleichen Konflikte heraufbeschworen: Man kommt fortwährend zu spät, man ärgert sich über jede vermeintliche Ungerechtigkeit, man ist überfordert, weil man sich nicht traut, rechtzeitig eine Aufgabe abzulehnen; man zögert die Erfüllung einer Aufgabe über die längere Zeit hinaus und beunruhigt damit andere. Die Klagen darüber hören sich etwa folgendermaßen an:

„Wir kämpfen darum, dass das Monatsprogramm rechzeitig erscheint" (Pünktlichkeit und Zuverlässigkeit).

„Wie können wir uns ein anderes, besser funktionierendes Photokopiergerät kaufen, das ist doch viel zu teuer" (Sparsamkeit).

„Wir können dieses Mitglied leider nicht in unseren Ausschuss aufnehmen. Sie wollte das Programm rechtzeitig fertig machen. Wir bekamen es aber immer erst auf den letzten Drücker" (Zuverlässigkeit, Pünktlichkeit, Zweifel, Kontakt).

„Für unsere neue Tätigkeit gilt vor allem, dass die Umschläge sehr genau, ordentlich und gewissenhaft beschriftet werden müssen" (Genauigkeit, Ordnung, Zuverlässigkeit/Gewissenhaftigkeit).

„Immer wieder müssen wir auf ihn warten. Er kommt immer zu spät und er kriegt nicht mit, was wir schon besprochen haben" (Pünktlichkeit, Kontakt).

„Oft habe ich mich angemeldet, aber die anderen werden immer bevorzugt" (Gerechtigkeit, Höflichkeit und Ehrlichkeit).

„Ich habe den Eindruck, dass unser Vorsitzender sich nicht immer durchsetzen kann" (Leistung, Gehorsam, Gerechtigkeit, Höflichkeit).

„Wenn Gäste da sind, werden die Räume schmutzig gemacht und nicht aufgeräumt, und wir müssen dann alles machen" (Sauberkeit, Ordnung, Fleiß und Leistung, Gerechtigkeit).

„Ich schlage vor, dass jeder seine Sachen hinterher in die Küche bringt" (Ordnung, Fleiß und Leistung, Gerechtigkeit).

„Viele beschweren sich, dass das Programm im ersten Teil zu lange dauert" (Zeit, Ehrlichkeit).

„Früher haben wir in unserer Gemeinde nicht so offen gesprochen. Heute stelle ich fest, dass wir viel offener über uns und andere sprechen" (Offenheit, Ehrlichkeit und Höflichkeit).

„Dieser Ausschuss muss erweitert werden, weil man sich auf Frau F. nicht verlassen kann" (Pünktlichkeit, Zuverlässigkeit, Vertrauen).

„Wir müssen unseren Freunden Aufgaben geben, damit sie langsam in diese Arbeit hineinwachsen" (Leistung, Zeit, Geduld, Vertrauen, Hoffnung, Kontakt).

„Die Zeitschrift sollte aufgegeben werden, weil sie zu teuer ist und zu viel Arbeit macht" (Sparsamkeit, Fleiß, Leistung, Kontakt).

Diese Aussagen wurden während einer Gruppensitzung gesammelt. Die an diesen Aussagen beteiligten Probleme können dadurch aufgearbeitet werden, dass die Beteiligten Alternativen als Lösungsvorschläge herausarbeiten. Besonders bewährt hat sich hier die Durchführung eines Ist- und Soll-Wertes, bei dem die Beteiligten nach besseren Möglichkeiten suchen. Diese Vorgehensweise bezieht sich sowohl auf die Arbeit in der Gruppe, als auch auf die Beziehungen in der Familie, der Ehe und im Beruf.

Fragen

Wie reagieren wir, wenn jemand zu einer Beratungssitzung zu spät kommt, lautstark seinen Stuhl rückt und die Beratung stört? Wie würden Sie in diesem Fall reagieren: Neben Ihnen sitzt jemand, dessen Haar ungepflegt ist, auf dessen Hemd Fettflecken sind und der für Sie unangenehm riecht? Wie reagieren Sie einem Partner gegenüber, den Sie bereits mehrere Male darum gebeten haben, Ordnung zu machen, der aber alles in schönster Unordnung zurücklässt? Was denken, fühlen und sagen Sie, wenn Ihr Partner zuviel Geld ausgibt, obwohl Sie eigentlich sparen müssen? Was empfinden Sie, wenn Sie irgend jemandem etwas Wichtiges anvertraut haben, dieser aber Ihr Vertrauen enttäuscht?

Wir sehen, dass solche Ereignisse, die uns täglich begleiten, nicht spurlos an uns vorübergehen. Was wir hören, sehen, erfahren und erleben, müssen wir verarbeiten. Wenn jemand uns beleidigt, hören wir das. Unsere Sinne, hier unsere Hörorgane, leiten die Informationen an das Gehirn weiter. Dort wird sie den bisherigen Informationen entsprechend bewertet. Wenn man beispielsweise die Erfahrung gemacht hat, dass das Wort „Dummkopf" eine herabsetzende, das Selbstwertgefühl störende Beleidigung ist, wird man wohl an die Decke gehen, wenn einer zu einem sagt: „Du bist ein Dummkopf." Jemand, der das Wort „Dummkopf" nur in seiner zärtlichen Bedeutung erlebt hat, wird sich, überspitzt formuliert, darüber freuen, wenn man ihn einen Dummkopf nennt. Eines wird ganz deutlich: Wie man etwas erlebt, hängt von den Vorerfahrungen ab, davon, in welcher Situation das Erleben stattfindet, wer etwas sagt und auf welcher Art und Weise er dies tut. All diese Informationen werden blitzschnell miteinander in Verbindung gebracht.

Insgesamt spielen bei derartigen Verarbeitungen folgende Bereiche eine Rolle: Mittel der Sinne, Mittel der Tradition, Mittel der Vernunft, Mittel der Intuition, Mittel des Unbewussten und schließlich die Mittel der körperlichen Funktionen. Wenn wir uns diese Entwicklungskette anschauen, sehen wir, dass wir uns in einer unangenehmen Situation nicht notwendigerweise ängstigen oder ärgern müssen. Wir können auch anders reagieren. Das heißt: Wir sind nicht nur das Produkt unserer Vorerfahrungen und unserer Umwelt, sondern können auch selber unser Erleben beeinflussen. Von daher sehen wir Möglichkeiten, selbst aktiv in unser Leben einzugreifen und Risikofaktoren abzubauen. Praktisch sind hier drei Schritte zu berücksichtigen:

1. Worüber ärgere ich mich eigentlich? Was bereitet mir Angst, Unbehagen und Freude?
2. Welche Möglichkeiten habe ich, das Problem zu lösen?
3. Welche Ziele stehen hinter meinem Handeln? Was würde ich machen, wenn ich keine Probleme und Beschwerden hätte?

Welches ist der Sinn unseres Lebens,
welches der Sinn des Lebens aller Lebewesen
überhaupt?
Eine Antwort auf diese Frage wissen,
heißt, religiös zu sein.
Du fragst: Hat es denn überhaupt einen Sinn,
diese Frage zu stellen?
Ich antworte: Wer sein Leben und das
seiner Mitmenschen als sinnlos empfindet,
der ist nicht nur unglücklich,
sondern auch kaum lebensfähig.
(Albert Einstein)

Die Aktualfähigkeiten – der Weg zum Glück

Wenn du eine Stunde lang glücklich sein willst, schlafe.
Wenn du einen Tag lang glücklich sein willst, gehe fischen.
Wenn du eine Woche lang glücklich sein willst,
schlachte ein Schwein.
Wenn du ein Jahr lang glücklich sein willst,
habe ein Vermögen.
Wenn du ein Leben lang glücklich sein willst,
liebe deine Arbeit.

Wenn jemand in seinem Geschäftsgebaren Zuverlässigkeit gezeigt hat, so hat er einen Aktivposten auf seiner Seite, der nicht hoch genug in Rechnung gestellt werden kann. Wenn er in seinen persönlichen Angelegenheiten Pünktlichkeit, Verantwortung und Verlässlichkeit aufweist, so bedeutet er eine Bereicherung für seine Freunde und Verwandten und ist ein Hort der Stärke für seine Familie und Mitmenschen.

Dies alles sind die gediegenen und obersten Erfordernisse des Charakters. Sie können auch als „unwesentliche bzw. sekundäre Fähigkeiten" bezeichnet werden, denn sie sind, obgleich wesentlich, doch für die Bildung eines edlen menschlichen Wesens unzureichend. Hierfür bedarf es noch der „wesentlichen bzw. primären Fähigkeiten" wie Liebenkönnen, Zeithaben, Geduldigsein, Vertrauenhaben, Hoffnungsvollsein und Glaubenkönnen.

Der bisher gezeichnete Mensch ist wahrheitsliebend, ehrlich, aufrichtig, ordentlich, pünktlich und zuverlässig, aber er kann auch hartherzig, kalt, gleichgültig gegenüber den Leiden anderer, geizig, unfreundlich und tadelnswert im Denken sein. Er ist wie eine Marmorstatue: vollkommen, aber leblos. Wärme muss sein Herz und seine Adern durchpulsen, sein Körper muss die Farbe des Lebens tragen, sein Puls muss schlagen und seine Glieder sich bewegen, sonst fehlen Liebe und Güte.

Wenn wir anderen helfen wollen, müssen wir uns bemühen, ihre Lage zu verstehen und ihre Schwierigkeiten, Schwächen und Beweggründe zu begreifen. Intoleranz wird keine Probleme lösen;

wir müssen vielmehr wie ein kluger Arzt auf die Symptome achten, um die Krankheit feststellen zu können. Wie wenig Verständnis zeigen heute die Menschen im Umgang mit anderen. Es ist, als sei eine Seuche der Herzensverhärtung (von der Verhärtung des Geistes ganz zu schweigen) ausgebrochen. Die Nationen versuchen keineswegs, die Probleme anderer zu verstehen; das Gleiche gilt für die verschiedenen Kulturen und Klassen. Sie sind viel zu beschäftigt, sich gegenseitig zu tadeln, um auf die Leidensgeschichte des anderen zu hören. Die gleiche Untugend finden wir auch im Leben des Einzelnen. Anstatt einander offenherzig zu begegnen, haben wir alle entweder einen fertigen Plan, um den anderen auszunutzen, oder wir sind so gegen ihn voreingenommen, dass wir uns weigern, auch nur ein Wort von ihm anzuhören. Diese lächerliche geistige Einstellung finden wir in allen unseren Beziehungen: der Eltern zu ihren Kindern und umgekehrt, der Arbeitgeber zu seinen Angestellten und umgekehrt, der Armen zu den Reichen und umgekehrt ...

Wenn wir diese Schwierigkeiten, die uns zu ersticken drohen, wieder im richtigen Verhältnis sehen, werden wir erkennen, was wesentlich und was unwesentlich ist, ja mehr noch, wir können die unendlichen Quellen, die uns zur Verfügung stehen, anzapfen und daraus neue Kräfte und Vertrauen zur Bewältigung unserer Lebensaufgaben schöpfen.

Eine Überzeugung, die alle Menschen teilen,
besitzt Realität.

❖

Die Unterlassung des Guten
verursacht nicht weniger Unruhe und Verdruss
als die Ausübung des Bösen.

Lerne zu unterscheiden zwischen erstrangigen und zweirangigen Aufgaben

Ein Philosophieprofessor hatte für seine Vorlesung einige Dinge vor sich auf seinem Pult zusammengestellt. Als die Vorlesung begann, nahm er ein Einmachglas, wortlos füllte er große Steine hinein bis hoch zum Rand. Anschließend fragte er die Studenten, ob das Glas nun voll sei. Sie antworteten: „Ja, es ist voll."

Dann nahm der Professor eine Dose mit kleinen Kieselsteinen und ließ sie in das Glas gleiten, schüttelte etwas und ließ weitere Kiesel in das Glas rollen. Die Studenten fingen an zu lachen. Als kein weitere Kiesel mehr in das Glas passte, fragte der Professor seine Studenten erneut: „Ist das Glas jetzt voll?" Und wieder waren alle der Meinung, das Glas sei voll.

Daraufhin nahm er eine Schale mit Sand und lies ihn auch noch in das Glas fließen, wobei er es ab und zu etwas schüttelte. Und natürlich ging der Sand auch noch hinein und verteilte sich in die restlichen Lücken zwischen den Kieseln und den Steinen.

„Und nun", sagte der Professor, „möchte ich, dass Sie erkennen: Dieses Glas ist wie Ihr Leben. Und Sie entscheiden, was Sie hineinpacken. Sie haben das irgendwann einmal grundsätzlich entschieden. Sie überprüfen diese Entscheidung, und in gewisser Weise treffen Sie sie jeden Morgen neu: Was packe ich heute in mein Leben? Was? – und ganz wichtig: in welcher Reihenfolge tun Sie das? Die Steine – das sind die wichtigsten Dinge in Ihrem Leben: Ihre Familie, Ihr Partner, Ihre Kinder, Ihre Gesundheit, Ihr Glaube. Alles, was Ihnen wichtig ist und was übrig bliebe, wenn alles andere wegfiele. Die Dinge, die auch allein noch Ihr Leben erfüllen würden. Und umgekehrt: Wenn Ihnen diese Dinge verloren gingen, wäre ihr Leben zerstört. Die kleinen Kiesel sind die nicht ganz so wichtigen Dinge in Ihrem Leben: Beruf, Haus oder Wohnung, Ihr Besitz, Auto ... Nicht ganz so wichtig, weil der Verlust dieser Dinge Ihnen zwar weh tun, Sie aber nicht zerstören würde. Der Sand schließlich steht für all die anderen Dinge in Ihrem Leben, für die vielen kleinen Dinge, die Sie mehr oder weniger freiwillig tun;

Hobbies, auch solche, die unter der Hand zu Pflichten geworden sind, Sachen die Sie einmal gekauft haben und um die Sie sich jetzt kümmern müssen.

Steine, Kiesel, Sand. Wenn Sie den Sand zuerst in ihr Lebensglas füllen, bleibt kein Raum mehr für die Kiesel. Und schon gar nicht für die Steine. So ist es auch in Ihrem Leben: Wenn Sie all Ihre Energie für die kleinen Dinge aufgebraucht haben, ist keine Kraft mehr da für die großen, wichtigen. Wenn Sie Ihre ganze Zeit mit Kleinkram ausgefüllt haben, haben Sie keine Zeit mehr für das, worauf es wirklich ankommt.

Und das ist gemeint: Wenn Ihr Lebensglas voll Sand ist, alles randvoll mit Kleinkram, dann haben Sie wirklich keine Zeit und Kraft mehr für die entscheidenden Dinge: Sie lesen ein gutes Buch, putzen die Fenster oder schrauben an Ihrem Auto und denken: ‚Eigentlich könnte ich ja, vielleicht sollte ich mal wieder…' Achten Sie also auf das, was Sie tun. Achten Sie auf Dinge, die wirklich wichtig sind. Spielen Sie mit Ihren Kindern, gehen Sie mit Ihrem Partner aus, nehmen sie sich Zeit, Ihren Glauben zu leben."

Dank

Kollegen und Patienten danke ich für Erkenntnisse und Erfahrungen, die sie mir vermittelt haben. Weiterführende Informationen über die Positive Psychotherapie und deren Systematik kann der interessierte Leser zudem aus den Büchern im Literaturverzeichnis entnehmen.

Für die Schriftarbeit danke ich meiner Sekretärin Frau Jutta Alliger. Frau Dipl.-Psych. Kerstin Weiland. Herrn Stud. Prof. A. Kärcher danke ich für die Durchsicht des Manuskriptes. Meinen Söhnen Dr. med. Hamid Peseschkian und Dr. med. Nawid Peseschkian bin ich für viele Anregungen sehr verbunden. Meine Frau Manije, Familientherapeutin und Mitarbeiterin, hat mich selbst und meine Arbeit an diesem Buch in vielfältiger Weise unterstützt. Mein besonderer Dank gilt dem Herder Verlag: Frau Dr. Karin Walter für ihre wertvollen Anregungen und Unterstützungen.

Literatur

Battegay, R.: Süchtigkeit, Sucht und Sehnsucht. Zeitschrift für Positive Psychotherapie, Wiesbaden, Heft 14, 13. Jg., Sept. 1992, 6–37.

Battegay, R. Die Gruppe als Schicksal, Gruppenpsychotherapeutische Theorie und Praxis, Göttingen 2000.

Bahá'u'lláh, Ährenlese, Hofheim-Langenhain 2002.

Benedetti, G.: Die umweltbedingten Depressionen. Zeitschrift für Positive Psychotherapie, Wiesbaden, 6, 1984, 8–35.

Goddenthow, D.W. (Hrsg.): Solange ich hoffe, lebe ich, München 1997.

Gerhardt, G./Kaufmann, B.: Psychosomatische Grundversorgung – Chance des niedergelassenen Arztes. Zeitschrift Forum Medizin-Psychosomatik, Psychosomatik-Medica '90, S. 5–9.

Jork, K./Peseschkian, N. (Hrsg.): Salutogenese und Positive Psychotherapie – Gesund werden und Gesundbleiben, Bern 2003.

Kornbichler, Th./Peseschkian, M./Peseschkian, N.: Morgenland und Abendland – Positive Psychotherapie im Dialog der Kulturen, Frankfurt am Main 2003.

Liebe, H./v. Pein, A.: Der kranke Gesunde. Psychosomatik für Betroffene. Verstehen und Heilen psychosomatischer Erkrankungen, Stuttgart 2001.

Loew, Th.: Wenn die Seele den Körper leiden lässt, Stuttgart 1998.

Peseschkian, H.: Die russische Seele im Spiegel der Psychotherapie – Ein Beitrag zur Entwicklung einer transkulturellen Psychotherapie, Berlin 2002.

Peseschkian, N.: Der nackte Kaiser oder: Wie man die Seele der Kinder und Jugendlichen versteht und heilt, Frankfurt am Main 2002.

Peseschkian, N.: Klug ist jeder. Der eine vorher, der andere nachher, Freiburg i. Br. 2003.

Peseschkian, N./Boessmann, U.: Angst und Depression im Alltag, Frankfurt am Main 5. Aufl. 2002.

Peseschkian, N.: Psychotherapie des Alltagslebens, 11. Aufl. Frankfurt am Main 2002.

Peseschkian, N.: Der Kaufmann und der Papagei, 26. Aufl. Frankfurt am Main 2002.

Peseschkian, N.: Das Geheimnis des Samenkorns – Positive Stressbewältigung, 2. Aufl. Frankfurt am Main 2002.

Peseschkian, N.: Wenn du willst, was du noch nie gehabt hast, dann tu, was du noch nie getan hast, 6. Aufl. Freiburg i. Br. 2003

Peseschkian, N./Peseschkian, N.: Erschöpfung und Überlastung positiv bewältigen, Stuttgart 2003.

Rabbani, R.: Dein Leben – Deine Wahl, Hofheim-Langenhain 1975.

Reichmayr, J.: Einführung in die Ethno-Psychoanalyse. Geschichte, Theorien und Methoden, Frankfurt am Main 1995.

Klug ist jeder. Der eine vorher, der andere nachher.

Geschichten und Lebensweisheiten

Inhalt

Zur Einstimmung: Wer ist klug, wer ist weise?

Klugheit	**Weisheit**
Klugheit ist die Fähigkeit, sich ständig zu informieren und weiterzubilden	Weisheit ist Fähigkeit, sich nicht über alle Dinge zu informieren
Prinzipien und Regeln sind wichtig	Mitmenschen sind wichtig
Fähigkeit, Wissen entweder sofort weiterzugeben oder auch für sich zu behalten	Fähigkeit zu erkennen, wann man etwas sagt, wo man etwas sagt, wie viel man sagt und wozu man etwas sagt
Ausdauer in der Leistung	Geduld anderen und sich selbst gegenüber
Ausbildung	Bildung
Beruf spielt die zentrale Rolle	Mitmenschen spielen die zentrale Rolle
lebenstüchtig	lebensfähig
bedingtes Schicksal	bestimmtes Schicksal
Wissenschaft	Ethik, Moral, Weltanschauung, Religion
Reichtum	Reife
materielle Zivilisation	geistige Zivilisation
Verdrängung des Todes	Tod als Teil des Lebens

Lebensklugheit bedeutet,
alle Dinge möglichst wichtig,
aber keines völlig ernst zu nehmen.
(Arthur Schnitzler)

Aus Erfahrung wird man klug.
Aber nicht jede Erfahrung muss man selber machen …

Einleitung

Ein kluger Mensch sollte zweimal auf die
Welt kommen: einmal um Erfahrungen zu sammeln,
beim zweiten Mal, um diese anzuwenden.

Zwischen Vordenken und Nachdenken unterscheiden lernen

Auf dem Bauernhof wurde der Tisch gedeckt. Als die Bäuerin ins Haus ging, um noch etwas zu holen, holte sich die Krähe ein Stückchen Käse und flog fort. Auf dem Ast eines Nussbaumes machte sie es sich bequem und wollte ungestört den Käse herunterschlingen. Da kam der hungrige Fuchs vorbei und sah die Krähe. Angezogen vom Geruch des Käses sagte er freundlich: „Liebe Frau Krähe, Sie, die Königin der Vogelwelt mit Ihren glänzenden Federn, Ihrem entzückenden Schnabel und Ihren schwarzen Perlaugen sind wie ein Gedicht. Ich bin davon überzeugt, dass Ihre Stimme genauso lieblich ist wie Ihre äußere Erscheinung."

Die Krähe fühlte sich sehr geschmeichelt, machte den Schnabel auf, um zu singen. So fiel der Käse in den Rachen des Fuchses.

Der Fuchs lachte, lief freudig weg und sagte: „Du hast nicht verstanden, was ich dir gesagt habe. Ich habe über deine Schönheit gesprochen, aber nicht über deine Klugheit."

Diese jahrhundertealte Geschichte wird in verschiedenen Kulturen unterschiedlich dargestellt und interpretiert mit dem Ziel, die Fähigkeit zu Weisheit, Klugheit und Reife durch Unterscheidung zu fördern.

Das entscheidende Kennzeichen dieser veränderten und neuen Haltung des Menschen ist es, dass alle wesentlichen Unterscheidungen, unter denen der Mensch leidet wie:

Einzigartigkeit – Gleichheit

Gerechtigkeit – Liebe
Identifikation – Projektion

Wissen – Glauben
Materie – Geist
Angeboren – Erworben
Mensch – Tier
Bewusstes – Unbewusstes
Bestimmtes – Bedingtes Schicksal

Tod – Einstellung zum Tod
Glaube – Religion – Kirche

Erkenntnisfähigkeit – Liebesfähigkeit
Bildung – Ausbildung
Primäre – Sekundäre Fähigkeiten
Entwicklung – Fixierung
Glück – Unglück
Mann – Frau
Leben – Tod
Liebe – Hass
Individuum – Gemeinschaft
Sex – Sexualität – Liebe
Weiß – Schwarz

sich in seinem Inneren wie auch in der Welt durch ein verändertes und erweitertes Bewusstsein lösen. Sie stehen sich nicht mehr als unvereinbar gegenüber, sondern als verschieden im Sinne einer Einheit in der Mannigfaltigkeit.

Die Fähigkeit, zu unterscheiden

Allen unseren körperlichen, seelischen und sozialen Funktionen liegt die Fähigkeit zur Differenzierung bzw. Unterscheidung zugrunde. Der therapeutische Eingriff, gleichgültig, welche Methoden im Einzelnen angewandt werden, ist letztlich der Versuch, dem Betroffenen eine verfeinerte, situationsangemessene Unterscheidung zu ermöglichen. Sie gestattet es ihm, sich den Anforderungen einer Situation im Rahmen seiner Zielvorstellung angemessen zu verhalten.

Die Positive Psychotherapie hinterfragt gerade die Bezugssysteme des alltäglichen Verhaltens. „Positiv" meint entsprechend seinem ursprünglichen Wortsinn (lat.: positum) das Tatsächliche, das Vorgegebene. Tatsächlich und vorgegeben sind nicht notwendigerweise die Konflikte und Störungen, sondern auch die Fähigkeiten, die jeder Mensch mit sich bringt. Das heißt nicht, alles mit einem positiven Vorzeichen zu versehen. Die Positive Psychotherapie versucht, zwischen dem kritischen Verhalten und den Fähigkeiten zu differenzieren. Erst dieses Vorgehen erlaubt es, konfliktarme oder stabile Verhaltensanteile von den Symptomen zu trennen. Es befähigt den Betroffenen und seine Umgebung, besser mit bestehenden Problemen umzugehen.

Die Bedeutung der Zeit

Der Mensch unterscheidet sich vom Tier durch das Bewusstsein, die Fähigkeit, über die zeitlichen Kategorien „Vergangenheit", „Gegenwart" und „Zukunft" zu verfügen und sie voneinander zu unterscheiden. Die Schärfe, mit der sich ein Mensch der Kategorien der Zeit besinnt und sich ihrer zu bedienen versteht, charakterisiert seine Befähigung, die Anforderungen des Lebens zu bewältigen.

Schon der Höhlenbewohner der Frühzeit war auf Zeitsinn angewiesen, um die Herrschaft über die ihm physisch überlegenen Tiere zu erlangen. Und in eben dieser Fähigkeit, künftige Bedürfnisse ins Auge zu fassen und in der Gegenwart auf die Erfahrungen der Vergangenheit zurückzugreifen, um den Forderungen der Zukunft zu begegnen, liegt der Erfolg des Menschen im Kampf ums Dasein begründet. Sie hat ihm nicht nur die endgültige Herrschaft über die Rivalen aus dem Tierreich gesichert. Sie ermöglichte den Menschen, die Welt zu beherrschen und deren Schätze für seine Bedürfnisse auszubeuten.

Anders als das Tier kann der Mensch auf eigene lebensgeschichtliche Erfahrungen und die anderer Menschen vor ihm bewusst zurückgreifen. Er hat die Chance, sich auf der geschichtlichen Ebene weiterzuentwickeln, indem er auf den Erfahrungen der kollektiven Vergangenheit aufbaut.

Die Bedeutung kleiner Konflikte

Wir haben uns daran gewöhnt, zwischenmenschliche Konflikte für etwas Selbstverständliches zu nehmen, um das wir uns nur dann kümmern, wenn es ein bestimmtes Maß überschritten hat. Was unter diesem Maß liegt, gehört zum Leben dazu, so meinen wir. Mit dieser Auffassung berücksichtigen wir nur die Spitze des Eisberges, die es, um bei dem Bild zu bleiben, gar nicht geben würde, wenn nicht so viel Eis unter dem Wasser triebe. Auf unsere Konflikte übertragen heißt das: Was uns kränkt, worüber wir uns ärgern, was Schuldgefühle und Angst verursacht, liegt in scheinbar kleineren Konflikten begründet, die wir zunächst kaum wahrnehmen. Doch sie sind es, die uns auf den großen, den zerstörerischen, kränkenden Konflikt vorbereiten, der unser Erleben und Verhalten beeinträchtigt.

Kränkung macht krank und Krankheit kränkt

Hinter den Symptomen und Konflikten von Patienten und Klienten habe ich die inhaltlichen Bedingungen dieser Konflikte zu erfassen versucht. Dies führte dazu, die Aktualfähigkeiten zusammenzustellen. Zunächst war mir die psychotherapeutische Bedeutung von Höflichkeit und Ehrlichkeit aufgefallen. Diese zwei Verhaltensmodi boten eine Leitlinie für die Ergänzung des Inventars der Aktualfähigkeiten.

Die Bedeutung von Aktualfähigkeiten

Damit wir in die Lage versetzt werden, Konflikte und ihre Hintergründe zu identifizieren, wollen wir eine Auswahl zusammengetragener kleiner Problemsituationen darstellen. Mit ihnen schlagen wir uns jeden Tag herum, vom Aufstehen bis zum Einschlafen. Mit ihnen haben wir ständig zu tun.

Die Aktualfähigkeiten spielen in unserem Familien- und Berufsleben eine hervorragende Rolle. Unsere heutige Zivilisation basiert auf typischen Erscheinungsformen. Bemerkenswert ist, das nahezu jeder mit den Aktualfähigkeiten umgeht, ohne das ihm in allen Fällen bewusst wäre, was sie bedeuten. Selbst in den bekanntesten Wörterbüchern und Enzyklopädien werden sie nur stiefmütterlich behandelt.

Die Fähigkeit zur Freiheit

Das Verhalten von Tieren ist hauptsächlich von Instinkten gesteuert. Der Mensch hingegen wird sozialisiert, lernt soziales Verhalten und hat damit einen Freiheitsspielraum. Seine Fähigkeiten können durch die Umwelt entwickelt werden; zu ihnen gehören die Eigenschaften und Eigenarten eines Menschen. Inhaltlich aufgeschlüsselt, handelt es sich vor allem um die primären und sekundären Fähigkeiten.
Das Tier zeigt wohl ein gewisses Sauberkeits-, Sparsamkeits-, Ordnungs- und Fleißverhalten. Diese Fähigkeiten sind instinktiver Art. Sie sind angeboren und weitgehend unveränderlich. Der Mensch als soziales Wesen besitzt prinzipiell die Möglichkeit zu den einzelnen Aktualfähigkeiten. Diese werden aber erst im Laufe der Sozialisation durch Lernerfahrungen entwickelt, ergänzt, entfaltet und verfeinert. Die Bedeutung der primären und sekundären Fähigkeiten für die sozialen Beziehungen zeigt einen grundsätzlichen Unterschied zwischen Mensch und Tier.

Die Bedeutung von Sozialisationsnormen (Aktualfähigkeiten) im Alltagsleben

Da die Aktualfähigkeiten in ihrer psychosozialen Bedeutung meist nur randständig berücksichtigt werden, haben wir sie unter dem psychotherapeutischen Gesichtspunkt zusammengestellt. Um die Aktualfähigkeiten zu operationalisieren, das heißt, aus ihrer abstrakten Begrifflichkeit in konkrete Fragestellungen und Situationen überführen zu können, geben wir nach Definition und kurzer Skizze wesentlicher Entwicklungsmerkmale Beispiele, wie man nach den jeweiligen Aktualfähigkeiten fragt.

Der praktische Umgang mit Aktualfähigkeiten

Bei diesen Fragen berücksichtigen wir vor allem das praktische Vorgehen in einem gelockerten Interview. Sie sind gewissermaßen Beispiele und Schlüsselfragen, an die sich andere, spezifischere Fragen anschließen können. Die Synonyme und Störungen sollten es dem Leser erleichtern, sich unter den Aktualfähigkeiten die entsprechende Situationen aus dem täglichen Leben vorzustellen und eine Übertragung auf entsprechende, jedoch hier nicht ausgeführte Situationen ermöglichen.

Die Aneignungen zum Dialog fassen Konfliktlösungsstrategien stichwortartig zusammen – nicht als Kochrezept, sondern als Anstoß für weitere eigene Überlegungen.

Der Sinn von Lebensweisheiten

Wozu Geschichten, Lebensweisheiten und Sprichwörter?

Zum einen wird durch diese Bildsprache der Bereich der Phantasie und Intuition angesprochen und auch die Ressourcen der rechten Hirnhälfte mobilisiert, zum anderen wird die direkte verbale Konfrontation mit einem Problem und damit die Bildung von Widerständen vermieden. Beides zusammen öffnet das Tor zur Phantasie und bewirkt einen Standortwechsel, wo Probleme in einem anderen Licht erscheinen.

Mit der Geschichte und Lebensweisheit deutet der Therapeut nicht im Sinne einer vorgegebenen Theorie, sondern bietet dem Klienten ein Gegenkonzept an, was er annehmen oder ablehnen kann.

In der psychotherapeutischen Situation werden die Gegenkonzepte als Verschreibungen angeboten. Dem Klienten wird die Aufgabe gestellt, sich mit dem Gegenkonzept zu beschäftigen. Dies kann bedeuten: eine Geschichte oder Lebensweisheit zu lesen, über sie nachzudenken, über sie zu sprechen oder niederzuschreiben, wie man sie versteht.

Ein weiteres Anliegen ist es, die Weisheiten und intuitiven Gedanken des Orients mit den neuen psychotherapeutischen Erkenntnissen des Okzidents zu vereinen. Nicht nur die Grundsätze der großen Religionen, sondern auch die Weisheiten orientalischer und westlicher Philosophen und Wissenschaftler werden im Licht der modernen Psychotherapie betrachtet.

Während dieses Buch auf die Spielformen des Alltagsleben eingeht, gehen meine früheren Bücher (erschienen im Verlag Herder, im Fischer Verlag als Taschenbücher und im Thieme Verlag) vorrangig auf psychotherapeutische Fragestellungen und Selbsthilfe ein, so dass letztlich ein Buch das andere ergänzt. Daher werden an manchen Stellen bestimmte Konzepte zur Verdeutlichung dieses Buches aus meinen früheren Veröffentlichungen einbezogen.

Der Weise trägt sein Glück bei sich.

❖

Der Weise tut das am Anfang, was der Narr am Ende tut.

❖

Besser mit Schaden als mit Schande klug werden.

❖

Öffne nicht die Knoten mit den Zähnen,
was du mit den Fingern schaffst.
Sei nicht so süß, dass man dich auffrisst.
Und sei nicht so bitter, dass man dich ausspuckt.

❖

Ich klage nicht über das Leid, das mir Fremde antun,
sondern über das Leid, das mir Freunde zufügen.

Eigene Erfahrungen sind teuer –
fremde Erfahrungen sind kostbar.

Das Geheimnis des Marionettenspiels

Im Zelt eines Marionettenspielers stand dicht gedrängt eine Menschenmenge, die lauthals lachend dem Spiel der Marionetten folgte. Ganz hinten stand ein Vater mit seinem Sohn. Während der Vater auf den Zehenspitzen stehend die Szene gerade noch sehen konnte, reichte der Sohn mit seinem Kopf nur bis zur Hüftschärpe der Umstehenden. Er reckte sich den Hals aus und weinte schließlich, bis ihn der Vater auf die Schultern nahm. War das ein Vergnügen! Hoch oben über alle Turbane hinweg sah nun der Junge das lustige Spiel der Puppen. Er weinte nicht mehr, sondern jauchzte, hüpfte auf den Schultern des Vaters, als wäre er ein Reiter und der Vater das Pferd. Begeistert trommelte er mit seinen Fäusten auf den Kopf des Vaters, trampelte mit seinen Füßen gegen dessen Brust und vergaß völlig, dass er auf seinem Vater saß. Plötzlich merkte er eine Hand auf seiner Schulter. Erschreckt drehte er sich um und sah einen weißbärtigen, gütig blickenden Derwisch. „Mein Sohn," sprach dieser, „du amüsierst dich sehr gut, du siehst das Marionettentheater besser als viele andere im Zelt. Doch denke daran, wenn dein Vater sich nicht die Mühe gemacht hätte, dich auf seine Schultern zu laden, stündest du noch unten, im Schatten der anderen. Vergiss also nicht, auf wessen Schultern du sitzt. Du solltest dich freuen und glücklich sein. Du solltest aber auch die anderen, auf deren Schultern du glücklich bist, nicht vergessen."

Die Entwicklung der Positiven Psychotherapie

Eine wichtige Motivation für meinen Ansatz mag gewesen sein, dass ich mich in einer transkulturellen Situation befinde. Als Perser (Iraner) lebe ich seit 1954 in Europa. In dieser Situation wurde ich darauf aufmerksam, dass viele Verhaltensweisen, Gewohnheiten und Einstellungen in den verschiedenen Kulturkreisen häufig unterschiedlich bewertet werden. Höflichkeit im Iran beispielsweise stellt sich anders dar als in Deutschland. Dies bedeutet nicht, dass der Deutsche oder der Iraner deswegen unhöflicher wäre, sondern lediglich, dass beide Kulturkreise eigene Vorstellungen von Höflichkeit haben. In ähnlicher Weise besteht auch für die anderen gängigen psychosozialen Normen eine kulturabhängig Relativität.

In Deutschland gilt das Motto: Was auf den Tisch kommt, wird gegessen. Der Höflichkeitsrest, den man früher zurückgehen ließ, als unpassend, unzeitgemäß. Als höflich wird es hier von vielen angesehen, wenn man der Hausfrau, womöglich der Küche, stillschweigend dadurch ein Kompliment macht, dass man nichts zurücklassen möchte.

Eine deutsche Frau, die im Iran zu Besuch war, wurde krank. Sie litt unter Verdauungsstörungen und klagte: „Ich kann kein Essen mehr sehen. Seit einer Woche bin ich hier. Fast jeden Tag war ich bei einer anderen Familie zu Gast. Meine Gastgeber waren sehr lieb und verwöhnten mich, wo sie nur konnten. Nur das mit dem Essen habe ich nicht verkraftet. Wenn ich meinen Teller leer gegessen hatte – das Essen schmeckte immer ausgezeichnet –, wurde sofort wieder nachgelegt. Um nicht unhöflich zu sein, habe ich auch das noch gegessen. Aber dann wurde wieder nachgelegt. Dies ging solange, bis mir fast schlecht wurde und ich aus reiner Selbsterhaltung keine Rücksicht mehr auf meine Gastgeber nehmen konnte und das Essen einfach stehen ließ. Ich hatte dabei aber ein schlechtes Gewissen, weil die Leute so nett und freundlich waren. Ich wollte nicht unhöflich sein."

Die Besucherin hätte kein schlechtes Gewissen zu haben brauchen, denn im Iran ist es beste Sitte, einen Teil des Essens als Zeichen dafür, dass man satt ist, stehen zu lassen.

Solche Erlebnisse lenkten meine Aufmerksamkeit auf die Bedeutung psychosozialer Normen für die Entstehung zwischenmenschlicher und innerseelischer Konflikte. Dabei fand ich sowohl bei orientalischen als auch bei europäischen und amerikanischen Patienten im Zusammenhang mit den bestehenden Symptomen Konflikte, die auf eine Reihe immer wiederkehrender Verhaltensweisen zurückgehen. Ich versuchte daher, diese Verhaltensnormen zu sichten und einen Überblick über derartige Phänomene zu erhalten. Eng zusammengehörende Begriffe wurden zusammengefasst und schließlich ein Inventar erstellt, mit dessen Hilfe sich die inhaltlichen Komponenten der zentralen Konfliktbereiche beschreiben lassen. Was sich auf dem erzieherischen und psychotherapeutischen Sektor als Konfliktpotential und Entwicklungsdimension darstellte, fand sich im Bereich der Moral und der Religion im normativen Sinn als Tugend wieder.

Aus den psychotherapeutisch relevanten Verhaltens- und Einstellungsnormen entwickelte sich das Differenzierungsanalytische Inventar (DAI) als relativ umfassendes Kategoriensystem. Die darin enthaltenen Verhaltensnormen nannte ich *Aktualfähigkeiten,* ein Begriff, den ich deshalb für notwendig halte, weil diese Normen als Fähigkeiten in der Entwicklung des Menschen vorgegeben sind; sie sind Entwicklungsdimensionen, deren Ausprägung durch günstige oder hemmende Umwelteinflüsse gefördert oder unterdrückt wird. *Aktual*fähigkeiten deshalb, weil sie im täglichen Leben auf die verschiedenste Weise fortwährend aktuell angesprochen werden. Mir stellten sich im Zusammenhang mit den psychosozialen Normen folgende Fragen:

Wodurch kommt es zu Konflikten? Wie lassen sich diese Konflikte angemessen beschreiben? Was steht hinter den Symptomen der psychischen und psychosomatischen Störungen und den Einschränkungen in den zwischenmenschlichen

Beziehungen, und wie können diese Störungen angemessen behandelt werden?

Was heißt „Positive Psychotherapie?"

Der Begriff „positiv" wird üblicherweise als moralische Kategorie verwendet. Allerdings, was „positiv" als Werturteil auch immer sein mag, es hängt von dem Bezugssystem ab, das erst den Maßstab für gut und böse liefert.

Die Positive Psychotherapie hinterfragt gerade diese Bezugssysteme. „Positiv" bedeutet hier etwas Weiteres. Es meint entsprechend seinem ursprünglichen Wortsinn (lat.: positum) das Tatsächliche, das Vorgegebene. Tatsächlich und vorgegeben sind nicht notwendigerweise die Konflikte und Störungen, sondern auch die Fähigkeiten, die jeder Mensch mit sich bringt. Das heißt nicht, alles mit einem positiven Vorzeichen zu versehen. Die Positive Psychotherapie versucht, zwischen dem kritischen Verhalten und den Fähigkeiten zu differenzieren. Erst dieses Vorgehen erlaubt es, konfliktarme oder stabile Verhaltensanteile von dem Symptom zu trennen. Es bereitet den Patienten und seine Umgebung darauf vor, besser mit bestehenden Problemen umzugehen.

Allen unseren körperlichen, seelischen und sozialen Funktionen liegt die Fähigkeit zur Differenzierung zugrunde. Der therapeutische Eingriff, gleichgültig, welche Methoden im Einzelnen angewandt werden, ist letztlich der Versuch, dem Betroffenen eine verfeinerte, situationsangemessene Unterscheidung zu ermöglichen. Sie gestattet es ihm, sich den Anforderungen einer Situation im Rahmen seiner Zielvorstellung angemessen zu verhalten.

Nach traditioneller Auffassung steht zwischen Therapeut und Patient die Krankheit:

Therapeut	Krankheiten – Symptome	Patient

Traditionelles Vorgehen

Sobald wir uns nicht mehr mit der Krankheit beschäftigen, sondern auch die regenerativen Fähigkeiten der Patienten berücksichtigen, erhält die Beziehung zwischen Therapeut und Patient eine neue Qualität:

Therapeut	Fähigkeit Krankheiten – Symptome	Patient

Positives Vorgehen bedeutet, uns und andere Menschen so zu akzeptieren, wie wir/sie gegenwärtig sind. Wir müssen in uns und in ihnen aber auch sehen, was wir bzw. sie werden können. Und so geht es zunächst darum, die Menschen in ihren Störungen und Krankheiten anzunehmen, um dann mit den noch unbekannten, verborgenen und durch die Krankheit verschütteten Fähigkeiten in Kontakt zu kommen.

Die sozialen Beziehungen geraten im Laufe der körperlich-seelischen Reifung immer mehr in den Vordergrund. Entsprechend nimmt auch die psychische und psychosoziale Differenzierung ihren hervorragenden Platz ein. Im psychosozialen Bereich sind im Wesentlichen zwei grundsätzliche Differenzierungsmöglichkeiten zu unterscheiden: die emotionale Differenzierung und die Differenzierung des Wahrnehmens, Wissens und der Leistungsfähigkeit. Das Kind lernt, was angenehm und unangenehm ist, und lernt damit, auch die Eigenschaften und Kennzeichen seiner Umwelt zu unterscheiden:

Wenn ein kleines Kind zum Beispiel lernt, was ein Tisch ist, muss es verschiedene Eigenschaften seiner Umwelt unterscheiden. Eine Hilfe bietet ihm alles, was es wiedererkennen kann. So treffen Eigenschaften in bestimmter Weise immer wieder zusammen. Alles, was vier Beine und darüber eine Platte hat, wird als Tisch erkannt – mögen diese Gegenstände in der Puppenstube stehen oder in der Küche. Hat ein Kind in dieser Weise differenziert und wieder integriert, kann es Tische, die es zuvor noch nie gesehen hat, von allem anderen unterscheiden, was nicht Tisch ist. Diese Unterscheidung gelingt schließlich auch dann, wenn diese „Nicht-Tisch-Gegenstände" Eigenschaften des Tisches aufweisen wie zum Beispiel ein Stuhl. Dieses Vorgehen reduziert die auf den Menschen einstürzende Komplexität, und so kann er besser mit ihr umgehen. Nahezu jedes begriffliche Lernen basiert auf Unterscheidung bzw. Differenzierung und Integration. So lernt ein Kind Schritt für Schritt, was ein Tisch oder ein Ofen ist und wann man den Ofen anfassen kann und wann nicht. Es liegt nahe anzunehmen, dass die Erlebnisqualitäten aus der Zeit der Kindheit den Bezugsrahmen für die Erlebnisse späterer Zeit abgeben: Das Kind lernt, sein soziales Verhalten zu differenzieren und zu unterscheiden, was es tun kann und was nicht. Darauf basiert auch Erziehung. Die Kommunikation zwischen Eltern und Kind beschränkt sich über große Teile hinweg auf Informationen wie:

Lass das; das ist schmutzig; sei still; fass das nicht an; es ist noch nicht Zeit zum Essen; du bist alt genug, dass du nicht mehr in die Hose machst; ich hätte von dir mehr erwartet; geh zum Vater; bleib, bis ich komme; komm nicht zu spät nach Hause; das hast du gut gemacht; was habe ich für ein kluges und braves Kind: wenn du mir hilfst, gehen wir zusammen in die Stadt; räum das auf; wasch dir die Hände vor dem Essen: die Ärmchen gehören nicht auf den Tisch; mit vollem Munde spricht man nicht; gib nicht so viel Geld aus usw.

Man kann sich gut vorstellen, wie solche Aufforderungen, Belobigungen, Mahnungen und Beschimpfungen die Atmosphäre in der Erziehung bestimmen. Das Kind erfährt, was wünschenswert ist und was es tun kann und tun muss, um die Zuwendung der Bezugspersonen zu erlangen. Dieser Differenzierungsprozess, der die Sozialisation kennzeichnet, hat während des ganzen Lebens Bedeutung und wird unter gewissen Bedingungen zur Grundlage von Konflikten.

Differenzierung wird aber auch unter einem anderen Gesichtspunkt bedeutsam. Dann nämlich, wenn es zu Problemen und Konflikten gekommen ist und bisher für selbstverständlich gehaltene Einstellungen und Verhaltensweisen in Frage gestellt werden. Hier spielen zu einem wesentlichen Teil die in der Vergangenheit gelernten Unterscheidungen eine Rolle, die vielleicht für die Situation nicht ausreichen.

Es kann also zu einem Konflikt kommen, wenn die gelernten Unterscheidungen den Anforderungen der Gegenwart oder der Zukunft nicht mehr entsprechen:

Ein junger Student, dem bisher von der Mutter des Zimmer aufgeräumt wurde, dessen Finanzangelegenheiten von ihr erledigt wurden, hatte überhaupt nicht gelernt, seinen Alltag zu organisieren. Er geriet in große Schwierigkeiten, als er plötzlich eine eigene Wohnung hatte und von seiner Umgebung verlangte, dass sie sich genauso verhalten müsse, wie es seine Mutter getan hatte.

Jede unserer Handlungen beinhaltet unterschiedliche Grade der Differenzierung, die von einer äußerst feinen Gliederung bis hin zur Generalisierung reichen kann:

Wenn wir zum Beispiel eine Überweisung ausfüllen, haben wir es bereits mit einer gewissen Differenzierung des Handlungsablaufes und Gliederung der Situation zu tun: Zunächst einmal muss ich einen Vordruck haben und einen Kugelschreiber. Wenn ich nicht weiß, wohin ich ihn gelegt habe, brauche ich erst Zeit, um ihn zu suchen. Ich muss in der Lage sein, auszurechnen, wie viel Geld ich auf dem Konto haben muss, um die Summe zu decken, die ich überweisen möchte. Ich muss wissen, wie ich das Formular ausfüllen muss. Ich muss lesbar schreiben, meine Kontonummer kennen, die richtige Bank aufsuchen. Eine Reihe von Funktionen laufen ab, die zum Teil wie die Glieder einer Kette ineinander greifen. Bereits die Störung einer einzigen dieser Funktionen kann den gesamten Handlungsablauf beeinflussen und zu Konsequenzen führen, die in Hinblick auf die Ursachen unangemessen scheinen: Bei einer Überziehung des Kontos können finanzielle Nachteile durch hohe Überziehungskredite entstehen, wenn eine Angabe fehlt, wird die Summe nicht überwiesen und ich muss Mahngebühren zahlen usw.

Allen diesen Funktionen liegt die Fähigkeit zur Differenzierung zugrunde. Ihren Grad der Differenzierung erhalten sie durch Lernerfahrungen. Der therapeutische Eingriff, gleichgültig welche Methode im Einzelnen angewandt wird, ist letztlich der Versuch, dem Betroffenen eine verfeinerte, situationsangemessene Unterscheidung zu ermöglichen, die es ihm gestattet, sich den Anforderungen einer Situation im Rahmen seiner Zielvorstellungen angemessen zu verhalten. Nicht zuletzt darauf weist der Begriff „Differenzierungsanalyse" der Positiven Psychotherapie hin.

Ich kann nicht voraussehen,
aber ich kann zu etwas den Grund legen.
Denn die Zukunft baut man.
(Antoine de Saint Exupéry)

❖

Kennst du den Unterschied zwischen Schaffenden
und Genießenden? Genießende glauben,
dem Baum liege es an der Frucht, die Schaffenden wissen,
dass es ihm am Samen lag.
(Friedrich Nietzsche)

❖

Man soll den Wert des Menschen nicht nach den
großen Eigenschaften betrachten, die er hat,
sondern nach dem Gebrauch, den er von ihnen macht.
(François La Rochefoucauld)

❖

Im engen Kreis verenget sich der Sinn,
es wächst der Mensch mit seinen größeren Zwecken.
(Friedrich Schiller)

I.

Persönliche Konfliktbewältigungen

Sehr oft ist es nötiger,
sich selbst zu ändern, als die Szenen.

Erst einen Schacht haben und dann ein Minarett stehlen

Ein Mann hatte seit seinen Kindertagen das Minarett seiner Stadt bewundert. Als kleiner Junge schon war er fasziniert von der schönen schlanken Form des Bauwerks und der wunderbaren blauen Kuppel, die zu jeder Tageszeit in anderen Schattierungen leuchtete. Er stellte sich vor, wie schön es wäre, später einmal, wenn er groß wäre, dieses Minarett zu besteigen und es eines Tages ganz für sich allein zu haben. Diesen Traum träumte er viele Male, wenn er gedankenverloren auf die schöne Kuppel des Minaretts schaute, und es machte ihm gar nicht aus, dass er wusste, dass es noch größere und schönere Minarette in anderen Städten des Landes gab.

Eines Tages war der Plan in ihm gereift, das Minarett einfach zu stehlen. Da es nur ein kleines Minarett war, war dies auch gar nicht so schwierig. Doch dann stand er plötzlich vor dem Problem, wo er das Minarett verstecken sollte, damit wirklich nur er wusste, wo es war und es wirklich nur ihm ganz alleine gehörte. So viel er auch überlegte und nachdachte, es wollte ihm nicht schnell genug eine Lösung einfallen, wo man ein kleines Minarett verstecken könnte. Die Menschen in der Stadt würden sofort merken, dass das Minarett nicht mehr an seinem gewohnten Platz stand, er hatte nur wenige Stunden Zeit. So verflog die Freude sehr schnell, und er erkannte, dass man erst einen Schacht haben muss, ehe man ein Minarett stiehlt.

Die Fähigkeit, die Folgen einer Handlung in eigene Überlegungen einzubeziehen, auch wenn dies auf Kosten der Spontaneität geht, erweist sich oft als sehr nützlich. Im Grunde sollte dies in vielen Situationen des täglichen Lebens geschehen. So muss ich in meinem Beruf stets die Folgen einer Handlung oder Entscheidung in meine Überlegungen einbeziehen, um nicht hinterher in eine Situation permanenter Überlastung und unliebsamer Überraschungen zu geraten.

Eine 28-jährige Pädagogin berichtet von ihrer Erfahrung mit der Lebensweisheit „Lebensklug ist jeder – der eine vorher der andere nachher":

„Zunächst war ich sehr erleichtert. Nach dieser Phase ergriff mich jedoch sehr große Unruhe, Nervosität und mir war alles zuviel. Mit dem Gefühl ‚ich schaffe das alles nicht mehr' habe ich mich auf mein Sofa gelegt, und mir ging es zunehmend schlechter. Grippeähnliche Kälteschauer und Halsschmerzen kamen von einer Minute zur nächsten. Ich konnte geschwollene Lymphknoten am Hals ertasten und ging daraufhin schlafen. Als ich am nächsten Morgen um sieben Uhr ohne Wecker erwachte, fühlte ich mich sehr befreit und um einiges leichter. Ich ging den Tag gelassener an, war die ganze Zeit kaum müde, selbst zu den typisch ‚toten Punkten' des Tages.

Obwohl ich weiß, dass ich mir mit übertriebenen Leistungsansprüchen gesundheitlich sehr schade bzw. auf zuviel Stress mit überhöhter Müdigkeit, Rückenschmerzen und Kreislaufschwierigkeiten reagiere, schaffe ich es oft nicht, mich zurückzunehmen. Ich bin gedanklich viel mit meiner Arbeit und zukünftigen Vorhaben beschäftigt, es fällt mir schwer abzuschalten. Meistens habe ich keine Zeit für Dinge, die mir einfach nur Spaß machen und Freizeit steht ganz hinten an, wenn alles andere erledigt ist. Halte ich diese Reihenfolge nicht ein, habe ich ein schlechtes Gewissen. Wie sehr ich mir damit schade, ist mir zwar bewusst, trotzdem schaffe ich es häufig nicht, mich aus diesem ‚Strudel' zu befreien. Ich fühle mich auch nicht gut dabei, habe den Eindruck, ich hetze durch mein Leben, von einem Termin zum anderen. Neben Beruf und Haushalt lege ich natürlich Wert auf ein gepflegtes Äußeres und auf regelmäßige sportliche

Betätigung der Figur zu Liebe. Eine Verpflichtung wechselt die nächste ab und die verleibende freie Zeit kann ich nicht entsprechend nutzen.

Eigentlich weiß ich um mein Fehlverhalten, und ein Bandscheibenvorfall und eine Hepatitiserkrankung sind Ergebnis dieser falschen Lebensweise und zugleich ein Hinweis darauf, an meinen Einseitigkeiten etwas zu ändern.

Während einer Krankheitsphase traten anstelle von Arbeit und Leistung Kontakte, da ich mehr Zeit für Freunde und Eltern hatte. Einen Spaziergang im Park konnte ich bewusst genießen und alles ohne schlechtes Gewissen.

Mit dem festen Vorsatz, an diesen Erfahrungen anzuknüpfen, sie als feste Bestandteile in den normalen Alltag zu integrieren, wurde ich gesund.

Innerhalb weniger Wochen verfalle ich schleichend wieder in alte Verhaltsmuster und alles beginnt oder endet wie gehabt.

Inzwischen frage ich mich ernsthaft – ... der eine vorher, der andere nachher' – wie ist das mit mir: Weder vorher noch nachher klug? Der Gedanke ärgert mich sehr. Auf der Suche nach den Wurzeln solcher Unklugheit komme ich auf Vorbilder und Familienkonzepte.

Während es meinem Vater noch einigermaßen gelang, neben seinem Beruf für Ausgleich und Entspannung zu sorgen, war meine Mutter als primäre Bezugsperson immer am Arbeiten. Sah man sie nicht bei der Arbeit, so war sie krank. Phasen von Migräneanfällen oder Rückenschmerzen zwangen sie zu pausieren, wahrscheinlich wenn alles zu viel wurde. Die Beeinträchtigung durch die Symptome der Krankheit wurde von ihr sehr negativ gedeutet. Die Beschwerden sollten schnellstmöglich verschwinden, um wieder „fit zu sein" oder „dem Alltag gewachsen zu sein". In diesem Kreislauf wechselten sich Phasen der Arbeit und Krankheitszeiten ab, ein Leben, um zu arbeiten.

Ich denke zunehmend an dieses Problem und suche verzweifelt nach Kompromissen zwischen meinen gewohnten, sehr leistungsorientierten Ansprüchen und einer neuen ausgeglichenen Lebensweise. Ich mache jedoch immer mehr die Erfahrung, dass es keine Kompromisse gibt, sondern dass es darum geht, weitere Teile des erlernten Verhaltens zu verabschieden, „wie einen netten Gast zur Tür zu begleiten" (Peseschkian), um neuen Wegen eine Chance zu geben.

In diesem Zusammenhang finde ich die Spruchweisheit von Sokrates besonders zutreffend, weil sie ein gewisses Maß an Radikalität und Entschlossenheit fordert: ‚Wenn jemand Gesundheit sucht, frage ihn erst, ob er auch bereit ist, zukünftig alle Ursachen seiner Krankheit zu meiden, erst dann darfst du ihm helfen.'"

Der Mensch lebt keine hundert Jahre,
aber er macht sich Sorgen um tausend.

Das beste an der Zukunft ist,
dass wir immer nur einen Tag auf einmal
zu verkraften haben.
(Dean Acheson)

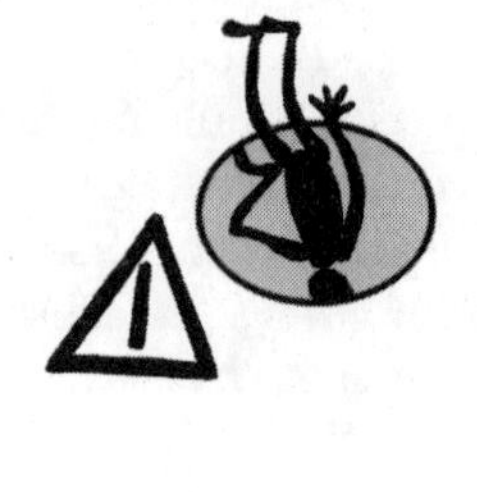

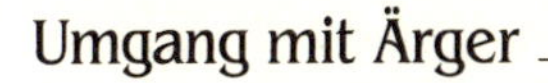

Umgang mit Ärger

Krankheit kränkt und Kränkung macht krank.

Das Passende Wort

Ein Herrscher aus alten Zeiten grübelte über die Fragen des Lebens nach. Weil ihn das Wesen von Gut und Böse beschäftigte, befahl er seinem Diener, die Organe zu bringen, die am besten, schönsten und wertvollsten seien. Der Diener brachte das Herz und die Zunge eines Tieres. Der Herrscher schaute sich die Organe an, dachte über den Sinn nach, den sie bedeuteten und schickte den Diener nun, die hässlichsten und schlechtesten Organe zu holen. Der ging und brachte wiederum ein Herz und eine Zunge. Erstaunt fragte der Herrscher seinen Diener: „Du bringst Herz und Zunge als die besten Organe, aber auch gleichzeitig als die schlechtesten, wie kommt das?" Der Diener antwortete bescheiden: „Wenn das, was ein Mensch fühlt und denkt, offen von Herzen kommt und die Zunge nur Wahres ehrlich sagt, sind Herz und Zunge die wertvollsten Organe. Der Mensch, dem sie gehören, fühlt sich gesund und glücklich. Wenn aber das Herz zu einer Mördergrube wurde, die Wünsche verleugnet, und die Zunge Unwahrheit und Falsches sagt, sind beide Organe die reine Strafe für den Menschen, dem sie gehören. Die Zwietracht, die er nach außen sät, erfüllt auch sein Inneres, und das Glück hat sich von ihm gewandt."

Auch bei Ärger nutzt der Umgang mit Lebensweisheiten. Ein 38-jähriger Therapeut teilt dazu Folgendes mit:

„Als ich den Satz ‚Lebensklug und weise ist jeder – der eine vorher, der andere nachher' überflogen habe, fiel mir das Motto ‚Erst aus Fehlern wird man klug – ein Fehler ist nicht genug' ein. Vermutlich kommt niemand weise auf die Welt, sonst gäbe es keine Entwicklung und kein Lernen. Eine salomonische Rechtssprechung gilt als weise, also sich und den anderen möglichst weitgehend gerecht zu werden. Ich bemerke, dass auch hier schnell wieder das Thema Gerechtigkeit bei mir auftaucht, im unmittelbaren Zusammenhang mit dem Oberthema Lebensglück. Zur Gerechtigkeit gehört die Liebe, denn Gerechtigkeit ohne Liebe wird immer nur zum Vergleich zwischen Unvergleichbarem führen. Zwei Menschen gleich behandeln heißt, einen ungerecht zu behandeln, das ist ein Gefühl, das ich als Kind und Jugendlicher immer wieder hatte angesichts der Haltung meiner Eltern mir und meinem Bruder gegenüber. Viele Jahre, ja über Jahrzehnte hinweg, was ein Hauptbewegungsgrund und ein wichtiges Ziel für mich, soziale Gerechtigkeit anzustreben. Wenn ich mich ungerecht behandelt fühlte, schluckte ich aufkommenden Ärger entweder herunter und fühlte nach einiger Zeit einen Kloß im Hals und einen Hustenreiz. Unabhängig davon, ob ich mich unterlegen oder einer Auseinandersetzung gewachsen fühlte, versteckte ich meinen Ärger oder machte mir selber vor, dass das weniger wichtig sei oder fing an zu kämpfen, meist verbal. Heute neige ich immer noch dazu, erst den Ärger zu spüren und zu warten, bis er kräftig genug ist, und mich erst dann zu wehren. Wahrscheinlich habe ich die Menschen in meiner nächsten Umgebung danach ausgesucht, denn sie verhalten sich in Konfliktsituationen meist ähnlich.

Während ich allerdings früher dazu neigte, Konflikte und Ärger sich sehr lange aufstauen zu lassen, ist mir das heute früher unangenehm und veranlasst mich dazu, mich eher abzugrenzen.

Sag nicht nein, bevor du gefragt wirst.

❖

Wir bekommen nicht immer, was wir wünschen,
aber wir bekommen immer das, was wir brauchen.
(Elisabeth Kübler-Ross)

❖

Unter denen, die ihr Leid in sich hineinfressen
sind viele Wiederkäuer.
(Bert Berkensträter)

Jeder Widerstand hat einen Sinn

Man muss gut überlegen, was man haben will. –
Es könnte passieren, dass man es bekommt.

Wer A sagt, muss auch B sagen

In einer Unterrichtsstunde, im Orient als Maktab bezeichnet, hatte der Lehrer mit einem Jungen große Probleme, von dem er verlangte: „Sag A" (persisch: Alef). Der Junge hob nur verneinend den Kopf und kniff die Lippen zusammen. Der Lehrer übte sich in Geduld und begann wiederum: „Du bist ein so netter Junge, sag doch A. Das tut doch nicht weh." Dafür empfing er bloß einen abweisenden Blick des Kindes. Schließlich, nach einigen Versuchen, riss dem Lehrer die Geduld. „Sag A!", schrie er, „sag A!" Die Antwort des Kindes war nur: „Mm-mm." Daraufhin ließ der Lehrer den Vater kommen. Zusammen beschworen sie den Kleinen, er sollte doch nur A sagen. Endlich gab der Junge nach und sagte zum Erstaunen klar und deutlich A. Der Lehrer, überrasche von diesem pädagogischen Erfolg rief: „Maschallah, wie herrlich! Nun sag auch mal B!" Da protestierte der Kleine heftig und schlug energisch mit seinen Fäustchen auf den Tisch: „Nun ist aber Schluss! Ich wusste ja, was auf mich zukommt, wenn ich bloß A sage. Dann wollt ihr, dass ich auch B sage, und dann muss ich noch das ganze Alphabet aufsagen, dann muss ich lesen lernen, schreiben lernen und rechnen lernen. Ich wusste schon, warum ich nicht A sagen wollte!"

Der Junge weiß, was er will. Da er die Folgen seiner Handlung übersieht, ist er den Erwachsenen überlegen.

Die Fähigkeit, die Folgen einer Handlung in die Überlegung einzubeziehen, auch wenn dies auf Kosten der Spontaneität geht, erweist sich oft als nützlich. Welche Folgen hat es für mich neben dem Genuss, wenn ich Alkohol trinke? Mit welchen Folgen muss ich rechnen, wenn ich mir neben meiner Frau noch eine Freundin nehme? Welche Folgen hat es, wenn ich übermäßig esse? Welche Folgen hat es, wenn ich mich für ein politisches oder religiöses Konzept entscheide? Auch die Medizin steht vor der Aufgabe, A zu sagen und entsprechend Konsequenzen zu ziehen. Eine solche Entscheidung gehen wir ein, wenn wir theoretische Konzepte übernehmen, etwa wenn wir eine Krankheit für angeboren halten. Wenn wir eine Depression oder Schizophrenie beispielsweise dem endogenen Formenkreis zurechen, bietet sich als geeignete Therapie die Behandlung mit Psychopharmaka an. Nehmen wir dagegen an, dass diese Krankheiten vorwiegend psychosozial bedingt sind und ihnen Beziehungsprobleme zugrunde liegen, erscheint eine Psychotherapie, Milieutherapie, Familientherapie usw. als Therapie der ersten Wahl.

Während Tieren die Regeln des sozialen Verhaltens quasi angeboren sind, ist die menschliche Gesellschaft darauf angewiesen, dass ihre Mitglieder soziale Regeln und Normen lernen und befolgen. Die Struktur der Aktualfähigkeiten und ihrer Bewertungen wird beim Menschen von Generation zu Generation als Inhalt der Tradition weitergegeben. Primäre und sekundäre Fähigkeiten sind Sozialisationsmuster und damit zugleich Inhalte zwischenmenschlicher Kommunikation und individuellen Erlebens.

Es ist niemals zu spät, um vernünftig und weise zu werden.
(Immanuel Kant)

❖

Die erhabene Wirklichkeit erlegt uns Hitze auf und Kälte,
Kummer und Schmerzen, Schrecken und materielle
wie körperliche Not – all das vereint, damit der Kern
unseres innersten Seins zum Vorschein komme.
(Rumi)

Den Standpunkt wechseln

Es kann uns niemand daran hindern,
über Nacht klüger zu werden.

Das Hemd des glücklichen Menschen

Ein Kalif lag sterbenskrank in seinen seidenen Kissen. Die Hakims, die Ärzte seines Landes, standen um ihn herum und waren sich einig, dass nur eines dem Kalifen Heilung und Rettung bringen kann: das Hemd eines glücklichen Menschen, das dem Kalifen unter den Kopf gelegt werden müsse. Boten schwärmten aus und suchten in jeder Stadt, in jedem Dorf und in jeder Hütte nach einem glücklichen Menschen. Doch alle, die sie nach ihrem Glück fragten, hatten nur Sorgen und Kummer. Endlich trafen die Boten, als sie ihre Hoffnung schon aufgeben wollten, einen Hirten, der lachend und singend seine Herde bewachte. Ob er glücklich sei? „Ich kann mir niemanden vorstellen, der glücklicher ist als ich", antwortete der Hirte lachend. „Dann gib uns dein Hemd", riefen die Boten. Der Hirte aber sagte: „Ich habe kein Hemd, alles, was ich habe, ist mein Leben." Die dürftige Botschaft, dass der einzige glückliche Mensch, den die Boten trafen, kein Hemd hatte, gab dem Kalifen Anlass nachzudenken. Drei Tage und Nächte ließ er niemanden zu sich kommen. Am vierten Tage schließlich ließ er die seidenen Kissen und seine Edelsteine unter das Volk verteilen, und wie die Legende erzählt, war der Kalif von diesem Zeitpunkt an wieder gesund und glücklich.

Die Ärzte dieser Geschichte wollen ein magisches Mittel benutzen, das Hemd eines glücklichen Menschen. Ironischerweise ist es nicht das Hemd eines Reichen, der es sich eigentlich leisten können müsste, glücklich zu sein. Die Geschichte hat den Charakter eines Lehrstücks und ist auffällig doppelsinnig: einmal wird der Arme, der diese Geschichte hört, als der eigentlich Reiche dargestellt. Zugleich besitzt sie beschwichtigenden Charakter: „Reg dich nicht über soziale Ungerechtigkeiten auf, denk lieber daran, dass du mit anderen Gütern gesegnet bist."

Dies lässt erkennen, dass die Tätigkeit des Arztes neben den heilenden auch ideologische Elemente besitzt. Seine Tätigkeit ist deswegen nicht schlecht oder verwerflich, aber es ist wichtig, dass er sich der weltanschaulichen, ideologischen Voraussetzungen bewusst wird und so Einseitigkeiten vermeidet.

Reichtum gewinnt häufig ein eigentümliches Eigenleben, sei es als Prestige, das er vermittelt, als Rollenverhalten, das er fordert, als Exklusivität, die er verleiht, oder als quasi calvinistische Ethik, nach der Reichtum gepflegt und in seiner Entwicklung gefördert werden muss wie ein Kind. Dabei bildet sich ein Bruch zwischen der Persönlichkeit des Menschen, seiner Emotionalität, Offenheit und Ansprechbarkeit und dem Charakterpanzer, der ihm seine gesellschaftliche oder ökonomische Stellung auferlegt.

Umgang mit Leuten macht klug.

Der ist ein kluger Mann,
der sich in Menschen schicken kann.

Wenn du deinen eigenen Wert kennst,
was musst du dich dann um Lob und Tadel anderer scheren?
(SANA'I)

So wie deine äußere Form deine Eigenschaften verbirgt,
so dämmen deine Eigenschaften dein innerstes Wesen ein.
Form und Eigenschaften sind Rahmen und Fenster
einer Leuchte, aus der das Licht der Wirklichkeit scheint.
(SANA'I)

Erfahrungen ernst nehmen

Zukunft, das ist die Zeit, in der du bereust,
was du heute tun kannst, und nicht getan hast.

Der Spatz und die Ameisen

Einst lebte eine große Vielfalt von Tieren in einem wunderschönen Wald, der von vielen bunten Wiesen umgeben war. Da war auch ein Spatz, der sein Nest in den Zweigen eines großen alten Baumes baute. Zu seinen Füßen, in den Wurzeln des Baumes, lebte ein Ameisenvolk. Von seiner luftigen Höhe aus betrachtete der Spatz das geschäftige Treiben des emsigen Volkes. Eines Tages fragte er die Ameisen, was sie eigentlich pausenlos arbeiteten. Die Ameisen antworteten: „Wir erfüllen mit unserer Arbeit nicht nur unsere Aufgabe hier im Wald, wir denken auch an die Zeit, die nach dem Sommer kommt." „Ach was", antwortete der Spatz, „was soll das!"

Der Sommer und der Herbst gingen dahin. Eine dicke Schneedecke bedeckte die Erde. Der Spatz saß einsam auf einem kahlen Zweig. Er fand kaum mehr etwas zum Fressen, und sein Nest in den kahlen Zweigen bot keinen Schutz mehr. Plötzlich erinnerte er sich an die emsigen Ameisen in ihrem Bau in der warmen Erde. Er flog hinunter, kratzte ein wenig im Schnee und fand den Ameisenbau. Hilfe suchend wandte er sich an die Ameisen. Die Ameisenkönigin antwortete ihm auf sein Rufen: „Im Sommer, als du nur deinem Vergnügen nachgegangen bist, hast du über uns gelacht. Was immer du tust, tue es klug und bedenke das Ende."

Wir stoßen immer wieder auf eigene Unvollkommenheiten. Zwischen Wunsch und Erfüllung besteht immer eine Kluft. Das gilt auch für die Partnerwahl. Und hier bekommt die Geschichte jenseits ihrer bekannten moralischen Wendung nochmals eine andere Bedeutung. Man trifft auch auf die

Schwächen des Partners: Er ist nicht so wie das Wunschbild, das man sich von ihm gemacht hat. Die Unerreichbarkeit des Ideals wird zur Quelle innerer Unruhe. So soll die Freundin oder der Freund nebenher bestätigen, dass man eigentlich gut genug für einen besseren Partner wäre. Dieser Vorgehensweise, die zunächst eine emotionale Entlastung bedeutet und keine Entscheidung erfordert, droht die Gefahr, Möglichkeiten und Chancen in der Zukunft zu verpassen.

So heiratet man nach mehrjährigem Zusammenleben den Partner, obwohl man noch nie ganz mit ihm zufrieden war, um den Risiken einer neuen Bekanntschaft und Partnerschaft aus dem Weg zu gehen. Diese Verhaltensweise lässt sich auch auf andere Beziehungsformen übertragen: Man trennt sich nicht von einem Mitarbeiter, der nicht zur vollen Zufriedenheit arbeitet, aus Angst vor dem, was danach kommt. Die Beispiele lassen sich beliebig fortsetzten: Man erweitert nicht seinen Bekanntenkreis, fährt immer an den gleichen Urlaubsort, ist nicht bereit umzuziehen, fremde Länder und andere Kulturen mit ihren neuen Eigenarten zu besuchen oder andere politische Richtungen bzw. weltanschauliche Systeme kennen zu lernen.

Denkst du an ein Jahr, so säe ein Korn.
Denkst du an ein Jahrzehnt, so pflanze einen Baum.
Denkst du an ein Jahrhundert, erziehe einen Menschen.

❖

Achte auf die folgenden drei besten Dinge:
Gute Gedanken – gut gesprochene Worte – gut getanes Werk.

❖

Vorsicht ist die Mutter der Weisheit.

❖

Wenn man vom Rathaus kommt, ist man klüger.

❖

Das sind die Weisen, die durch Irrtum zur Wahrheit reisen.
Die bei dem Irrtum verharren, das sind die Narren.
(Friedrich Rückert)

Der Umgang mit Wunsch und Wirklichkeit

Er musste erst mit dem Kopf gegen die Bäume rennen, ehe er merkte, dass er auf dem Holzweg war.

Schatten auf der Sonnenuhr

Im Orient wollte einst ein König seinen Untertanen eine Freude bereiten und brachte ihnen, die keine Uhr kannten, von einer Reise eine Sonnenuhr mit. Sein Geschenk veränderte das Leben der Menschen im Reich. Sie begannen, die Tageszeiten zu unterscheiden und ihre Zeit einzuteilen. Sie waren pünktlicher, ordentlicher, zuverlässiger und fleißiger und brachten es zu großem Reichtum und Wohlstand. Als der König starb, überlegten sich die Untertanen, wie sie die Verdienste des Verstorbenen würdigen könnten. Und weil die Sonnenuhr das Symbol für die Gnade des Königs und die Ursache des Erfolges der Bürger war, beschlossen sie, um die Sonnenuhr einen prachtvollen Tempel mit goldenem Kuppeldach zu bauen. Doch als der Tempel vollendet war und sich die Kuppel über der Sonnenuhr wölbte, erreichten die Sonnenstrahlen die Uhr nicht mehr. Der Schatten, der den Bürgern die Zeit gezeigt hatte, war verschwunden, der gemeinsame Orientierungspunkt, die Sonnenuhr, verdeckt. Der eine Bürger war nicht mehr pünktlich, der andere nicht mehr zuverlässig, der dritte nicht mehr fleißig. Jeder ging seinen Weg. Das Königreich zerfiel.

Jeder Mensch verfügt über eine Anzahl von Fähigkeiten, die er im Laufe seiner Reifung und seiner Konfrontation mit der Umwelt entwickelt. Entwicklungspsychologisch gestaltet sich dies in folgender Weise: Eltern, als die zunächst wichtigsten Personen der Umwelt, aber auch alle anderen Bezugspersonen der Erziehungssituation, können die Fähigkeiten eines Kindes, die es zu seinem Lebensbeginn weich, zart, unentwickelt und formbar besitzt, unterstützen oder hemmen, und grade das Letztere geschieht häufig, wie in unserer Fabel. Um aus dem Kind einen Menschen nach ihrem Bild zu formen, stellen die Erziehenden bestimmte soziale Wünsche und Eigenschaften in den Vordergrund. Sie erscheinen in manchen Fällen hochstilisiert und zu perfekter Einseitigkeit gebracht. In diesem Zusammenhang werden einige der Fähigkeiten des Kindes zwar entwickelt und differenziert, oft sogar überstrapaziert, andere Fähigkeiten werden dagegen unterdrückt und geraten in ihren Schatten, ebenso wie das Wunderwerk der Sonnenuhr im prachtvollen Tempel.

Wir alle sind von Konflikten und Problemen in unterschiedlichem Maß betroffen. Es besteht daher ein Bedürfnis nach neuen Aspekten und Methoden, die ebenso wirksam wie praktikabel sind. Während viele der bestehenden psychotherapeutischen Verfahren von den Störungen und Krankheiten ausgehen, erfordert die vorbeugende, präventive Medizin und Psychotherapie eine andere Vorgehensweise, bei der statt von den Störungen zunächst von den Entwicklungsmöglichkeiten und Fähigkeiten des Menschen ausgegangen wird. Werden diese Fähigkeiten in ihrer Entwicklung gehemmt, vernachlässigt oder nur einseitig ausgeformt, entstehen, verdeckt oder offen, Konfliktbereitschaften.

So erzählt ein 42-jähriger Rechtsanwalt mit Depressionen: „Von Kind auf bin ich auf Leistung gedrillt worden. Der Beruf macht sogar Spaß, aber ich habe keine Beziehung zu anderen Menschen. Mit meinen Kindern kann ich nicht viel anfangen. Freizeit ist für mich eine Qual."

Unterdrückte und einseitig aufgeblähte Fähigkeiten sind mögliche Quellen von Konflikten und Störungen im innerseelischen zwischenmenschlichen Bereich. Sie können sich in Ängsten, Aggressionen, Verhaltensauffälligkeiten, Depressionen und dem, was man als psychosomatische Störung bezeichnet, äußern. Da die Konflikte im Lauf der Entwicklung eines Menschen in der Auseinandersetzung mit seiner Umwelt entstehen, sind sie nicht notwendiges und unausweichliches Schicksal, sondern stellen sich als Probleme und Aufgaben dar, die wir zu lösen versuchen. Damit wird ein wesentlicher Unterschied deutlich: Traditionelle Psychiatrie und Psychotherapie haben als Ausgangspunkt Störungen, Konflikte und Krankheiten. Dementsprechend wird das Behandlungsziel gesteckt: Krankheiten heilen und Störungen beseitigen. Übersehen wird hier, dass nicht Störungen primär sind, sondern Fähigkeiten, die von diesen Störungen mittelbar oder unmittelbar betroffen sind.

Utopien sind nicht Träumereien,
sondern sie sind die Voraussetzung für eine
kreative Gestaltung der Zukunft.
(Hans Peter Dürr)

❖

Das Wort hat die Macht und Kraft, sich zu verwirklichen.

❖

Lass dich nicht gehen, gehe lieber selbst.

❖

Narren sagen, was die Klugen denken.

Versuch macht klug.

Umgang mit Verantwortung

Ein kluger Mensch macht nicht alle seine Fehler alleine, sondern er gibt auch anderen eine Chance.

Die geteilten Pflichten

„Ich halte es nicht mehr aus. Die Pflichten sind wie Berge, die sich nicht von der Stelle verrücken lassen. Am frühen Morgen muss ich dich wecken, aufräumen, die Teppiche säubern, die Kinder beaufsichtigen, auf dem Basar einkaufen, dir abends deine geliebte Reisspeise kochen und schließlich nachts dich noch verwöhnen." So sprach eine Frau zu ihrem Mann. An einem Hühnerschenkel kauend, meinte dieser bloß: „Was ist schon dabei. Alle Frauen machen das Gleiche wie du. Du hast es doch gut. Während ich Verantwortung trage, sitzt du nur zu Hause herum." „Ach", jammerte die Frau, „wenn du mir bloß ein bisschen helfen könntest." In einem Anfall von Großmut stimmte der Mann schließlich dem folgenden Vorschlag zu: Während die Frau für alles, was im Hause geschah, zuständig sein sollte, wollte er die Aufgaben außerhalb des Hauses übernehmen. Diese Teilung der Pflichten ließ das Ehepaar über längere Zeit hinweg zufrieden zusammenleben. Eines Tages saß der Ehemann nach getätigtem Einkauf mit Freunden in einer Kaffeestube und rauchte zufrieden die Wasserpfeife. Ein Nachbar stürmte plötzlich herein und rief aufgeregt: „Komm schnell, dein Haus brennt!" Der Mann zog genüsslich an dem Mundstück der Wasserpfeife und meinte dann mit wunderbarem Gleichmut: „Sei so nett uns sag es meiner Frau, denn schließlich ist sie für alles, was im Haus geschieht, verantwortlich. Ich bin nur für den Außendienst zuständig."

Diese Geschichte setzte bei einer 28-jährigen Frau, die Probleme mit ihrem Partner hatte, folgende Überlegungen frei: Sie erinnert mich an die Ehe meiner Eltern: Der Gleichmut des Mannes, der im Kaffeehaus sitzt und jegliche Verantwortung von sich weist, indem er die Ansicht vertritt, der Hausbrand falle in den Zuständigkeitsbereich seiner Frau, ähnelt der Auffassung meines Vaters von Aufgabenverteilung.

Die Partnerschaft meiner Eltern ist mehr oder weniger durch eine strikte Verteilung der Pflichten geprägt. Mein Vater, der die letzten 20 Jahre eine leitende Anstellung im Außendienst innehatte, war oft nur einmal während der Woche und am Wochenende zu Hause.

Ich erinnere mich auch, dass meine Mutter oft vor sich hingeschimpft hat, sie müsse immer alles alleine machen, ihr werde alles zuviel und so habe sie sich ihr Leben nicht vorgestellt. Manchmal gingen auch einige ihrer Wutausbrüche auf meinen Vater nieder, der sich dann schweigend zurückzog.

In all den Jahren war mein Vater, was sein Privatleben anbetrifft, ein unpünktlicher Mensch. Wir haben oft mit dem Mittagessen auf ihn gewartet, um anschließend etwas zu unternehmen. Oft kam er so spät, dass es sich, so seine Worte, ‚nicht mehr lohnt', ins Schwimmbad zu fahren. Seine Entschuldigungen gingen meist in die Richtung, dass er sich die ganze Woche an Termine und Uhrzeiten halten müsse, er sei vor Stress schon ganz krank, wenigstens am Wochenende wollte er sich mal gehen lassen.

Ein Ausflug mit unserem Vater oder die gemeinsamen Urlaube waren für mich hingegen ein wahres Erlebnis im Sinne von „ein Vater zum Anfassen" oder das Gefühl, doch einen „echten" Vater zu haben. Aber auch im Urlaub verstand es mein Vater, sich aus Unangenehmem rauszuhalten und genoss überwiegend schlafend das Bad in der Sonne.

Meine Mutter schien diese Ungerechtigkeiten mehr oder weniger, bis auf gelegentliche Wutausbrüche, als selbstverständlich hinzunehmen.

Funktioniert hat die ganze Arbeitsteilung dann nicht mehr, wenn meine Mutter zum Beispiel krank wurde und ihren Verpflichtungen nicht mehr nachkommen konnte. Mein Vater zeigte sich schon besorgt und rief öfter mal von unterwegs an. Alles in allem verteilte er jedoch Ratschläge wie: ‚Ärgert eure Mutter nicht, sie ist krank!' – ‚Ihr solltet ihr etwas helfen!' – ‚Lass doch einfach mal alles liegen, wenn du es nicht mehr schaffst.' Im Grunde saß er jedoch im Kaffeehaus und hatte wahrscheinlich nicht mal im Traum daran gedacht, meine Mutter durch Taten etwas zu entlasten bzw. sich für irgendetwas zuständig zu fühlen.

Schon als Kind wusste ich, dass ich nie mit einem Mann wie meinem Vater leben wollte, so sehr ich ihn auch gemocht habe. Ich wollte auch kein Leben führen wie meine Mutter und erinnere mich noch an einen Spruch: „Da könnte das Haus in Flammen stehen, euer Vater kommt dann, wenn alles vorbei ist und sagt, es wäre ein bisschen später geworden."

In meinem Leben war ich theoretisch immer bemüht, Pflichten und Arbeiten gerecht verteilt zu sehen. Praktisch hatte ich aber oft das Empfinden, alles bleibe an mir hängen oder ich müsste kontrollieren, dass die Sachen auch wirklich erledigt wurden. Ich kann schwer abgeben und fühle mich dann oft ungerecht behandelt, vor allem wenn ich merke, mein Partner zieht sich von unliebsamen Aufgaben zurück. Ich bemerke manchmal die Tendenzen, allein für Haus und Hof verantwortlich zu sein, und neige dazu, mich zu überfordern. Dann fühle ich mich alleine und schnell ausgenutzt.

Im Moment will ich lernen, Aufgaben leichter abzugeben und auch einzufordern, mich über Nachlässigkeiten meines Partners nicht so zu ärgern, dass ich mich ungerecht behandelt fühle. Hinsichtlich meiner sekundären Fähigkeiten möchte ich mich mehr zurückhalten und mehr die angenehmen Dinge genießen. Insgesamt geht es mir besser, wenn ich mir vorstelle, nicht alles allein auf meinen Schultern zu tragen und mehr Zeit für meine Interessen zu haben."

Die Dinge sind nie so, wie sie sind.
Sie sind immer das, was man aus ihnen macht.

❖

Gott schenkte uns die Gelassenheit, das hinzunehmen,
was wir nicht ändern können, den Mut, das zu ändern,
was wir ändern können.

Umgang mit so genannten Kleinigkeiten

Wo Gefahr ist, wächst das Rettende auch.

Der Einbruch

Ein Wissenschaftler lebte in sehr armen Verhältnissen. In einer dunklen Nacht brach ein Dieb in sein Zimmer ein und fand nichts. Enttäuscht verließ der Dieb das Zimmer und hinterließ ein Durcheinander. Der Wissenschaftler, der dadurch wach wurde, suchte unter seinen Matratzen und fand endlich einen Messingtaler. Er rannte hinter dem Dieb her, bis er ihn erreicht und ihm die Münze in Hand gedrückt hatte und zu ihm sagte: „Ich bedaure, dass ich heute Nacht ein schlechter Gastgeber bin. Ich bitte dich, in Gegenwart der anderen nichts Negatives über meine Verhältnisse zu erwähnen."

Mikrotraumen – Die so genannten Kleinigkeiten

Ähnlich wie ein steter Tropfen den Stein aushöhlt, schaffen Erfahrungen im alltäglichen Umgang mit den Aktualfähigkeiten Bereiche verminderter Resistenz. So kann für den einen Unpünktlichkeit beunruhigend, angst- und aggressionsauslösend wirken, für einen anderen die übertriebene Pünktlichkeitsforderung eines Partners, seine Unhöflichkeit, Unzuverlässigkeit oder Unordnung. Treffen in zwischenmenschlichen Beziehungen unterschiedliche Einstellungs- und Verhaltensmuster aufeinander, kann es zu Konflikten kommen, die sich als Mikrotraumen anhäufen und neuralgische Punkte in der Struktur der Persönlichkeit bilden. Vor diesem Hintergrund kann sich eine dauerhafte emotionale Belastung einstellen, die zu psychischen und psychosomatischen Störungen führt und die familiäre Kommunikation einschränkt:

„Wenn ich mein Zimmer nicht aufgeräumt hatte, hieß es: ‚Ich habe dich nicht mehr lieb!' Das jagte mir panische Angst ein. Heute bin ich mehr als pedantisch und gerate dadurch oft in Konflikt mit meinem Mann und den Kindern." So eine 39-jährige Frau, die unter chronischer Verstopfung und Schlafstörungen leidet.

„Bei uns zu Hause hieß es immer wieder: Sei leise, sei still, halt dich zurück, sei brav. Ich bekam das jeden Tag hundertmal auf das Butterbrot geschmiert." Dies erzählt eine 34-jährige Hausfrau mit Hemmungen, sozialen Ängsten, Kontaktschwierigkeiten und Eheproblemen.

Im ersten Fall sind die Aktualfähigkeiten „Ordnung", „Vertrauen" und „Kontakt" betroffen, im zweiten werden „Gehorsam" und „Höflichkeit" thematisiert.

Diese Inhalte geben Beziehungsaspekte einer Partnerschaft oder einer anderen Gruppe wieder. Der Ordnungswunsch des Ehemannes ist nicht nur seine persönliche Vorstellung davon, wie Ordnung aussehen sollte, sondern beschreibt zusammen mit den anderen beteiligten Aktualfähigkeiten eine gerade für diese Partner- und Familienbeziehung charakteristische Spielregel. Mit anderen Worten: In den Inhalten der jeweiligen Aktualfähigkeiten kommen die in einer Gruppe bestehenden und von den Menschen produzierten Beziehungen zum Ausdruck.

Aktualfähigkeiten können in einer praktisch unbegrenzten Zahl verschiedener Einstellungen, Werthaltungen, Erlebnissen und Verhaltsweisen realisiert werden. Aus den Aktualfähigkeiten erwachsen jeweils lebensprägende Konzepte. Solche Konzepte werden in Aussprüchen deutlich wie zum Beispiel: „Ordnung ist das halbe Leben." – „Sparst du was, dann hast du was." „Was sagen die Leute ..." Solche Aussagen sind die inhaltlichen, situationsbezogenen, gruppenspezifischen bzw. persönlichkeitsgebundenen Ausprägungen dieser Aktualfähigkeiten. Beim näheren Hinsehen können wir freilich auch feststellen, dass Konzepte sich häufig nicht nur auf einzelne Aktualfähigkeiten beziehen.

Aktualfähigkeiten kommen auch in Form von Synonymen, Konzepten und Umschreibungen zum Ausdruck. So sagen wir, statt das Wort Ordnung zu gebrauchen: „Bring mir nichts durcheinander!" – „Räum auf!" – „Lass bloß nichts hier liegen." – „Mischmasch" – „Durcheinander." – „Außen hui, innen pfui."

Es kommt darauf an, hinter den alltäglichen Geschehnissen, dem Verhalten des Partners und seinen Aussagen, die beteiligten Aktualfähigkeiten zu entdecken. Dies gilt vor allem für die Familientherapie, in der das kritische Verhalten erst benannt werden muss, bevor – von ihm ausgehend – die familiären Spielregeln umdefiniert werden können. Dies erfordert Gespür dafür, dass die einzelnen Aktualfähigkeiten die verschiedensten Maskierungen annehmen können.

So gibt es nicht eine Form von Ordnung, sie äußert sich vielmehr in verschiedenen Formen:

Verstandesgemäße, sachliche Ordnung: „Alles muss so aufgeräumt sein, dass man es jederzeit finden kann."

Traditionelle Ordnung: „Alles muss seine Reihenfolge haben, und zwar so, wie man es von jeher gewohnt ist."

Intuitive phantasievolle Ordnung: „Für die Vase kommt nur ein Platz in Frage: die Ecke vor dem Wintergarten."

Romantische Ordnung: „In einer sachlichen Atmosphäre kann ich nicht leben. Meine Umgebung muss eine gewisse Wärme ausstrahlen, und die kann ich nicht bei einer sterilen Ordnung empfinden."

Äußere Ordnung: „Wenn die Gäste kommen, muss alles aufgeräumt sein."

Innere Ordnung: „Es ist mir egal, wie ich äußerlich aussehe, es kommt darauf an, dass ich mich innerlich ausgeglichen fühle."

Auch der „unordentlichste" Mensch besitzt seine besondere Ordnung und seinen eigenen Ordnungssinn. Wir müssen lernen, ihn zu erkennen. Und selbst in scheinbar nebensächlichen Verhaltensweisen verbergen sich bestimmte Ausprägungen von Aktualfähigkeiten. Die Mutter, die fortwährend an dem Sohn herumputzt (Sauberkeit); der Vater, der öfters auf die Uhr schaut (Pünktlichkeit/Zeit); die Großmutter, die mit Blicken versucht, das Benehmen der Kinder zu kontrollieren (Höflichkeit/Gehorsam); die Tochter, die sich in die Gespräche ihrer Eltern einmischt und dafür gerügt wird (Offenheit/Höflichkeit/Gehorsam).

Viele Wenig machen ein Viel.

Ein Mensch sagt – und ist stolz darauf –
er geh in seinen Pflichten auf.
Bald aber – nicht mehr ganz so munter –
geht er in seinen Pflichten unter.
(EUGEN ROTH)

Heute ist das Morgen,
über das wir uns gestern Sorgen gemacht haben.

II.

Was unser Zusammenleben bestimmt

Es erfordert oft mehr Mut,
seine Ansicht zu ändern, als an ihr festzuhalten.

Die Absicht ist die Seele der Tat

Ein Derwisch ging und sang: „Deine guten oder schlechten Taten kommen wie ein Bumerang auf dich zurück." Eine ältere Frau, die seinen Gesang hörte, dachte: Ich muss ihm beweisen, dass das nicht wahr ist. So bereitete sie ein Brot vor und mischte Gift hinein. Als nun der Derwisch vor ihre Haustür kam, schenkte sie ihm das Brot. Der Derwisch lief weiter. Und kurz darauf traf er einen Mann, der ihm erzählte, dass er so müde und hungrig sei. Er kam von weit her. Der Derwisch gab ihm sein Brot. Der Mann aß es und schrie kurz darauf: „Mein Bauch, mein Bauch! Ich halte das nicht aus …!" In diesem Augenblick kamen alle aus ihren Häusern heraus, auch die alte Frau, um zu sehen, was los war. Mit Schrecken stellte die Frau fest, dass ihr Sohn, auf dem Weg zu seiner Mutter nach einer langen Reise, das giftige Brot gegessen hatte.

Im Folgenden soll es darum gehen, die Fähigkeiten und Konfliktbereitschaften von Menschen inhaltlich zu spezifizieren und die konkreten Spielregeln zu erkunden, die das tägliche Zusammenleben lenken. Wenn wir Probleme mit uns, unserem Partner und unserer Umwelt haben, wenn wir ratlos sind und seelisch und psychosomatisch auf Konflikte reagieren: Welcher Art sind diese Konflikte?

Vom Umgang mit der Zeit – Ein Tagesablauf

Ein 48-jähriger Mann dokumentiert seinen Tag wie folgt:

6:15 Aufstehen – leise und sachte, damit meine Frau nicht gestört wird, den Wecker schon sorgsam 15 Minuten vorher abgestellt, damit er nicht klingelt, danach Morgentoilette, Begrüßung meines jüngsten Sohnes, der schon wach ist. Im Bad das Becken gesäubert. Zahnbecher ausgewischt, Kamm von Haaren befreit (beteiligte Aktualfähigkeiten: Pünktlichkeit, Höflichkeit, Sauberkeit).

7:15 verlasse ich das Haus, ohne – außer meinem jüngsten Sohn – jemand von der Familie begegnet zu sein. Ich mahne Wolfgang zur Ruhe, damit er den Rest der Familie nicht stört, schließe leise die Haustür. Etwa 9:00 Uhr komme ich nach Hause zum Frühstück, das ich im Kreise meiner Frau und Wolfgangs einnehme, ich plaudere mit ihm über die Schule, mit meiner Frau ab und zu ein Wort – morgens geht es noch ohne größere Dispute (Kontakt, Höflichkeit, Pünktlichkeit, Leistung).

9:30 fahre ich wieder ins Büro. Ich komme gegen

12:30 zum Mittagessen nach Hause. Das Essen ist meist noch nicht fertig, was mich ärgert, da ich über Mittag – wenn möglich – eine Stunde ruhen möchte (Leistung, Pünktlichkeit, Zeit, Geduld).

13:00 Mittagessen mit meiner Frau, Wolfgang und Christoph, minimale Unerhaltung beim Essen, obwohl ich mit Christoph mehr als sonst persönliche Gespräche führen möchte und dabei über Schule möglichst nicht rede. Weil ich mich gestern Abend sehr darüber geärgert hatte, dass meine Familie alle Lampen brennen und bei laufender Heizung die Fenster offen ließ, hab ich es den anderen gesagt. Meine Frau hatte dazu nichts zu bemerken, außer: „Euer Vater ist ein Geizhals." Dabei kostet Strom für Licht und Öl für Heizung auch Geld. Ich sehe es nicht ein, wenn alle Lampen brennen, obwohl niemand im Hause ist. Ich finde, meine Frau ist mir gegenüber sehr ungerecht (Kontakt, Leistung, Höflichkeit, Sparsamkeit, Gerechtigkeit).

13:30–14:00 kurze Pause auf meinem Zimmer, meine Frau übernimmt während der Mittagspause evtl. Telefongespräche, wofür sie von meiner Firma eine Vergütung erhält (Zeit, Leistung, Sparsamkeit).

14:00 fahre ich wieder ins Büro (Pünktlichkeit, Leistung).

17:30 nach Büroschluss fahre ich ins Hallenbad, um dort 1000 Meter zu schwimmen, um meinen „Trimm-dich"-Vorsätzen nachzukommen (Leistung, bezogen auf den Körper).

18:45 komme ich nach Hause, Abendtisch ist noch nicht gedeckt, zum Essen habe ich mir etwas eingekauft und bitte meine Frau, mir dies zu richten (Pünktlichkeit, Geduld, Zeit, Vertrauen, Kontakt).

19:00 Abendessen mit meiner Frau und Wolfgang, gemeinsames Tischabräumen, Wolfgang wird zu Bett gebracht, wenn er drinnen liegt, bete ich mit ihm und sage ihm gute Nacht (Kontakt, Höflichkeit, Ordnung, Religion/Glaube).

20:00 Tagesschau im Fernsehen, meine Frau sitzt mit dem Hund dabei, der sehr geräuschempfindlich ist und bei Gongs oder Wetterkarte im Fernsehprogramm aufjault und bellt. Früher regte mich das auf, heute schlucke ich es runter. Manchmal packt meine Frau den Hund rechzeitig und verlässt mit ihm vor seiner „Vorstellung" das Zimmer. Meist sitze ich dann alleine vor dem Fernseher, meine Frau werkelt irgendwo draußen herum oder sitzt separat vor dem anderen Fernseher im oberen Stockwerk. Den hat sie ohne mein Wissen meinem Sohn gekauft, obwohl sie weiß, dass wir für so was kein Geld übrig haben (Kontakt, Geduld, Höflichkeit, Leistung, Sparsamkeit).

21:00 bin ich todmüde, schlafe zuweilen vor dem Fernseher ein und gehe ins Bett. Wenn ich meine Frau noch sehe, sage ich „Gute Nacht" und ziehe mich zurück (Zeit, Kontakt, Höflichkeit). Meine beiden großen Kinder sehe ich kaum tagsüber und selten auch abends, da sie ihre Gesellschaft haben und sich bei der angespannten Familiensituation zu Hause nicht wohl fühlen (Leistung, Kontakt, Zweifel).

Wenn wir von zwischenmenschlichen Konflikten ausgehen, die Wertmaßstäbe der Selbst- und Fremdbeurteilung sowie die Kriterien der Erziehung und Psychotherapie betrachten und die Bedingungen klären, die zu psychischen und psychosomatischen Störungen führen, dann sehen wir hinter diesen Störungen – gewissermaßen als Tiefenstruktur – mangelnde Unterscheidung hinsichtlich eigener und fremder Verhaltensmuster. Dies wird oft mit Begriffen wie Überforderung, Überarbeitung oder Belastungen umschrieben. Damit ist allerdings noch nicht gesagt, welcher Art diese Belastungen sind. Zumeist möchte man in ihnen nur berufliche Überforderungen sehen. Tatsächlich jedoch gibt es ein ganzes Spektrum von Einstellungen und Verhaltensmustern, die zu Konfliktpotenzialen werden können, also für psychische und psychosomatische Störungen prädestinieren. Diese Einstellungs- und Verhaltensmuster lassen sich durch ein Inventar psychosozialer Normen beschreiben, die gleichermaßen als Entwicklungsdimensionen und Konfliktpotentiale wirksam sind. Zu nennen sind:

Pünktlichkeit, Sauberkeit, Ordnung, Gehorsam, Höflichkeit, Ehrlichkeit, Treue, Gerechtigkeit, Fleiß/Leistung, Sparsamkeit, Zuverlässigkeit, Genauigkeit, Gewissenhaftigkeit sowie Liebe, Vorbild, Geduld, Zeit, Kontakt, Sexualität, Vertrauen, Zutrauen, Hoffnung, Glaube, Zweifel, Gewissheit, Einheit.

Diese Verhaltensweisen bezeichnen wir als Aktualfähigkeiten, weil sie als Fähigkeiten im Menschen angelegt und im täglichen Leben aktuell wirksam sind.

Der oben dargestellte Tagesablauf zeigt dies sehr deutlich. Es lässt sich eine Vielzahl psychosozialer Normen erkennen, die wesentliche Beziehungsqualitäten der Familie wiedergeben und Rückschlüsse auf die Position des Mannes zulassen. Es zeigt sich, dass bestimmte Themen immer wieder auftauchen: Leistung, Pünktlichkeit, Sparsamkeit, Kontakt, Geduld. Diese spielen in der Familiensituation zwar eine Rolle, werden aber nicht reflektiert.

Zu unterscheiden sind *sekundäre* und *primäre* Aktualfähigkeiten.

Die *sekundären* Fähigkeiten sind Ausdruck der *Erkenntnisfähigkeit.* In ihnen spiegeln sich die Leistungsnormen der sozialen Gruppe, in der ein Mensch lebt. Zu ihnen gehören:

Pünktlichkeit, Sauberkeit, Ordnung, Gehorsam, Höflichkeit, Ehrlichkeit, Treue, Gerechtigkeit, Fleiß/Leistung, Sparsamkeit, Zuverlässigkeit, Genauigkeit, Gewissenhaftigkeit.

Im alltäglichen Zusammenleben, den gegenseitigen Bewertungen und Urteilen, spielen die sekundären Fähigkeiten eine entscheidende Rolle. Wer einen anderen Menschen nett und sympathisch findet, der begründet seine Einstellung häufig so: „Er ist anständig und ordentlich, man kann sich auf ihn verlassen." Umgekehrt urteilt man abwertend: „Er ist mir unsympathisch, weil er schlampig, unpünktlich, ungerecht, unhöflich und geizig ist und zu wenig Fleiß zeigt." Ebenso geläufig sind auch die Folgen von entsprechenden Erlebnissen auf Stimmung und körperliches Befinden. So können beispielsweise Pedanterie, Unordnung, ritualisierte Sauberkeit, Unsauberkeit, übertriebene Pünktlichkeitsforderung, Unpünktlichkeit, zwanghafte Gewissenhaftigkeit oder Unzuverlässigkeit nicht nur zu sozialen Konflikten, sondern auch psychische und psychosomatische Auswirkungen haben.

„Wenn ich nur daran denke, dass mir mein Chef einen Fehler vorwirft, den ich nicht gemacht habe, fange ich an zu zittern, und es wird mir schlecht. Hinterher habe ich Kopfschmerzen und Magenbeschwerden." So eine 28-jährige Angestellte mit psychosomatischen Störungen; die beteiligten Aktualfähigkeiten sind Gerechtigkeit und Höflichkeit.

Die *primären* Fähigkeiten bilden die emotionale Basis der sekundären Fähigkeiten. Die primären Fähigkeiten betreffen die *Liebesfähigkeit.* Die spezifischen Fähigkeiten entwickeln sich aus den zwischenmenschlichen Beziehungen, wobei dem Verhältnis zu den Bezugspersonen, vor allem zu Mutter und Vater, eine zentrale Rolle zukommt.

Zu den primären Fähigkeiten gehören:

Liebe, (Emotionalität), Vorbild, Geduld, Zeit, Kontakte, Sexualität, Vertrauen, Zutrauen, Hoffnung, Glaube, Zweifel, Gewissheit, Einheit.

Auf der Grundlage der primären Fähigkeiten erfahren die sekundären ihre emotionale Resonanz:

„Ich habe kein Vertrauen zu meinem Mann, nachdem ich erfahren habe, dass er fremdgegangen ist." (Beteiligte Aktualfähigkeiten: Vertrauen – Treue).

Wenn wir die primären Fähigkeiten, die wir als Bedingungen der gefühlsmäßigen Beziehungen begreifen, nicht als Einzelfähigkeiten verstehen, sondern in den Ablauf der engeren zwischenmenschlichen Kommunikation einordnen, lässt sich eine Entwicklungskette darstellen:

Unbekannte Fähigkeiten, Angst, Aggression, Nachahmung, Glaube, Zweifel, Hoffnung, Zutrauen, Vertrauen, Geduld, Gewissheit, Liebe und Einheit.

Die Mitglieder einer Familie durchlaufen diese Entwicklungskette. Sie nehmen jedoch zumeist nicht zur gleichen Zeit die gleiche Position ein, sondern sind Phasen unterworfen. Den unbekannten Fähigkeiten des einen entsprechen Glaube, Zweifel und Hoffnung beim anderen Menschen; mit dem Zweifel des einen kann die Gewissheit des anderen korrespondieren. Wie das relative Verhältnis der Partner hinsichtlich der Entwicklungskette Konflikte zu verhindern mag, kann es umgekehrt durch eine konflikthafte Phasenverschiebung zu zwischenmenschlichen Dissonanzen kommen, etwa wenn ein Partner auf die Unordnung des anderen mit Aggression und Zweifel reagiert, wenn Ängste des einen Hoffnungslosigkeit beim anderen hervorrufen und konflikthafte Nachahmungen die Liebe zerstören.

Jede der Aktualfähigkeiten kann aktiv und passiv wirksam werden.

Aktiv bedeutet:

Pünktlich - unpünktlich sein; ordentlich/unordentlich sein; ehrlich - unehrlich sein usw.

Passiv bedeutet:

Wie reagiere ich auf Pünktlichkeitsforderungen oder Unpünktlichkeit anderer? Wie komme ich mit der Unordnung oder den Ordnungswünschen meiner Familie zu Rande? Kann ich die Gerechtigkeitsforderungen oder die Ungerechtigkeit meiner Partner ertragen?

Die Position eines Familienmitgliedes hängt nicht nur davon ab, welche Aktualfähigkeiten es äußert, sondern ob es aktiv fordernd oder passiv erwartend auftritt. Oft ist die Erkenntnis dieser Zweiseitigkeit der entscheidende Vorgang der Konfliktlösung: sich nicht nur für Gerechtigkeit einzusetzen, sondern gegebenenfalls und zeitweilig auch Ungerechtigkeiten ertragen zu können, ohne daran zu zerbrechen.

Das Inventar der sekundären und primären Fähigkeiten (Aktualfähigkeiten)

Sekundäre Fähigkeiten	**Primäre Fähigkeiten**
Pünktlichkeit	Liebe (Emotionalität)
Sauberkeit	Vorbild
Ordnung	Geduld
Gehorsam	Zeit
Höflichkeit	Kontakt
Ehrlichkeit/Offenheit	Sexualität
Treue	Vertrauen
Gerechtigkeit	Zutrauen
Fleiß/Leistung	Hoffnung
Sparsamkeit	Glaube/Religion
Zuverlässigkeit	Zweifel
Genauigkeit	Gewissheit
Gewissenhaftigkeit	Einheit

Die Liste der Aktualfähigkeiten lässt sich fortführen, jedoch umfassen die 13 sekundären und 13 primären Fähigkeiten die wesentlichen Bereiche des Verhaltens. Und schließlich gibt es auch Kombinationen:

Wahrhaftigkeit und Redlichkeit rechnen wir zur Ehrlichkeit, Prestige und Erfolg zum Fleiß, Ehrlichkeit in der partnerschaftlichen Beziehung gilt als Treue, in der sozialen Kommunikation als Offenheit und Aufrichtigkeit.

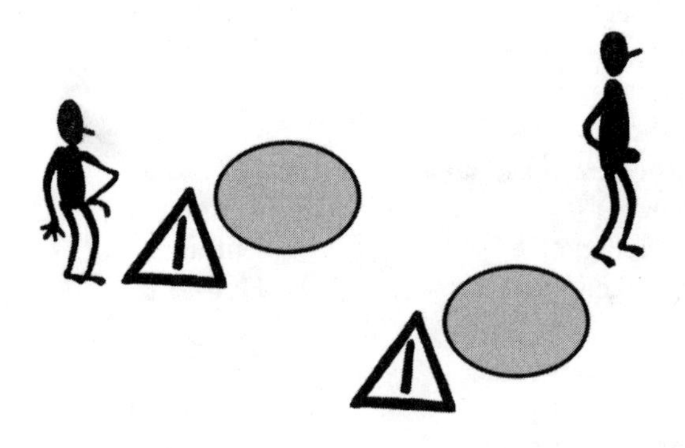

Die Anwendung des differenzierungsanalytischen Inventars

Wissen ist Macht, Sehen ist Allmacht.

Armut, Not und manches Leid, fliehen vor der Sparsamkeit

Ein Straßenhändler hatte Zahnschmerzen. Er besuchte den Dorfzahnarzt und fragte nach seinem Rat. Er sagte zu ihm: „Dein Zahn muss gezogen werden." Der Patient fragte nach dem Preis der Behandlung und bekam die Antwort: „Pro Zahn zwei Geldeinheiten." Der Straßenhändler fing an zu handeln und bot dem Hakim eine Einheit an. Nach langem hin und her akzeptierte der Patient den Preis und zeigte dem Zahnarzt einen gesunden Zahn. Er meinte: „Der Zahn tut weh und muss raus! Nachdem der Zahn gezogen war, sagte der Patient: „Ich habe mich geirrt, der kranke Zahn ist ein anderer." Diesmal wurde der richtige faule Zahn gezogen. Der Mann bezahlte für einen Zahn und sagte beim Rausgehen: „Hakim, hast du nicht gemerkt, wie ich dich reingelegt habe? Du hast zwei Zähne für den Preis von einem Zahn gezogen."

Mit Hilfe des folgenden differenzierungsanalytischen Inventars (DAI) kann man die jeweilige Bedeutung und Wirksamkeit der Aktualfähigkeiten dokumentieren.

Differenzierungsanalytisches Inventar (DAI, Kurzform)

Aktualfähigkeiten	Ich	Partner	Spontanaussagen
Pünktlichkeit			
Sauberkeit			
Ordnung			
Gehorsam			
Höflichkeit			
Ehrlichkeit/Offenheit			
Treue			
Gerechtigkeit			
Fleiß/Leistung			
Sparsamkeit			
Zuverlässigkeit/ Genauigkeit			
Liebe			
Geduld			
Zeit			
Vertrauen/Hoffnung			
Kontakt			
Sex/Sexualität			
Glaube/Religion			

Das DAI kann in der therapeutischen Situation, aber auch im Rahmen der Selbsthilfe von jedem Familienmitglied durchgeführt werden.

Damit erhalten wir für jede Familie soviel differenzierungsanalytische Inventare, wie die Familie Mitglieder zählt. In diesen Inventaren erfolgt unter der Spalte *„Ich"* jeweils die

Selbstbeurteilung, unter den anderen Partnerspalten die Beurteilung, wie man die Partner erlebt und ihr Verhalten bewertet. Diagnostisch kann man diese verschiedenen Selbst- und Fremdbeurteilungen miteinander zu einem differenzierten Konfliktdiagramm verbinden. Auch nicht anwesende Familienmitglieder, wie ein verstorbener Elternteil, ein geschiedener Ehepartner, ein Familienmitglied, das sich weigert, an den familientherapeutischen Sitzungen teilzunehmen, können so indirekt in die Dynamik der familiären und persönlichen Konzepte einbezogen werden. Dieses Vorgehen nennen wir *virtuelle Familientherapie.*

Die Aussagen im DAI sind keine absoluten Urteile. Sie sind vielmehr subjektive und in Bezug zu einem Partner relative Bewertungen. Die individuellen Maßstäbe der Mitglieder einer Familie werden miteinander verglichen.

Im Folgenden das Beispiel einer 23-jährigen Sekretärin, die seit fünf Monaten verheiratet ist. Symptomatik und Diagnose: funktionelle Herzrhythmusstörungen, Magenbeschwerden, Phobien und Depressionen.

Die Patientin berichtet, manches in der Ehe belaste sie, und sie klagte: „Obwohl wir uns körperlich gut verstehen, passen wir nicht zusammen. Wir sind ganz andere Typen."

Die Instruktion vor dem Ausfüllen des DAI lautete: „Kommt es im Bereich der Pünktlichkeit (Ordnung usw.) zu Konflikten? Wer von Ihnen (Sie oder Ihr Partner) legt mehr Wert auf Pünktlichkeit (Ordnung usw.)?" Dem jeweiligen Fall entsprechend sind Modifikationen der Instruktion möglich.

Mit +++ ist die höchste Wertung ausgesprochen, mit – die niedrigste Bewertung, +– bedeutet Indifferenz; (++), (+) und (--), (–) sind Abstufungen. Die zweite Spalte gibt die Selbstbeurteilung der Patientin hinsichtlich der Aktualfähigkeiten wieder. Die dritte Spalte kennzeichnet die Fremdbeurteilung des Partners durch die Patientin; gegebenenfalls könnten für andere wichtige Bezugspersonen weitere Spalten eingeführt werden. Die letzte Spalte enthält Spontankommentare.

Differenzierungsanalytisches Inventar
einer 23-jährigen Patientin

Aktual-fähigkeiten	Ich	Partner	Spontanaussagen
Pünktlichkeit	+++	+–	Wenn ich meinen Mann abhole, kann ich ruhig eine halbe Stunde auf ihn warten. Wenn ich ausnahmsweise zu spät komme, wird er ungeduldig.
Sauberkeit	++	++	Keine Probleme. Weder mein Mann noch ich sind Schmutzfinken.
Ordnung	+	+++	Ich bin der Meinung, eine Wohnung soll so aussehen, dass sie zeigt, dass Leute darin wohnen. Er ist der Auffassung, dass die Wohnung aussehen muss wie ein Katalog.
Höflichkeit	+++	+++	Für uns beide ist gegenseitige Rücksichtnahme sehr wichtig. Ich will meinem Mann nicht wehtun und habe auch von ihm bisher kein beleidigendes Wort gehört.
Gehorsam	+–	+–	Ich finde schon, dass man sich gegenseitig anpassen muss und Verzichte leisten. Aber wenn jemand, wie mein Vater, absoluten Gehorsam fordert, mag ich das überhaupt nicht. Meinem Mann geht es ähnlich wie mir. Er nennt seinen Vater nur noch den „General".

+ = positiv ausgeprägt – = negativ ausgeprägt

Ehrlichkeit	+–	++	Mein Mann kann eher sagen, was er denkt. Mir bereitet das manchmal große Schwierigkeiten, weil ich niemandem wehtun möchte.
Treue	++	++	Bisher gab es da keine Probleme. Ich glaube, für uns beide ist Treue sehr wichtig.
Gerechtigkeit	+++	+++	Ich glaube, ich würde mich sehr aufregen, wenn mein Mann mich ungerecht behandeln würde. Er ist aber auf diesem Gebiet ebenso empfindlich wie ich.
Sparsamkeit	+–	++	Ich leiste mir das, was ich brauche, von meinem Verdienst.
Fleiß/ Leistung	+++	+++	Ich glaube, wir beide wollen beruflich erfolgreich sein.
Zuverlässigkeit	++	–+	Was den Beruf betrifft, ist mein Mann die Zuverlässigkeit in Person. Auch, wenn es um ihn geht, legt er den größten Wert auf Zuverlässigkeit. Nur, wenn ich einmal Zuverlässigkeit von ihm erwarte, klappt es nicht.
Geduld	–	+–	Die geht mir manchmal ab.
Zeit	+++	– – –	Wir haben nicht viel Familienleben. Mein Mann arbeitet Schicht. Wenn ich morgens weggehe, schläft er, wenn ich nach Hause komme, ist er nicht da.

Vertrauen/ Hoffnung	–	++	Wenn ich an unsere Eheschwierigkeiten denke, sehe ich eher schwarz. Ich hoffe, dass wir in der Therapie etwas ändern können.
Kontakt	+++	–	Mein Mann ist ein Einzelgänger. Er hat Hemmungen, die anderen könnten ihn nicht akzeptieren. Wir sind ziemlich isoliert, obwohl ich gerne unter Menschen bin. Darunter leide ich sehr.
Sex – Sexualität	+++	+++	Mir macht's Spaß, und ich glaube, meinem Mann macht's auch Spaß.
Glaube/ Religion	+–	+–	Wir sind beide evangelisch, haben uns aber nicht allzu viel gekümmert.

+ = positiv ausgeprägt – = negativ ausgeprägt

Pünktlichkeit, Ordnung, Höflichkeit, Zeit und Kontakt erwiesen sich hier als Konfliktpotenziale und als Bereiche dauerhafter emotioneller Belastung.

Pünktlichkeit: Die Nachlässigkeit des Ehemannes in diesem Bereich, in dem die Patientin selber viel investiert, wird als Ungerechtigkeit erlebt, die Unpünktlichkeit selber als Vertrauenskrise.

Ordnung: Hier zeigen sich zwei unterschiedliche Konzepte. Die Patientin sieht sich durch die „Pedanterie" ihres Mannes bedrängt. Der hier entstehende Konflikt steht für die Patientin in unmittelbarem Zusammenhang mit der Möglichkeit, sich in dem gemeinsamen Lebensraum wohl zu fühlen.

Höflichkeit: Höflichkeit besitzt für beide Partner eine stabilisierende Funktion. Die ritualisierte Höflichkeit hindert beide daran, Konflikte offen auszutragen. Höflichkeit wird somit zum Zeichen der Aggressionshemmung und führt dazu, dass der Konflikt nach innen getragen wird.

Zeit: Hier spielen gesellschaftliche und ökonomische Faktoren hinein (wenn mein Mann nicht Schicht arbeiten müsste). Subjektiv wird die Zeit, die der Partner aufbringen kann, als Zuwendung erlebt.

Kontakt: Auch hier unterschieden sich die Konzepte. Die Patientin interpretiert den Kontaktmangel ihres Mannes als einen Selbstschutz (phantasierte Statusunterschiede innerhalb der Partnerschaft). Sie selber zeigt sich auf diesem Gebiet stark und entwickelt hier Wünsche, die allerdings im Wechselspiel mit den Konzepten ihres Mannes nicht konsequent verwirklicht werden.

Eine Konfliktbereitschaft in diesen Bereichen konnte aus der Lebensgeschichte der Patientin und ihres Mannes (Grundkonflikt) nachgewiesen werden. Als Methode hierzu wurde ebenfalls das DAI angewandt mit der Instruktion: „Worauf haben Ihre Eltern mehr Wert gelegt? Wer hat mehr Wert gelegt auf Pünktlichkeit, Ordnung usw.?" Auf der Basis dieser Analyse des Aktual- und Grundkonfliktes konnte die Konfliktsituation erfasst werden.

Die Therapie wurde im Sinne der Positiven Familientherapie als Partnertherapie durchgeführt und konnte nach 15 Sitzungen, die sich über einen Zeitraum von sechs Monaten erstreckten, abgeschlossen werden. Zum Zeitpunkt der Beendigung der Behandlung sowie bei der Nachuntersuchung nach einem Jahr stellte sich die Patientin als symptomfrei dar und gab an, dass sich die Lebensqualität in ihrer Partnerschaft deutlich verbessert habe: „Vor allem war es für mich das entscheidende Erlebnis, von der Vorstellung abzurücken, das wir nicht zusammenpassten, und die Erfahrung zu machen, auf welchen Problemen des täglichen Lebens unsere Spannungen beruhten."

Fragen machen klug.

Der Vorteil der Klugheit besteht darin,
dass man sich dieser stellen kann.
Das Gegenteil ist schon schwieriger.
(KURT TUCHOLSKY)

Es ist nicht schlimm, wenn man hinfällt,
sondern wenn man liegen bleibt.

Ausgeschüttetes Wasser kann man nicht mehr auffangen.

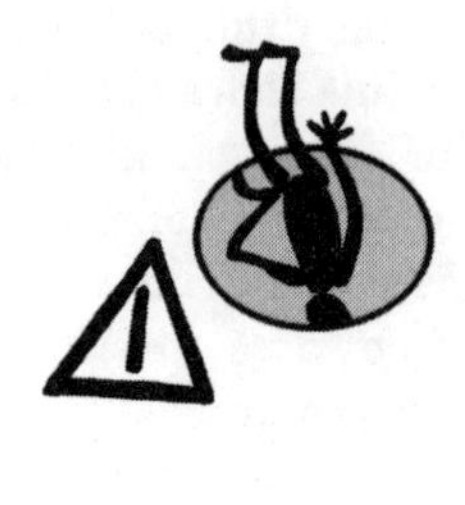

Was Menschen gemeinsam ist und worin sie sich unterscheiden

Ideale sind wie Sterne, man kann sie nicht erreichen, aber man kann sich nach ihnen orientieren.

Der Sonnenrufer

Auf dem Hühnerhof erkrankte der Hahn so schwer, dass man nicht damit rechnen konnte, dass er am nächsten Morgen krähen werde. Die Hennen machten sich daraufhin große Sorgen und fürchteten, dass die Sonne an diesem Morgen nicht aufgehe, wenn das Krähen ihres Herrn und Meisters sie nicht rufe. Die Hennen meinten nämlich, dass die Sonne nur aufgehe, weil der Hahn krähe. Der nächste Morgen heilte sie von ihrem Aberglauben. Zwar war der Hahn zu krank, um krähen zu können, doch die Sonne schien; nichts hatte ihre Gang beeinflusst.

So wie ein Samenkorn eine Fülle von Fähigkeiten besitzt, die durch die Umwelt wie etwa den Boden, den Regen, den Gärtner usw. entfaltet werden, so entwickelt auch der Mensch seine Fähigkeiten in enger Beziehung zu seiner Umwelt. Dem Konzept der Differenzierungsanalyse liegt die Auffassung zugrunde, dass jeder Mensch ohne Ausnahme Grundfähigkeiten besitzt, die *Erkenntnisfähigkeit* und die *Liebesfähigkeit* (Emotionalität). Diese beiden Grundfähigkeiten stehen als zusammenfassende Kategorien hinter den primären und sekundären Fähigkeiten. Sie sind jedoch nicht nur formal die höhere Abstraktionsstufe der Aktualfähigkeiten, sie stellen vielmehr die Gesamtheit der menschlichen Fähigkeiten in einem noch undifferenzierten Stadium dar.

Aus den Grundfähigkeiten differenzieren sich im Verlaufe der individuellen Lebensgeschichte die Ausprägungen der Aktualfähigkeiten, die wir dann als persönliche und unverwechselbare Eigenschaften ansehen. Trotz erfolgter Differenzierung in Aktualfähigkeiten haben wir eine in ihrem Ausmaß nicht abschätzbare Menge von Entwicklungsmöglichkeiten, die in den Grundfähigkeiten ruhen.

Die Aktualfähigkeiten hängen von den geschichtlichen, sozialen und individuellen Bedingungen ab. Erkenntnis- und Liebesfähigkeit gehören dagegen zum Wesen eines jeden Menschen. Dies bedeutet nichts anderes als: *Der Mensch ist seinem Wesen nach gut.* Das gilt unabhängig von der Rasse, der ein Mensch angehört, ob er also schwarz, gelb, rot oder weiß ist, unabhängig von der sozialen Klasse, der er aufgrund der ökonomischen Verhältnisse angehört, und den psychologischen Typen, denen er zugerechnet wird, ob er intelligent, extravertiert, introvertiert, schizothym, zyklothym oder straffällig ist. Nicht nur der gesunde Mensch hat Grundfähigkeiten, sondern auch der kranke, dessen körperliche, seelische und geistige Funktionen gestört sind. Dies gilt selbst für psychisch kranke Menschen, deren Persönlichkeit stark eingeschränkt ist. Bei ihnen verhält es sich ähnlich wie bei aphasisch Sprachgestörten, die wohl fähig sind, eine Sprache zu verstehen und sprachlich zu denken, bei denen jedoch die notwendigen Werkzeugfunktionen gestört sind und die deshalb ihre Sprachfähigkeit nicht nach außen hin realisieren können.

Autistische Personen, die auf nahezu jeden sozialen Kontakt verzichten und abgeschlossen nur in sich leben, besitzen die Liebes- und Erkenntnisfähigkeit ebenso wie der katatone, starre und ausdruckslose Schizophrene oder der so genannte gemütlose Psychopath.

Störungen haben mit den Grundfähigkeiten nichts zu tun.

Es gibt keine schlechten Menschen: Wenn wir jemanden nicht ausstehen können, kann dies darauf beruhen, dass er anders aussieht, als wir es uns gewünscht haben, dass er eine andere Hautfarbe, einen anderen Gesichtsausdruck und bestimmte körperliche Eigenschaften hat, die wir nicht akzeptieren wollen. Wenn wir jemanden verabscheuen, uns vom ihm distanzieren und uns über ihn ärgern, kann das darauf beruhen, dass er nicht unsre Meinung vertritt, uns nicht höflich genug ist, uns warten lässt, unzuverlässig ist und an uns Verhaltensanforderungen stellt, die uns unbequem und ungewohnt sind. Wenn wir einen Menschen nicht mögen, so kann es daran liegen, dass er uns einmal enttäuschte, andere mit ihm schlechte Erfahrungen machten und wir ihm unser Vertrauen entzogen haben. Den Hässlichen jedoch können wir nicht hassen, weil er hässlich ist, den Unhöflichen nicht, weil er unhöflich ist und den Unzuverlässigen nicht wegen seiner Unzuverlässigkeit. Manche, die in unseren Augen hässlich sind, erscheinen in den Augen anderer Menschen schön. Manche, die uns unhöflich erscheinen, haben eine Höflichkeit, wie wir sie verstehen, noch nicht gelernt. Manche, denen wir das Vertrauen entzogen haben, verdienen unser Vertrauen in anderen Bereichen und zu einer anderen Zeit. Auch die jeweilige Zivilisation hat nichts mit dem Wesen des Menschen zu tun. Unsere Vorfahren kannten keine Kleider, benutzen die Hände statt eines Essbestecks, kannten kein Wasserklosett, besuchten weder Schulen noch Universitäten. Und sie waren doch Menschen und uns gleichwertig, genauso wie Menschen aus unserer Zeit, die ein anderes Entwicklungsniveau haben und andere Normen vertreten. Auch wir haben beispielsweise erst die Sauberkeit und Pünktlichkeit gelernt, die wir jetzt vertreten, und zusammen damit die Konfliktanfälligkeit, die sie mitbringen.

Verschiedene Bedingungen, seien es körperliche Schädigungen oder Umweltbedingungen, können dazu führen, dass ein Mensch nicht den geeigneten Zugang zu seinen Fähigkeiten findet. Sicher mag es Fälle geben, bei denen die Liebes- und Erkenntnisfähigkeit so blockiert ist, dass trotz aufwendigster Behandlungen eine Behebung der Beschwerden nicht erreicht werden kann. Jedoch ist es weder logisch noch zulässig, aus der Störung der Werkzeugfunktion und der scheinbar aussichtlosen Prognose zu schließen, dass die Grundfähigkeiten überhaupt nicht vorhanden seien. Die Aussichtslosigkeit ist nicht nur Funktion der Störung, sondern zugleich der historisch bedingten Heilmittel, die man zur Verfügung hat. Eine Entscheidung im Sinne des diagnostischen Urteils erfordert daher nicht selten den Mut des Therapeuten, das Podest des „Objektiven" zu verlassen und zu gestehen: *Ich kann ihm noch nicht helfen,* statt zu sagen: *Es ist ihm nicht zu helfen.*

Wir verlassen damit die Ebene des unmittelbar Beobachtbaren und begeben uns auf die Ebene der Konstrukte, die zwar selber nicht beobachtbar, jedoch erschließbar sind. Wenn wir das Licht einer Glühlampe sehen, sehen wir nur dieses, jedoch nicht seine Ursache, den elektrischen Strom. Ihn können wir erst über seine Wirkungen erschließen.

In diesem Sinn verstehen wir Erkenntnis- und Liebesfähigkeit als jedem Menschen ohne Ausnahme eignende psychische Dispositionen, die ihrer Aktualisierung und Differenzierung bedürfen. Alle anderen Fähigkeiten können aus diesen beiden Grundfähigkeiten abgeleitet oder als Ausdruck verschiedener Kombinationen der Grundfähigkeiten verstanden und auf vielfältige Lebenslagen angewandt werden. Beide Grundfähigkeiten stehen in funktionalem Zusammenhang. Die angemessene Entwicklung einer Fähigkeit unterstützt und erreicht die Entwicklung der anderen. Jeder Mensch verfügt über Grundfähigkeiten, die ihm eine große Bandbreite von Möglichkeiten eröffnen. Je nach den Bedingungen seines Körpers, seiner Umwelt und der Zeit, in der er lebt, werden sich diese Grundfähigkeiten differenzieren und zu einer unverwechselbaren Struktur von Wesenzügen führen.

Es gibt keine Sünder ohne Zukunft
und keine Heiligen ohne Vergangenheit.

❖

Ärgere dich nicht darüber, dass der
Rosenstrauch Dornen trägt, sondern freue dich darüber,
dass der Dornenstrauch Rosen trägt.

❖

Du weißt nicht, wie schwer die Last ist, die du nicht trägst.

Aktualkonflikte und Grundkonflikte

Es ist nicht schlimm, wenn man hinfällt,
sondern wenn man liegen bleibt.

Ausgeschüttetes Wasser kann man nicht mehr auffangen.

Der Sohn eines Fürsten heiratete eine junge Frau. Der Bräutigam war von großen Ideen beseelt, aber er kümmerte sich nicht um alltägliche Dinge des Lebens. Nach einer Weile ließ sich seine junge Frau scheiden und ging.

Das Schicksal hatte anderes für den Fürstensohn vorgesehen. Er wurde eine berühmte Persönlichkeit des Landes. Seine geschiedene Frau spielte mit dem Gedanken, ihn wieder zu gewinnen, besuchte ihn und bat um eine Versöhnung. Der Mann holte einen großen Eimer voll Wasser, schüttete das Wasser auf den Boden und bat die Frau, das Wasser wieder in den Eimer zu tun. Alles was sie zusammenbringen konnte, war eine kleine Menge unreines und schmutziges Wasser. Der Mann sprach: „Ein Neubeginn ist genau so schwer, wie verschüttetes Wasser wieder in den Eimer zu bekommen."

Um einen Konflikt verstehen zu können, müssen wir wissen, wie er sich entwickelt hat und welche inneren und äußeren Bedingungen die Weichen für diese Entwicklung gestellt haben. Wir verfolgen damit die Lebensgeschichte der einzelnen Familienmitglieder und die Beziehungen, welche das Bild ihrer Persönlichkeiten geprägt haben. Wir kommen dabei auch auf die Konzepte zu sprechen, die bereits vor der Geburt dieser bestimmten Menschen in ihrer Familie vorherrschten und die gewissermaßen die soziale Form prägten, in die sie mit ihren Fähigkeiten hineinwuchsen. In ihrer zeitlichen und konditionalen Abfolge lassen sich zwei Konfliktbereiche unterscheiden: der Aktualkonflikt und der Grundkonflikt.

Aktualkonflikt: Damit sind Konfliktsituationen gemeint, die durch aktuelle Probleme bedingt sind, wie berufliche Überforderung, Eheschwierigkeiten, Schwierigkeiten mit den Kindern und Eltern usw. und die als Auslöser einer bestehenden akuten Symptomatik gelten können. Inhaltlich äußert sich der Aktualkonflikt vor allem durch die Verhaltensweisen, die in den Aktualfähigkeiten zum Ausdruck kommen. Diese Inhalte, die im subjektiven Wertsystem begründet liegen, führen zu Konflikten, sobald ihre Auswirkungen die individuellen Grenzen der Belastbarkeit überschreiten:

Ein Kind kommt von der Schule nach Hause und wirft die Schulmappe mit Schwung in die Ecke des Flurs. Die Mutter hat dies von der Küche aus gesehen und beginnt sich fürchterlich darüber zu ärgern. Sie möchte das Kind zur Ordnung rufen, bekommt aber vor innerer Erregung kein Wort heraus, fängt an zu zittern und beginnt plötzlich hemmungslos zu weinen. Ihr Ärger beruht zunächst auf der Einstellung, Ordnung sei außerordentlich wichtig. Diese Einstellung wiederum liegt in dem begründet, was wir als Grundkonflikt bezeichnen.

Grundkonflikt: Der Aktualkonflikt kommt nicht zufällig wie ein Blitz aus heiterem Himmel. Er entwickelt sich mitunter sehr langsam und erreicht schließlich einen Stellenwert, an dem die Konfliktbereitschaft einer Familie oder eines ihrer Angehörigen in seelische oder körperliche Störungen umschlägt. Es ist wie mit dem Tropfen, der das Fass zum Überlaufen bringt. Wir fragen daher nicht nur nach diesem einen Tropfen, der den Aktualkonflikt hervorgerufen hat, sondern auch nach den vielen Tropfen, die das Fass bisher gefüllt haben. Das bedeutet, dass wir die Entwicklung eines Menschen bis in seine frühe Kindheit und die familiären Entwicklungsbedingungen – wenn möglich – über mehrere Generationen verfolgen. Ausrüstung für diesen Ausflug in die Vergangenheit ist wiederum das Instrumentarium der Positiven Psychotherapie.

Mit dem Grundkonflikt erfassen wir die Konfliktbereitschaften sowohl in der Persönlichkeitsstruktur wie auch in der Familienstruktur. Vor allem psychoanalytische und tiefenpsychologische Theorien beschäftigen sich mit dem Grundkonflikt, dessen Bewusstwerdung und Aufarbeitung Ziel und Therapie sind.

Ein Mann formuliert seinen Ärger wie folgt: „Während sich meine Mutter nach jedem Fusselchen bückte, lässt meine Frau den Staub zentimeterdick liegen."

Hier kann ein Staubkrümel zum Anlass eines weitergehenden Konflikts werden.

Im Mittelpunkt des Grundkonfliktes stehen für die Positive Familientherapie die Spielregeln, die eine Konfliktdisposition darstellen. Da diese Konzepte bereits früh in der Entwicklung erworben werden, bezeichnen wir sie auch als Grundkonzepte. Sie sind eine Thema im Leben eines Menschen, das sich in verschiedenen Variationen immer wiederholt. Aus diesem Grund strebt die Positive Familientherapie eine Umstrukturierung der Konzepte, vor allem der Grundkonzepte an. Damit spielt sich der therapeutische Prozess nicht nur im Individuum ab. Vielmehr ist er ein Prozess, der sowohl in der Persönlichkeit des Einzelnen als auch in den Beziehungsstrukturen zu seiner Gruppe abläuft.

Warum ist die Mutter unseres Beispiels der Ansicht, das In-die-Ecke-Werfen des Ranzens wiege so schwer, dass sie sich darüber ärgern muss? Die Antwort auf diese Frage darf man in der Lernvergangenheit der Mutter suchen. Folgende Situationen sind denkbar: Die Mutter wurde als Kind wegen ihrer Unordnung ausgeschimpft und bestraft. Oder: Die Aufgaben der Ordnung wurden ihr in der Kindheit abgenommen, und sie erwartet nun, dass die anderen für die Ordnung sorgen. Oder: Sie wurde einseitig für ihre „Ordnung" verstärkt, auf die sie nun besonders achtet.

Bei einer Analyse der Familiensituation zeigt sich, dass die Mutter das Verhalten ihrer eigenen Mutter imitiert (Tradition) und sich ohne bewusste Kontrolle mit ihr identifiziert. Die emotionale Beteiligung rührt u. a. daher, dass sich die Mutter für ihren Mann und ihr Kind und den Haushalt aufgeopfert und ihre eigenen Interessen und Bedürfnisse vernachlässigt hat (Beziehung zum Ich). Dabei wird das Verhalten des Kindes als Undankbarkeit und Ungerechtigkeit erlebt. Die Konzentrierung ihrer Zuwendung auf das Kind liegt zum Teil darin begründet, dass ihr Ehemann nur wenig Zeit für seine Familie aufbringt (Du) und dass die Mutter kaum eigene Kontakte zu anderen Menschen hat (Wir). Die Hoffnung der Mutter richtet sich nun auf das Kind. Dabei hält sie sich an die übernommenen Vorstellungen von Ordnung und Gehorsam, die als Voraussetzungen für einen „anständigen Menschen" tief in ihr verwurzelt sind (Ur-Wir).

Die Positive Familientherapie betrachtet Menschen nicht nur, wie sie einmal waren und wie sie gegenwärtig sind; sie versucht in ihnen zugleich das zu sehen, was sie werden können, und solche Entwicklungsmöglichkeiten zu fördern.

Die Einstellungen, die als unveränderbar und persönlichkeitsgebunden erscheinen, werden auf ihre lebensgeschichtlichen Voraussetzungen hin relativiert. Neben dem Prozess der Bewusstmachung, des Auffüllens von Erinnerungslücken und des Wiedererlebens der Entwicklungsgeschichte wird ein weiterer Prozess eingeleitet: Indem die konfliktträchtigen Einstellungen und Verhaltensweisen auf ihre Voraussetzungen hin untersucht werden, können die Familienmitglieder sie immer mehr positiv gestalten. Sie lernen, dass ihr Konflikt beeinflussbar ist. Ziel ist, konfliktbesetzte Verhaltens-Bereiche (Aktualkonflikt) als lebensgeschichtlich bedingt (Grundkonflikt) und veränderbar (Beziehung zur Zukunft) zu begreifen.

Für jede Schwierigkeit gibt es eine Lösung:
entweder sie zu lösen – oder sie zu ertragen.

❖

Man sieht den Wald oft vor lauter Bäumen nicht.

❖

Das chinesische Schriftzeichen für „Krise“
ist aus den Zeichen „Gefahr“ und „Chance“
zusammengesetzt.

❖

Eine Veränderung
in der Einstellung Menschen und Dingen gegenüber
verändert die Menschen und die Dinge.
(James Allen)

Verbindung zu anderen psychotherapeutischen Methoden

Wir müssen lernen,
in neuen Situationen neu nachzudenken.

So geht es in der Welt: der eine steigt, der andere fällt.

Ein Mann war sehr stolz auf sich und meinte, dass ihn bisher niemand hereinlegen konnte oder ihm etwas vormachen konnte.

Da kam der schlaue Hakim zu ihm und sagte: „Das ist ja kinderleicht. Es lohnt sich nicht, mit dir darüber zu wetten." Der erste meinte: „Da du es sowieso nicht schaffen würdest, sagst du es nur so." Hakim war ärgerlich und sagte zu ihm: „Ich muss jetzt noch etwas erledigen. In ungefähr einer Stunde bin ich zurück, dann werde ich dir zeigen, wie ich dich reinlegen kann." Zwei Stunden wartete der Mann auf seinen Herausforderer. Er kam aber nicht. Der Mann merkte nicht, dass er das betrogene Opfer war.

In der Positiven Psychotherapie beschränken wir uns nicht auf allgemeine Feststellungen wie „autoritäres Elternhaus", „starke Elternbindung", „harte oder weiche Erziehung". Und wir sprechen nicht nur von „Selbstwertkonflikten", Minderwertigkeitsgefühlen", „sexuell gestört", „beruflich überfordert", „falsch erzogen", „religiös fixiert", bindungsunfähig", „unter Stress stehend", „Loch im Ich", „kontaktarm", „Phobien" oder einem weitgehend unbestimmten Über-Ich. Wir geben vielmehr die konkreten Inhalte (Aktualfähigkeiten) der innerseelischen und zwischenmenschlichen Vorgänge an.

Bei Depressionen zum Beispiel fragen wir nicht nur nach der depressiven Symptomatik oder nach festgelegten Schlüsselkonflikten, sondern nach den damit gegebenenfalls korrespondierenden konflikthaft besetzten Verhaltensbereichen. Bei einer Angstsymptomatik thematisieren wir nicht primär die Angst, sondern eine Reihe von Bedingungen, die Angst auslösend wirken: Eine Patientin entwickelte zum Beispiel immer dann Ängste, wenn sie abends auf ihren Ehemann warten musste. Ihre Angst zentrierte sich also inhaltlich um die psychosoziale Norm „Pünktlichkeit".

An dieser Stelle eröffnet sich – neben der Bedeutung, welche die Positive Familientherapie für sich hat – die Möglichkeit einer Integration mit anderen psychotherapeutischen Richtungen. Von der Psychoanalyse her könnte man zum Thema „Pünktlichkeit" assoziieren lassen und diese Assoziationen aufarbeiten. In diesem Zusammenhang könnten die Ablösungsproblematik und die infantilen Trennungsängste zur Sprache kommen. Gerade für eine themenzentrierte oder fokussierte Kurztherapie scheint das inhaltliche Vorgehen sinnvoll. Für die Verhaltenstherapie würde die inhaltliche Präzisierung der Angst als Angst in Pünktlichkeitssituationen eine wesentliche Hilfe für eine zutreffende Angsthierarchie sein, die wir dann auch als „Pünktlichkeitshierarchie" bezeichnen könnten.

So können verschiedene psychotherapeutische Richtungen mit Gewinn Gebrauch von dem Instrumentarium der Positiven Psychotherapie machen, ohne ihre Eigenständigkeit aufzugeben.

Der kluge Mann baut vor.
(FRIEDRICH SCHILLER)

Auch wenn die Brücke bricht, bestehen die Ufer weiter.

Der Hastige überspringt seine Gelegenheiten.

Die Bedeutung von Aktualfähigkeiten bei Konflikten

Die Würde eines Menschen kommt darin zum Ausdruck, wie viel Wahrheit er verträgt.

Aufrichtig und ehrlich sein bringt Gefahr

Eine Frau besuchte ihren kranken Mann im Krankenhaus. Auf dem Weg zu seinem Zimmer traf sie die hübsche Krankenschwester und fragte nach dem Befinden ihres Mannes. „Es geht im viel besser", sagte die junge Frau, „er versucht jetzt mich zu küssen."

Die sekundären und primären Fähigkeiten (Aktualfähigkeiten) sind nicht nur Begriffe oder zufällige Zeiterscheinungen. Sie treten vielmehr als tradierte und aktuelle Regeln, Normen und Einstellungen der zwischenmenschlichen Beziehungen und als mehr oder weniger wirklichkeitsadäquate Verhaltensdirektiven des Individuums in Erscheinung. Sie sind als spezifisch menschliche Fähigkeiten im Verlauf der Sozialisation ausgeprägt, erworben, internalisiert worden und zum Teil affektiv besetzt.

„Die ungewaschenen Hände meines Sohnes verderben mir den Appetit." So die Worte einer 26-jährigen Mutter, die unter nervösen Magenbeschwerden leidet.

„Wenn ich erfahre, dass meine Tochter in der Schule schlechte Noten bekommen hat, bekomme ich Herzschmerzen, und kalter Schweiß läuft mir den Rücken herunter." So eine 34-jährige Mutter von zwei Kindern.

Während für die eine Bezugsperson zum Beispiel der Fleiß von besonderer Bedeutung sein kann, kann es für die andere die Ordnung, die Pünktlichkeit, die Höflichkeit, die Ehrlichkeit, die Sparsamkeit, die Gerechtigkeit, die Genauigkeit usw. sein.

Mit den Wirkungen der Aktualfähigkeiten werden wir im persönlichen und kollektiven Bereich tagtäglich konfrontiert: etwa wenn eine Ehe zustande kommt oder geschieden wird, wenn eine Freundschaft in die Brüche geht, wenn jemandem der Arbeitsplatz gekündigt wird, wenn das Verhältnis der Gruppen und Völker zueinander zum Konfliktpotential wird usw.

Über den Einfluss der Tradition werden die Aktualfähigkeiten zu spezifischen Kennzeichen einer Gruppe, die u. a. wesentlichen Einfluss auf das Verhältnis von Gruppenmitgliedern ausübt.

In der psychotherapeutischen und medizinischen Literatur finden sich besonders im Zusammenhang mit vegetativ-funktionellen Störungen und darüber hinaus mit Verhaltsstörungen, Neurosen und Psychosen zahlreiche Hinweise auf einzelne Aktualfähigkeiten. S. Freud (1942) nannte die Sexualität und Sauberkeit. C. G. Jung (1940), F. Künkel (1962) und V. Frankl (1959) betonen die Bedeutung des Glaubens. E. Fromm (1971) spricht von Hoffnung. A. Mitscherlich (1967) stellt die Bedeutung der Leistungsanforderung und Leistungsmotivation heraus. R. Dreikurs (1970) weist auf die Beziehungen von Erfolg, Prestige und Genauigkeit bei Erziehungsproblemen hin. Bach und Deutsch (1962) verweisen auf die Bedeutung einer offenen Beziehung (Ehrlichkeit) in der Partnerschaft. E. H. Erikson (1966, 1971) formuliert eine Stufenfolge von Tugenden, welche nach den einzelnen Entwicklungsstadien des Menschen und der Reifung der psychischen Funktionen aufgebaut ist. Er nennt: Vertrauen, Hoffnung, Willen, Zielstrebigkeit, Treue im Jugendalter, Fürsorge und Weisheit im Erwachsenenalter.

Erfahrungen zeigen, dass Verschiebungen im Bereich der sekundären und primären Fähigkeiten zu einer Einengung und Einschränkung des Weggesichtsfeldes führen. Der Mensch ist von ihrem Wert so geblendet, dass er blind für andere Werte und Fähigkeiten wird.

„Für mich zählt nur ein Mensch, der sich gut benimmt. Es kann jemand noch so erfolgreich sein, wenn er nicht die entsprechende Höflichkeit zeigt, ist er bei mir unten durch." So eine 53-jährige Patientin mit Kopfschmerzen und Kreislaufbeschwerden.

Bei den Aktualfähigkeiten dargestellte Störungen können sich aufgrund einer Dissonanz innerhalb der sekundären Fähigkeiten selber (man kann fleißig sein, aber nicht ordentlich), innerhalb der primären Fähigkeiten (man kann zu anderen Vertrauen haben, aber nicht zu sich selbst) oder in der Beziehung zwischen primären und sekundären Fähigkeiten entwickeln (man kann ordentlich sein, aber nicht geduldig).

Unter diesem Aspekt können vegetativ-funktionelle Störungen, ferner Neurosen und Psychosen auch als Reaktionsweisen auf Konflikte zwischen primären und sekundären Fähigkeiten und damit als Folge einer mangelnden Differenzierung interpretiert werden.

Transkulturelle Unterschiede

Im Allgemeinen neigen wir dazu, solche Menschen als Freunde zu gewinnen, die in ähnlicher Weise denken wie wir, die gleiche Ansichten über bestimmte Dinge haben und sich bezüglich der Geschmacksrichtungen und Liebhabereien nicht so sehr von der eigenen Position unterscheiden. Ist eine Gruppe unter diesen Gesichtspunkten zusammengesetzt, bildet sich bald ein festes Repertoire von Antworten und somit ein gemeinsamer Grundstock von Selbstverständlichkeiten. Man hat sich nach einiger Zeit kaum noch Neues zu sagen und gefällt sich darin, das Gleiche zu hören und zu wiederholen, weil es bequem ist. Treffen Menschen unterschiedlicher Herkunft und Kultur zusammen, entwickeln sich leicht Spannungen. Sie sind in der Regel darauf zurückzuführen, dass unterschiedliche Verhaltensmuster und verschiedene Erwartungen aufeinander stoßen. Man stelle sich vor, ein Gruppenmitglied habe gelernt, besonders auf Höflichkeit zu achten. Es wird versuchen, den anderen Mitgliedern gegenüber Aggressionen zu vermeiden, jedoch zugleich eine recht geringe Toleranzschwelle gegenüber der Unhöflichkeit der anderen Gruppenmitglieder haben. Umgekehrt kann ein anderer Gruppenpartner diese Haltung als heuchlerisch und unehrlich empfinden, da er es gelernt hat, geradeheraus seine Meinung zu sagen. Allein das Wechselspiel dieser beiden Gruppenmitglieder wird Zündstoff genug liefern, um unter Umständen die Gruppe auseinander fallen zu lassen.

Im Abendland beobachten wir die Tendenz, die sekundären Fähigkeiten, zum Beispiel die Leistungsfähigkeit, besonders hervorzuheben, was zuweilen mit einer Vernachlässigung primärer Fähigkeiten, wie etwa dem Kontakt, einhergeht. Im Orient besteht dagegen die Neigung, die primären Fähigkeiten zu betonen, die sich am Kontakt orientieren, wobei verschiedene sekundäre Fähigkeiten offensichtlich vernachlässigt werden.

Ein Beispiel für transkulturelle Unterschiede ist der Umgang mit den Aktualfähigkeiten „Zeit", „Pünktlichkeit", „Geduld". Jeder Mensch verfügt über die Fähigkeit, seine Zeit einzuteilen. Wie jedoch diese Zeiteinteilung bewertet wird, hängt wesentlich von dem jeweiligen kulturellen Bezugsfeld ab. Eine hochorganisierte Industriegesellschaft ist auf die Pünktlichkeit ihrer Mitglieder angewiesen. In einer bäuerlichen Gesellschaft dagegen werden Menschen die Zeit weniger straff einteilen und nicht so sehr der Pünktlichkeit, sondern eher der Geduld einen höheren Stellenwert beimessen. Dies ergibt sich aus ihrer Situation. Sie sind darauf angewiesen zu warten und sich dem Rhythmus der Natur anzupassen. So fordern verschiedene Systeme eine unterschiedliche Beziehung zur Zeit. Keine dieser Auffassungen von Zeiteinteilung ist von vornherein die bessere. Jede hat ihre eigenen Probleme, die aus der Einseitigkeit resultieren: Betonung der Pünktlichkeit im Zusammenhang mit den Stressphänomenen der Industriegesellschaft; großzügig strukturierte Zeiteinteilung im Zusammenhang mit dem Fatalismus orientalischer Bevölkerungsgruppen. Die Beziehung zu „Fleiß" und „Leistung" entspricht diesem Unterschied: an Produkten, am Überfluss und am Konsum orientierte Gesellschaften auf der einen Seite, autarke und weniger produktionszentrierte Lebensweise auf der anderen Seite.

Geradezu spannend wird es, wenn unterschiedliche Bezugssysteme aufeinander treffen. Entwicklungshilfe, Industrialisierung und – in entgegengesetzter Richtung – Stadtflucht, Folklore und Alternativbewegung sind Beispiele für die Konfrontation derart unterschiedlicher Lebensweisen.

Die einzelnen Lebensstile und das Aufeinandertreffen verschiedener Konzepte rufen typische Konflikte hervor, und dies nicht zuletzt deshalb, weil alle Extremformen einer „primären" oder „sekundären" Orientierung an der Gesamtheit der Fähigkeiten des Menschen vorbeigehen. Die Fähigkeit zur Leistung (Erkenntnisfähigkeit, sekundäre Fähigkeiten) und die Fähigkeit zur Emotionalität (Liebesfähigkeit, primäre Fähigkeiten) schließen sich nicht aus, sondern ergänzen einander. Das lässt an eine Utopie denken mit gesellschaftlichen Bedingungen, unter denen der Mensch alle seine Fähigkeiten in einem harmonischen Verhältnis zueinander entfalten kann, also leistungsfähig ist, ohne die Beziehung zu seinen Gefühlen und zu seinen zwischenmenschlichen Abhängigkeiten zu verlieren, und eine reife Emotionalität und Kontaktbezogenheit entwickeln kann, ohne in der Entfaltung seiner produktiven Fähigkeiten behindert zu sein.

Nicht jeder muss die Ordnung eines Buchhalters, die Pünktlichkeit eines Maurers, die Genauigkeit eines Schneiders und die Sauberkeit eines Chirurgen haben. Losgelöst von der Situation und dem Zeitpunkt, zu dem sie ihre volle Berechtigung besitzen, werden diese Fähigkeiten zur Karikatur, mehr noch, zum Konfliktpotenzial.

Ein Chirurg wäscht sich mehrmals vor der Operation, jeweils über drei bis fünf Minuten, die Hände. Vollzieht er das gleiche Ritual zu Hause und verlangt es auch von seiner Familie, wird die in der einen Situation begründete und notwendige

Handlung zur Farce. Sie ist funktionslos (vgl. Peseschkian „Psychotherapie es Alltagslebens", S. 53).

Der Kluge ist auf alle Ereignisse vorbereitet.

Glaube nie etwas, was der Vernunft widerspricht,
ohne es zu prüfen.

Sei großzügig gegen jeden,
und sei vorsichtig,
von jedem etwas anzunehmen.

Wer fremde Sprachen nicht kennt,
weiß nichts von seiner eigenen.
(JOHANN WOLFGANG VON GOETHE)

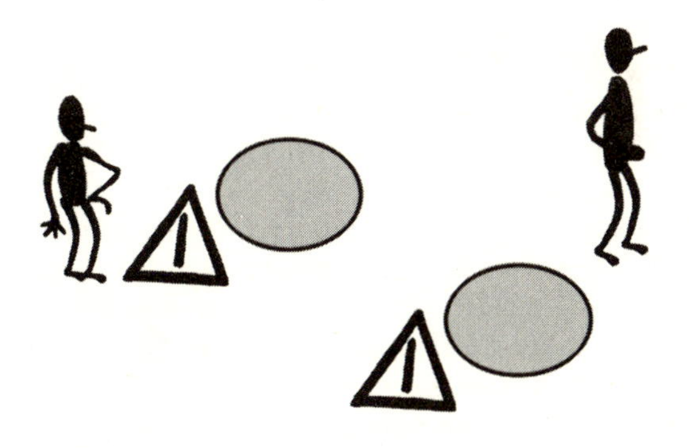

Drei Interaktionsstadien in der Entwicklung

Schon wegen der Neugier ist das Leben lebenswert.

Aus kleinem Wort kommt oft großer Zank

Ein Kind hat öfter etwas Erde in den Mund gesteckt. Die Versuche der Mutter, das Kind davon abzubringen, waren vergeblich. Auf einmal hatte die Mutter eine geniale Idee: „Wer Erde herunterschluckt, der bekommt einen dicken Bauch!" Es hat gewirkt. Wochen später, bei einer Kaffee-Einladung kommt eine schwangere Frau herein. Das Kind sprang auf und sagte zu ihr: „Ich weiß, was du gegessen hast, dass du so einen dicken Bauch bekommen hast!"

In der individuellen Entwicklung wie auch in partnerschaftlichen familiären Beziehungen durchläuft jeder Mensch drei Stadien: das Stadium der Verbundenheit, das Stadium der Differenzierung (Unterscheidung) und das Stadium der Ablösung. Sie strukturieren das zwischenmenschliche Zusammenleben (vgl. Positive Psychotherapie, S. 139–152).

1. Das Stadium der Verbundenheit:

Es beruht auf der biologischen Abhängigkeit des noch ungeborenen Kindes von seiner Muter. Sie wird nach der Geburt durch eine soziale Symbiose abgelöst. Das Kind ist auf die Zuwendung seiner sozialen Umwelt angewiesen. Es fordert Geduld, Zeit und Zuwendung und benötigt körperlichen und sozialen Kontakt. Die Eltern fühlen sich ihrerseits dem Kind durch Liebe, Hoffnung und Verantwortung verbunden. Doch das Bedürfnis nach Verbundenheit begleitet einen Menschen sein ganzes Leben lang. Auf ihm gründen sich zum wesentlichen Teil die Suche nach einem Partner, der

Wunsch, mit anderen Menschen zusammen zu sein und der Zusammenhang einer Gruppe, wie ihn die Familie darstellt. Wird das Bedürfnis nach Verbundenheit zum dominierenden Verhalten eines Menschen, das über längere Zeit hin andauert, und in seinen zwischenmenschlichen Beziehungen immer wieder auftritt, sprechen wir von einem *naiv-primären* Verhalten. Dieser Reaktionstyp entspringt in der Regel einer überbeschützenden Erziehung, in der die primären Fähigkeiten Vorrang hatten. Der naiv-primäre Typ entspricht der depressiven Neurosenstruktur. Die vorwiegende Reaktion ist die Flucht in die Einsamkeit oder die Flucht in den Kontakt, der Solidarität und Geborgenheit bietet.

Konzepte:
„Ich kann es nicht allein."
„Die anderen müssen mir helfen."
„Wenn ich keine Hilfe bekomme, dann ist alles vorbei."
usw.

2. Das Stadium der Differenzierung:

Die Differenzierung ist ein Grundprinzip sowohl der körperlichen als auch der seelischen Entwicklung. In der Sozialisation zeichnet sich das Stadium der Differenzierung (Unterscheidung) durch den Erwerb sozial erwünschten Verhaltens aus. Dies geschieht in der Differenzierung der Erkenntnisfähigkeit und der Ausprägung der sekundären Fähigkeiten, welche die Beherrschung der Natur und soziale Behauptung gewährleisten. Zum anderen vollzieht sich eine Differenzierung der Liebesfähigkeit, das heißt, wir lernen, wem gegenüber und wie Gefühle gezeigt werden dürfen und in welchen Umgangsformen wir unsere triebhaften Bedürfnisse befriedigen können. Mit anderen Worten: Durch die Unterscheidung gewinnen die Gefühle eine soziale Gestalt. Dieser Prozess vollzieht sich in der Auseinandersetzung mit den Strukturen, die wir in unserer Umgebung vorfinden. Während in der Stufe der Verbundenheit eher allgemeine Konzepte wie Optimismus, Pessimismus, Selbstakzeptanz oder Selbstablehnung geprägt werden, entstehen in der Stufe der Differenzierung spezialisierte Konzepte und Verhaltensnormen:

„Wasch dir die Hände!" – „Steh endlich auf!" – „Benimm dich anständig!" – „Lern was!" – „Sei sparsam!" usw. Dies geschieht durch direkte Anweisung, durch das Vorbild der Bezugsperson und dadurch, dass erwünschte Reaktionen bestätigt, unerwünschte ignoriert oder bestraft werden. Als Anpassung an die Umwelt kann Differenzierung ein reibungsarmes Leben ermöglichen. Sie führt jedoch dann zu Schwierigkeiten, wenn die eigene Struktur der Differenzierungen nicht mit den anderen Differenzierungsstrukturen übereinstimmt. Eine weitere Komplikation innerhalb der Differenzierung ist dann zu erwarten, wenn das sozial erwünschte Rollenverhalten den bestehenden Triebbedürfnissen nicht Rechnung trägt. Gewinnt die Differenzierung einseitig die Oberhand, sprechen wir von dem *sekundären Reaktionstyp.* Im Umfeld dieses sekundären Typs – er orientiert sich an den sekundären Fähigkeiten – ist die zwanghafte Neurosenstruktur angesiedelt. Der Zwanghafte wehrt mit seiner „Über-Differenzierung" bedrohliche Triebbedürfnisse ab und zwängt sie in das Korsett einer pedantischen Lebensweise. Den sachlichen Beziehungen wird Vorrang vor der emotionalen Beteiligung eingeräumt. Charakteristisch für den sekundären Typ ist die Flucht in die Aktivität.

Konzepte:
„Ich kann alles allein."
„Ich brauche keine Hilfe von anderen."
„Lass andere für dich arbeiten."
usw.

3. Das Stadium der Ablösung:

Innerhalb der Entwicklung des Menschen kann in jedem Entwicklungsstadium eine spezifische Einheit erreicht werden. Einheit bedeutet die Integration von Fähigkeiten zu einer individuellen Persönlichkeit. Damit ist eine Autonomie verbunden, deren Bedeutung bis zum Erwachsenenalter zunimmt.

Während ein Mensch in den frühen Abschnitten seiner Entwicklung im Sinne der Verbundenheit abhängig war und später durch Maßregeln gesteuert wurde, benötigt er später diese Informationen von außen nicht mehr in gleichem Maße. Er hat sie als Konzepte übernommen und entscheidet auf ihrer Grundlage für sich und andere. Das bedeutet zugleich, dass er sich von den engeren Bezugspersonen ablöst und die Informationen, die er braucht, selbstständig sucht und Verantwortung übernimmt. Wir können hier von einem Stadium der Ablösung sprechen, das die reifende und reife Persönlichkeit kennzeichnet. Ablösung bedeutet nicht nur, dass man sich von einem Objekt oder einer Person abwendet. Sie ist zugleich Zuwendung zu einem anderen Objekt, zu einer anderen Person. Diese Aufeinanderfolge von Ablösung und Verbundenheit ermöglicht es, Kontakt mit anderen Personen und Gruppen herzustellen, das heißt: sein Wertgesichtsfeld zu erweitern und neue Unterscheidungen zu erwerben, vielleicht aber auch alte Unterscheidungen umzuwerten. Viele Menschen schwanken zwischen Ablösung und Verbundenheit, möchten selbstständig sein, können jedoch diese Selbstständigkeit nicht ertragen oder wünschen sich die Zuneigung eines Partners, der sie jedoch in dem Wunsch nach Freiheit wieder entfliehen. Wir sprechen hier von dem *Doppel-Bindungs-Typ.* In groben Zügen entspricht der Doppel-Bindungs-Typ der hysterischen Neurosenstruktur. Davon betroffene Menschen lassen sich von außen her durch plötzliche Angebote und neue Möglichkeiten lenken und erscheinen sich selbst und ihrer Umgebung gegenüber als unberechenbar.

Konzepte:
„Ich kann alles allein, hilf mir doch."
„Ich will, aber ich will nicht."
„Wenn du mir hilfst, ist es mir unangenehm,
wenn du es lässt, ist es auch nicht recht."
usw.

Die Entstehungsbedingungen des Grundkonfliktes wurden hier unter typologischen Aspekten dargestellt. Typen sind ihrem Wesen nach abstrakte Zusammenfassungen gemeinsamer Merkmale. Die Wirklichkeit ist bunter. Hier finden sich weniger reine Formen als vielmehr Mischformen in ihren unterschiedlichsten Abstufungen und Schattierungen. Ein wesentlicher Unterschied zwischen den dargestellten typischen Haltungen und Verhaltensweisen und den meisten gängigen Typologien besteht darin, dass wir den Reaktionstyp dynamisch von seinen Entstehungsbedingungen her begreifen. Konstitution und Veranlagung spielen eine zweitrangige Rolle. Das heißt, jede Erziehungsform, jede typologische Zuordnung ist nicht notwendiges Schicksal, sondern kann sich im Lauf der Zeit ändern.

Fragen zu den drei Interaktionsstadien

Um festzustellen, in welchem Stadium der Interaktion sich der Partner befindet, stellt man sich die folgenden Fragen:

Stadium der Verbundenheit:

„Hat mein Partner (gerade jetzt) das Bedürfnis, mit mir zusammen zu sein?"
„Benötigt er meine Zuwendung?"
„Hat er eine intensive emotionale Beziehung zu mir entwickelt?"

Stadium der Differenzierung:

„Fehlen meinem Partner Informationen?"
„Benötigt er meinen Rat?"
„Braucht er meine Meinung als Entscheidungshilfe?"

Stadium der Ablösung:

Dies meint die Abschwächung, Änderung oder Auflösung emotionaler Beziehungen. Von Ablösung sprechen wir aber auch, wenn ein Partner eigene Vorstellungen durchzusetzen versucht, wenn er eigene Entscheidungen treffen möchte.

Wir fragen hier:

„Möchte mein Partner für sich, auch ohne meine Entscheidungshilfe, eine Entscheidung treffen?"
„Schränkt mein Rat seine persönliche Freiheit ein?"
„Beansprucht er für sich Unabhängigkeit?"

Jedes dieser Stadien trifft auf ein Erwartungsstadium der Bezugsperson.

Man fragt sich selbst:

„Erwarte ich, dass mein Partner bei mir bleibt, mir hilft, sich mir gegenüber emotional verbunden fühlt und Dankbarkeit zeigt?" (Verbundenheit).
„Habe ich das Bedürfnis, meinem Partner Rat zu geben, ihn in seinen Entscheidungen zu beeinflussen oder ihn zu warnen?! (Unterscheidung).
„Erwarte ich von meinem Partner Selbstständigkeit? Möchte ich die Verantwortung für ihn nicht mehr übernehmen? Halte ich es für richtig, ihn sich selbst zu überlassen? (Ablösung)

Beispiel für eine Situationsanalyse unter dem Gesichtspunkt der drei Interaktionsstadien Verbundenheit, Unterscheidung und Ablösung.

Verbundenheit	Unterscheidung	Ablösung
Die 28-jährige berufstätige Frau hat sich den ganzen Tag darauf gefreut, am Abend mit ihrem Mann zu schmusen.	Als der Ehemann nach Hause kommt, beschwert er sich: „Ich sehe, die Arbeit in der Küche ist noch nicht gemacht, und die Wäsche ist immer noch nicht gewaschen. Ich frage mich manchmal, wozu man heiratet!"	Er setzt sich vor das Fernsehgerät. Sie schließt sich ins Schlafzimmer ein.

Es gibt drei Wege zu richtigem Handeln:
Der erste – durch Nachahmung. Das ist das einfachste.
Der zweite – durch Erkenntnis. Das ist der edelste.
Der dritte – durch Erfahrung. Das ist der bitterste.

Gott gab uns die Zeit,
von Eile hat er nichts gesagt.

Sei nicht so süß, dass man dich auffrisst.
Und sei nicht so bitter, dass man dich ausspuckt.

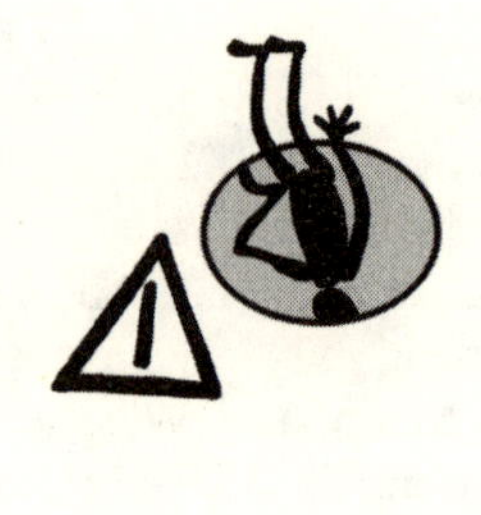

III.

Sich selber zu helfen wissen – Lösungsperspektiven

Die fünf Stufen der Positiven Psychotherapie und Selbsthilfe

Es ist nicht genug zu wissen,
man muss auch anwenden.

Wahre Weisheit

Der König wusste, dass sein Sohn und Thronfolger eines Tages seinen Platz einnehmen wird. Deshalb versuchte er, ihn mit bestmöglichem Wissen vertraut zu machen. Er holte die weisesten Männer des Landes und bat sie, seinen Sohn alles zu lehren, mit alledem, was die selbst wissen.

Die Lehrer arbeiteten sehr gründlich, bis der Junge alle Fragen beantworten konnte. Der König war sehr erfreut und beschenkte sie mit einem Sack voller Gold.

„Wir haben unser Bestes getan und jetzt weiß der Prinz alles über die Vergangenheit. Doch ein wahrer weiser Mann soll auch etwas über die Zukunft wissen."

Nach dieser Äußerung gingen die Lehrer. Der König dachte über die Worte der Weisen nach und rief einen Wahrsager in den Palast. Auch dieser Mann hat alles, was er wusste, dem Jungen beigebracht und danach den Palast verlassen.

Nun hat der König den besten Gelehrten des Landes geholt, um den Jungen zu testen. „Das ist ein einfacher Test", sagt der Gelehrte, „aber der Test sagt viel über deinen Sohn."

Der Gelehrte holte aus seiner Tasche etwas heraus. Der König und alle anderen durften es sehen, der Prinz aber nicht. Er hielt also den Gegenstand fest in seiner Hand und fragte den Jungen: „Was verberge ich in meiner Hand?" Der Junge erfasste die Hand des Weisen, überlegte und sagte: „Es ist hart und weiß, rund und hat ein Loch in der Mitte. Es muss ein Bergkristall sein."

Alle lachten, weil das Objekt hart, weiß, rund war und in der Mitte ein Loch hatte. Aber es war eine Perle und kein Bergkristall.

Der Gelehrte sagt: „Wahre Weisheit ist nicht, über alles Bescheid zu wissen, sondern das Beste aus dem Wissen zu machen."

Kernstück der Positiven Psychotherapie ist das fünfstufige Vorgehen. Die Logik dieses Vorgehens kann man an einem alltäglichen Beispiel verdeutlichen: Wenn wir uns über die Unhöflichkeit, Ungerechtigkeit oder Unehrlichkeit eines Partners ärgern, liegt es nahe, uns innerlich beunruhigt zu fühlen, offen über ihn zu schimpfen, mit anderen über ihn und seine Schwächen zu sprechen oder uns zurückzuziehen. Wir werden ihn nicht mehr als Menschen mit seinen vielfältigen Fähigkeiten sehen, sondern nur noch als Unhöflichen, Ungerechten oder Lügner, der uns durch sein offenbares Fehlverhalten gekränkt hat. Man ist weder bereit noch in der Lage, sich mit den vielen Eigenschaften dieses Menschen zu beschäftigen, die wir sonst als positiv und angenehm bewertet hätten. Die unangenehmen Erlebnisse legen sich wie ein Schatten auf die Beziehung zu ihm. Damit hat diese Beziehung einen eigenen destruktiven Verlauf genommen, der ganz typischen Spielregeln gehorcht: Man ist nur noch bereit, sich mit dem „Bösen" zu beschäftigen. Jede Auseinandersetzung verkümmert letztlich zu Machtkampf, Affektausbruch oder Resignation. Die Kommunikation ist blockiert. Schließlich kommt es so weit, das man, um die anderen zu bestrafen, die eigenen Ziele einschränkt und sich zurückzieht. Man begibt sich in den Schmollwinkel und zementiert den Zustand der Störung. Diese Entwicklungskette kann zu psychischen und psychosomatischen Störungen führen. Sie repräsentiert einen typischen Prozess der Konfliktverarbeitung. Ihm entspricht die fünfstufige Psychotherapie als Rahmenmodell des therapeutischen Vorgehens:

1. Stufe der Beobachtung/Distanzierung
2. Stufe der Inventarisierung
3. Stufe der situativen Ermutigung
4. Stufe der Verbalisierung
5. Stufe der Zielerweiterung

Gehen wir von dieser Entwicklungskette aus, die im Weiteren auch zu psychischen und psychosomatischen Störungen führen kann, ergibt sich folgendes Grundprinzip für eine Behandlung:

1. Stufe der Beobachtungen und Beschreibung:

Man legt, wenn möglich schriftlich, Rechenschaft ab, worüber, wem gegenüber und wann man sich ärgert.
- Beobachten Sie das Verhalten Ihres Partners. Schreiben Sie auf, worüber sie sich ärgern.
- Beschreiben Sie die Situation genau, in denen Sie sich ärgern.
- Während Sie den Partner beobachten, kritisieren Sie nicht. Geben Sie in dieser Zeit keine noch so wohlgemeinte Ratschläge.
- Probleme sind Privatsache; sprechen Sie nicht mit unbeteiligten Personen darüber.

2. Stufe der Inventarisierung:

Anhand eines Inventars der Aktualfähigkeiten (DAI) stellen wir fest, in welchen Verhaltensbereichen man selbst und der Partner positive Eigenschaften außer den kritisierten hat. Wir können damit einer Verallgemeinerung vorbeugen.
- Übertragen Sie Ihre Beobachtungen in das Differenzierungsanalytische Inventar (DAI).
- Signieren Sie die positiv ausgeprägten Fähigkeiten mit einem (+) und die negativen mit einem (–).

Das Inventar wird für Sie erst richtig verständlich, wenn Sie zu jeder einzelnen Aktualfähigkeit kurze Angaben machen, wo, wann, wie oft und wem gegenüber das Verhalten auftritt. Füllen Sie ebenso wie für den Partner ein DAI für sich selber aus: Bewerten Sie Ihre eigenen Aktualfähigkeiten.
- Finden Sie die konflikthaft ausgeprägten Aktualfähigkeiten heraus; einmal für den Partner, zum anderen für sich selber, und schließlich vergleichen Sie die beiden Profile der Aktualfähigkeiten.

3. Stufe der situativen Ermutigung:

Um ein Vertrauensverhältnis aufzubauen, verstärken wir einzelne positiv ausgeprägte Eigenschaften, die mit den negativ ausgeprägten Eigenschaften korrespondieren.

Die drei Extrembeurteilungen des Differenzierungsanalytischen Inventars werden aufgeschrieben.

Als das aktuelle Fähigkeitspaar wird die positive und negative Extrembeurteilung herausgesucht, die zur Zeit am wichtigsten erscheint.

Dem aktuellen Fähigkeitspaar des Partners wird die korrespondierende Fähigkeit der Bezugsperson gegenübergestellt. Korrespondierende Fähigkeit ist der Verhaltensbereich auf Seiten der Bezugsperson, welcher der negativ beurteilten Fähigkeit des Partners entspricht.

Eine Woche lang wird die positiv beurteilte Fähigkeit des Partners bei konkreten Anlässen gelobt. Kritisiert wird nicht. Für die Bezugsperson steht in dieser Zeit die korrespondierende Fähigkeit im Vordergrund. Sie führt zum Beispiel eine Woche der Geduld durch.

4. Stufe der Verbalisierung:

Um aus der Sprachlosigkeit oder der Sprachverzerrung des Konflikts herauszukommen, wird schrittweise die Kommunikation mit dem Partner nach festgelegten Regeln trainiert. Man spricht sowohl über die positiven als auch über die negativen Eigenschaften und Erlebnisse.

In dieser Stufe werden die auftretenden Konflikte durchgesprochen. Man beginnt das Gespräch mit gerechtfertigten Ermutigungen, um eine Vertrauensbasis herzustellen.

Der Partner nennt seine Beschwerden: die Bezugsperson hört zu.

Der Partner hört sich die Beschwerden der Bezugsperson an.

Für die auftretenden Probleme werden gemeinsame Lösungsmöglichkeiten gesucht.

5. Stufe der Zielerweiterung:

Die neurotische Einengung des Gesichtsfeldes wird gezielt abgebaut. Man lernt, den Konflikt nicht auf andere Verhaltensbereiche zu übertragen, sondern vielmehr neue und vielleicht bisher noch nicht erlebte Ziele zu erschließen.

Zwischenmenschliche Konflikte sind durch Zieleinengungen gekennzeichnet (man zieht sich zurück, reagiert einseitig).

In der Zieleinengung werden einzelne Aktualfähigkeiten zur Waffe (man sieht nur die Unordnung usw.). Die Zielerweiterung geschieht in den vier Bereichen der menschlichen Beziehung: In der Beziehung zum Ich, zum Du, zum Wir und zum Ur-Wir. In der Zielerweiterung sucht man die Einseitigkeit zu überwinden, indem man neue Betätigungen und Ziele für sich und seinen Partner sucht.

Die Einrichtung einer Familien-, Eltern-, oder Partnergruppe ermöglicht die systematische Auseinandersetzung mit Wünschen und Zielvorstellungen einzelner Familienmitglieder.

Die fünf Stufen zielen auf eine Erweiterung des Repertoires an Konfliktverarbeitungsmöglichkeiten hin.

Auf jeder dieser Stufen sind Geschichten, Konzepte und Parabeln hilfreich, die an die jeweiligen Erfordernisse der Behandlung angepasst werden können. Innerhalb der fünfstufigen Positiven Familientherapie sind sie Hilfsmittel, die den Patienten den Umgang mit Phantasiematerial ermöglichen. Zugleich sind sie Hilfsmittel für den Therapeuten, Beziehungen zur Phantasie und Intuition aufzunehmen.

Jede der fünf Stufen spricht den Menschen als soziales Wesen an, bezieht ihn in die Lebensgemeinschaft ein, in der er sich entwickelt und in der seine Konflikte entstehen. Sie provoziert seine Fähigkeit zur Selbsthilfe. Die Positive Familientherapie greift also auf die Familiengruppe zurück, in welcher der Patient lebt. Wenn diese Familiengruppe nicht mehr greifbar ist, bezieht sie unter Umständen Menschen ein, die in irgendeiner Form die familiäre Umgebung ersetzen (vgl. Peseschkian, 2002: Wenn du willst, was du noch nie gehabt hast, dann tu, was du noch nie getan hast).

Erfahrungen wurden mit dieser Methodik bei partnerschaftlichen Konflikten, Erziehungsproblemen, Depressionen, Phobien, Sexualstörungen, psychosomatischen Beschwerden wie Magen-Darm-Beschwerden, Herz- und Kreislaufbeschwerden, rheumatischen Beschwerden und Asthma gesammelt.

Der Behandlungserfolg zeigt, dass in der Regel schon nach einer kurzen Zeit (nach 10 bis 15 Sitzungen) entweder eine erhebliche Besserung der Beschwerden oder eine Heilung erfolgte. Kontrolluntersuchungen nach einem Jahr zeigten in der Mehrzahl der Fälle einen dauernden Therapieerfolg. Besonders günstige Erfolge zeigen sich bei neurotischen und psychosomatischen Störungen. Damit erwies sie sich im Vergleich zu den üblichen anderen Therapieformen als eine günstige Alternative.

Sie verachten einander und tun einander schön;
sie wollen einander über sein
und machen voreinander Bücklinge.
(Marc Aurel)

Viele denken, sie sind frei,
weil sie machen können, was sie wollen,
und merken doch nicht, dass sie ihre Diktatur in sich tragen.
(Ernesto Cardenal)

Wisset, dass das Geheimnis des Glücks die Freiheit,
das Geheimnis der Freiheit aber der Mut ist.
(Perikeles)

Man lebt nicht, wenn man nicht für etwas lebt.
(Robert Walser)

Was du erhältst, nimm ohne Stolz an,
was du verlierst, gib ohne Trauer auf.
(Marc Aurel)

Mache deine Stolpersteine zu Treppenstufen.

50 Jahre Höflichkeit

Ein älteres Ehepaar feierte nach langen Ehejahren das Fest der Goldenen Hochzeit. Beim gemeinsamen Frühstück dachte die Frau: „Seit 50 Jahren habe ich immer auf meinen Mann Rücksicht genommen und ihm immer das knusprige Oberteil des Brötchens gegeben. Heute will ich mir endlich diese Delikatesse gönnen." Sie nahm sich das Oberteil des Brötchens und gab das andere Teil ihrem Mann. Entgegen ihrer Erwartung war dieser hocherfreut, küsste ihre Hand und sagte: „Mein Liebling, du bereitest mir die größte Freude des Tages. Über 50 Jahre habe ich das Brötchen-Unterteil nicht mehr gegessen, das ich vom Brötchen am allerliebsten mag. Ich dachte mir immer, du solltest es haben, weil es dir so gut schmeckt."

Vier Reaktionstypen im Umgang mit Konflikten:

1. Der Höfliche:

Er hält aus Rücksicht auf andere mit seiner Meinung hinter dem Berg: „Das kann ich doch nicht sagen." Auf der anderen Seite hegt er die Erwartung, dass die anderen ihm seine Wünsche von den Augen ablesen: „Das können sie sich doch denken." Die enttäuschten Erwartungen sammeln sich hinter der Maske der Höflichkeit und äußern sich darin, dass der Höfliche sich zurückzieht oder psychosomatische Beschwerden entwickelt: „Die hätten sich doch denken können, dass ich mich dafür interessiere. Stattdessen denken sie nur an sich. Mit solch egoistischen Menschen kann ich nicht zusammenleben."

Das ist der Typus des Konfliktverleugners, der versucht, sich nach außen ruhig und konfliktfrei zu verhalten. Diese Menschen verleugnen die Probleme oft aus Angst.

2. Der Ehrliche:

Er sagt seine Meinung geradeheraus, sagt, was er denkt, gleichgültig, ob er seine Partner damit verletzt oder nicht: „Ich habe ihm meine Meinung gesagt. Wenn er das nicht verträgt, kann er mir gestohlen bleiben." Er drückt seine Interessen durch und gilt daher als Egoist. Von seiner Umgebung wird seine Ehrlichkeit unter Umständen auch geschätzt. Häufiger ist jedoch das Unverständnis der anderen, die sich durch den „Egoismus" brüskiert fühlen. Folge davon können Schuldgefühle sein.

Das ist der Typus des Konfliktverstärkers. Er neigt dazu, Konflikte sofort anzugehen und auf einer Lösung zu beharren.

3. Der Wankelmütige:

Er pendelt zwischen Höflichkeit und Ehrlichkeit, zwischen Aggression und Schuldgefühlen: „Es tut mir leid, dass ich so schonungslos mit ihm umgegangen bin, ich weiß nicht, wie ich es wieder gutmachen kann." – „Lange Zeit habe ich nichts gesagt und alles hinuntergeschluckt. Jetzt ist mir aber der Geduldsfaden gerissen, und ich habe ihm Wort für Wort gesagt, was ich von ihm denke."

Das ist der Typus des Konfliktverschiebers. Er sieht die Probleme, geht sie aber nicht an, sondern wendet sich anderen Dingen zu.

4. Der Kluge:

Er integriert Ehrlichkeit und Höflichkeit: „Sie haben in dieser Arbeit einige Fehler gemacht – das kann passieren. Bitte machen Sie es noch einmal."

Das ist der Typus, der fähig ist, Probleme angemessen zu lösen und zu verarbeiten, so dass nicht nur er davon profitiert, sondern auch sein Konfliktpartner.

Es gilt, kommunikative Fähigkeiten zu entwickeln, die beispielsweise darin bestehen, dass man sich traut zu sagen, was einem gefällt oder nicht gefällt, was man möchte oder ablehnt. So können sich die anderen akzeptiert fühlen und können verstehen, was man meint.

Außerdem werden metakommunikative Fähigkeiten angesprochen, die darin bestehen, dass man in der Lage ist, Kommunikationsstörungen zu erkennen, ihre Bedingungen und Ursachen zu erfassen, die beteiligten Missverständnisse und Konzepte wahrzunehmen und mögliche Störungen zu beheben.

Konfliktverarbeitung

Andere Kulturen sind anders

Im Abendland beobachten wir die Tendenz, die Offenheit besonders hervorzuheben, was zuweilen mit einer Vernachlässigung der Höflichkeit gegenüber dem Partner einhergeht. Anpassung und Dankbarkeit werden mitunter als Unterdrückung der eigenen Wünsche und Bedürfnisse, ja sogar der ganzen Persönlichkeit interpretiert. Sie werden losgelöst von der jeweiligen Situation betrachtet und führen daher oft zu Missverständnissen.

Im Orient besteht dagegen die Neigung, die Höflichkeit, die sich am Kontakt orientiert, zu betonen, wobei vielleicht die Offenheit vernachlässigt wird. Die mangelnde Offenheit wird jedoch nicht wie im Abendland als Beeinträchtigung der Persönlichkeit erlebt.

Beim Zusammentreffen von Menschen aus unterschiedlichen Kulturen und unterschiedlicher sozialer Herkunft entwickeln sich leicht Spannungen. Sie sind in der Regel darauf zurückzuführen, dass unterschiedliche Verhaltensmuster und verschiedene Erwartungen aufeinander stoßen. Man stelle sich vor, ein Partner habe gelernt, besonders auf Höflichkeit zu achten. Er wird versuchen, gegenüber dem Partner Aggressionen zu vermeiden, jedoch zugleich eine recht geringe Toleranz gegenüber dessen Unhöflichkeit entwickeln. Umgekehrt kann der Partner diese Haltung als heuchlerisch und unehrlich empfinden, da er gelernt hat, geradeheraus seine Meinung zu sagen. Allein dieses Wechselspiel zwischen den Partnern wird unter Umständen genug Zündstoff liefern, um die Partnerschaft auseinander fallen zu lassen.

Es kommt also darauf an, zwischen dem „Entweder-oder“ eine Integration zu finden, Orient und Okzident miteinander zu vereinen.

Die Ist-Wert-/Soll-Wert-Technik

Kommunikationsschwierigkeiten werden meist dadurch begünstigt, dass der Betreffende nur seinen Konflikt und nichts anderes sieht. Die Reaktion auf seinen Konflikt hat für ihn schicksalhaften Charakter. Er hat das Gefühl, er könne nicht anders, als sich über seinen Partner zu ärgern, sich zurückzuziehen oder Zuflucht in der Krankheit zu finden. Ziel ist es nun, für den Partner alternative Einstellungen und Verhaltensweisen zu entwickeln, die dieser speziellen Partnerschaft angemessen sind.

Hier bietet sich als Methode der Selbstkontrolle die „Ist-Wert-/Soll-Wert-Technik" an.

In der ersten Spalte (Situation) wird eine aufgetretene Konfliktsituation kurz dargestellt: Worüber man sich wann, wo, wem gegenüber und unter welchen Bedingungen ärgerte, freute oder unwohl fühlte.

In der zweiten Spalte (Ist-Wert) wird beschrieben, wie man in der beschriebenen Situation reagierte: Wie hat man sich gefühlt, wie gehandelt, was hat man gesagt, was gedacht? In dieser Spalte wird auch versucht, die Frage zu beantworten: Warum reagiere ich in dieser Situation gerade so und nicht anders? Wer von meinen Bezugspersonen (Eltern, Geschwister, Lehrer, Chef) hätte ähnlich gehandelt? Schließlich stellt sich die Frage: Welche Konsequenzen hat meine Reaktion für mich und für die anderen?

In der dritten Spalte (Soll-Wert) wird dargestellt, wie man seiner Ansicht nach hätte besser reagieren können. Auch soll hier versucht werden, zu spezifizieren: Wozu würde diese alternative Handlungsweise führen?

Durch diese Situationskontrolle können beide Partner lernen, im Sinne von Höflichkeit und Ehrlichkeit besser über problematische Punkte zu sprechen und herauszufinden, welche

Inhalte und Konzepte (Aktualfähigkeiten) an den Konflikten beteiligt sind. Auf diese Weise muss keiner der Partner aus Höflichkeit und Dankbarkeit Situationen ertragen, die ihn belasten oder krank machen.

Beispiele für die „Ist-Wert-/Soll-Wert-Technik

Situation	Ist-Wert	Soll-Wert
Worüber habe ich mich wann, wo, wem gegenüber und unter welchen Bedingungen geärgert oder gefreut?	Wie habe ich mich gefühlt, wie gehandelt, was habe ich gesagt, was gedacht? Warum reagierte ich in dieser Situation gerade so und nicht anders? Wer von meinen Bezugspersonen hätte ähnlich gehandelt? Welche Konsequenzen hat meine Reaktion für mich und für die anderen?	Wie hätte ich anders/besser reagieren können? Wozu würde diese andere Reaktion führen?

Das Beispiel eines 43-jährigen Managers

Situation (Was liegt vor?)	Ist-Wert (Wie habe ich reagiert?)	Soll-Wert (Wie kann ich besser reagieren?)
Meine Frau hinterlässt die Küche in einem sehr unordentlichen Zustand.	Mich ärgert das sehr, da ich mich in einem unordentlichen Raum nicht wohl fühle. Wir beide haben da auch unterschiedliche Arbeitsstile. Ich versuche während des Kochens immer wieder aufzuräumen, damit es immer ordentlich und übersichtlich bleibt. Bei meiner Frau liegt aber alles kreuz und quer rum. Ich reagiere genervt und aggressive auf meine Frau. Ich bin sehr wütend. Folge: Ich ärgere mich und meine Frau ärgert sich. Dies ist eines der Mikrotraumen, die dazu beitragen, dass meine Frau unzufriedener wird und dadurch auch weniger Lust auf Zärtlichkeiten hat, körperlich durch Gewichtszunahme reagiert.	Ich lobe meine Frau für das gute Essen und helfe einfach beim Aufräumen. In der Partnergruppe können wir dann den Punkt besprechen, vor allem kann ich versuchen den Arbeitsstil meiner Frau zu verstehen (bei mir zu Hause hieß es: Ordnung ist das halbe Leben, bei meiner Frau; Unordnung ist die Wonne der Phantasie . . .), evtl. sogar akzeptieren. Oder wir finden eine Lösung, die uns beiden hilft (alles was herumliegt kommt in ein Körbchen und wir räumen es dann abends gemeinsam auf).

	Das Ärgern hat Einfluss auf alle Bereiche. Körper: Gewichtszunahme, Schlappheit, Antriebslosigkeit. Leistung: Konzentrationsschwierigkeiten, Flucht in die Arbeit. Kontakt: Keine Kraft, Leute einzuladen oder auf andere Menschen zuzugehen. Phantasie/Zukunft: Pessimistischer Blick in die Zukunft.	Ich kann auch lernen, mich nicht darüber zu ärgern und meine Erwartungen zum Thema Ordnung (und Gehorsam) herunterschrauben. In der Partnergruppe können wir unsere früheren Erfahrungen aufarbeiten. Folge: Reduzierung der Mikrotraumen für meine Frau und mich. Dies gibt mehr Kraft und Energie für den Alltag, erfülltere private und berufliche Aktivitäten.

Ein 34-jähriger Beamter, der sich sehr stark in das Dankbarkeitssystem verstrickt fühlte, bereitete seinen Eltern mit der Wahl seiner Frau eine Überraschung: „Auch ich bekam von meinen – geschiedenen – Eltern manchmal zu hören: „Such dir ein Mädchen, das zu uns passt!" Als ich dann heiratete, war der Schock perfekt. Die ach so erwünschte brave Schwiegertochter, die sich der Schwiegermutter möglichst unterordnet, dabei noch Enkel produzierend, brav am Herd stehend, möglichst strickend vorm Fernseher hockend, entpuppte sich als selbstbewusste Frau, die meine Eltern sofort auf die gewünschte Größe zurechtstutzte. Von einer liebevollen Familienbindung kann bei uns – in Beziehung zu meinen Eltern – nicht gesprochen werden."

Doch auch der Mann hatte Schwierigkeiten mit der selbstständigen Frau. Nachdem sie gewissermaßen stellvertretend für ihn die Revolte gegen seine Eltern eingeleitet hatte, stellte er sich später immer mehr schützend vor sie und ließ sich schließlich von seiner Frau scheiden.

Eine junge Frau berichtete: „Meiner Mutter kam es hauptsächlich darauf an, was die Leute sagten. Ob wir selbst dabei glücklich waren, das hat sie weniger interessiert. Es ging ihr in erster Linie darum, was die Leute sagen. Später ärgerte mich die Höflichkeit meiner Mutter oft, denn ich sah etwas Falsches darin. Wenn ich mich darüber beschwerte, dass meine Mutter so wenig Zeit für mich hatte, wurde sie ganz ungeduldig und fertigte mich kurz ab. Überhaupt legte sie größten Wert auf Höflichkeit und Gehorsam, dass ich bald darauf verzichtete, aufzumucken und mir angst und bange wurde. Vaters ehrliche, aber etwas grobe Art hat mich als Kind eigentlich etwas beängstigt. Ich hatte eine Freundin, die ist mit ihren Eltern umgesprungen, wie ich es nie wagen würde. Sie sagte ihrer Mutter einfach: „Heute kannst du nicht kommen, es passt mir nicht. Ich habe was anderes vor." So was würde ich mich kaum trauen. Wenn ich mir so was bloß vorstelle, sehe ich das Theater vor Augen, das mir meine Mutter daraufhin machen würde."

Du kennst sie nur von außenwärts,
du siehst die Weste, nicht das Herz.
(Wilhelm Busch)

❖

Heute ist der erste Tag vom Rest deines Lebens.

Einer kann nicht alles wissen.

Die Gemüsesuppe

Viele verschiedene Gemüsesorten wie Karotten, Lauch, Sellerie, Zwiebeln, Paprika, Zucchini, Tomaten, Bohnen mit Wasser, Salz, Gewürzen, Kräutern und Kartoffeln werden auf dem Herd zu einem Eintopf gekocht. Jeder Feinschmecker weiß, dass dieses Gericht etwas ganz anderes ist, als die Summe der Zutaten. So wie der Gesamtgeschmack eines Eintopfs nicht auf das eine oder andere Gemüse zurückgeführt werden kann, so können auch die Lösungsvorschläge und Erfolge einer Gruppe nicht auf den Beitrag eines Einzelnen zurückgeführt werden, sondern sind das Ergebnis der Gruppenarbeit.

Die Familiengruppe

Sozialisation und Erziehung sind Prozesse der Primärfamilie. Erziehungskorrekturen können im Rahmen der Positiven Familientherapie vor allem in der Familiengruppe und der ergänzenden Elterngruppe stattfinden. Neue Formen der Problembewältigung werden dabei eingeübt und kontinuierlich in den Familienalltag eingebracht. Bewährt haben sich in den Familiengruppen folgende Fragen:

- Was ist das Problem?
- Welches sind die Ursachen, Hintergründe, Konzepte, die sich hinter dem Problem verbergen?
- Welche Ziele und Interessen werden dabei verfolgt?
- Welche Lösungsmöglichkeiten bieten sich an?

Zielerweiterung:
Erweitern Sie Ihre Ziele im Bereich der Aktualfähigkeiten: Welche Aktualfähigkeiten haben Sie bisher stiefmütterlich behandelt?

Erschließen Sie neue Möglichkeiten der Konfliktverarbeitung: Welche Bereiche sind bisher zu kurz gekommen? Welche Formen der Beziehung halten Sie bei sich und Ihrem Partner für entwicklungsfähig?

Rollentausch:
Jeweils für einen Tag übernimmt ein Partner einige Tätigkeiten aus den Rollenaufgaben des anderen. An einem Tag steht ein Familienmitglied mit seinen Wünschen und Bedürfnissen im Vordergrund. An einem anderen hat ein anderes Familienmitglied seinen „Wunschtag". Schließlich versucht die ganze Familie herauszufinden, welche Bedürfnisse und Interessen sie gemeinsam haben.

Was tun Sie, wenn Ihr Partner nicht mitmacht? Erinnern Sie sich daran, dass Sie eigene Interessen haben. Sie leben nicht nur für andere, sondern auch für sich selbst. Häufig braucht der Partner seinerseits eine gewisse Zeit, bis er Ihr Vorbild akzeptieren kann.

Fragen Sie: Warum möchte mein Partner nicht mitmachen? Dabei finden sich mitunter Hinweise auf Missverständnisse: Will mein Partner nicht mitmachen, weil er sich überrumpelt fühlt, oder hat er einen eigenen Weg gefunden, den ich nur schwer akzeptieren kann?

Die Elterngruppe

Parallel und begleitend zur Familiengruppe halten die Eltern gemeinsame Sitzungen ab, 30–45 Minuten, zumindest zwei Mal in der Woche. Dabei können sich Vater und Mutter inhaltlich über die Erziehungskonzepte verständigen, damit sie eine einheitliche Sprache sprechen und Einigkeit vor den Kindern vertreten.

Folgende Spielregeln erleichtern den Erfolg:

– Treffen der Familie zum vereinbarten Zeitpunkt
– Bewährt hat sich eine Sitzordnung am Tisch
– Keine Störungen durch Telefon, Radio oder Fernsehen
– Auf angenehme Atmosphäre achten
– Zusammenstellung der Problempunkte
– Festlegen, welche Probleme besprochen werden sollen
– Durcharbeiten der einzelnen Punkte
– Sammeln aller verschiedenen Lösungsmöglichkeiten
– Gemeinsamer Beschluss für ein Motto der Woche
– Das Motto wird auf eine Memokarte notiert und hat für alle Gruppenmitglieder Gültigkeit
– Festlegung von Aufgaben und Rollentausch
– Planung künftiger Unternehmungen wie Ausflüge, Reisen, Feste, Einkäufe ...

Alte Gewohnheiten
sollte man nicht auf einmal zum Fenster hinauswerfen,
sondern wie einen netten Gast zur Haustür begleiten.
(NOSSRAT PESESCHKIAN)

Beim Ratgeben versuche deinem Freund zu helfen,
nicht ihm zu gefallen.
(SOLON)

Ein einziges trockenes Zündhölzchen ist mehr wert
als eine ganze Predigt über das Feuer.
(W. J. OEHLER)

Wenn man einen Menschen nicht verlieren will,
muss man seine verwundbare Stelle respektieren.
(ELISE PINTER)

Wenn wir immer das tun, was wir können,
bleiben wir immer das, was wir sind.

Die Wahl zwischen Kuh und Tränke

Ein Bauer hatte lange Zeit gespart, um für seine Kuh eine wunderschöne Tränke aus Ton kaufen zu können. Nach reiflicher Überlegung hatte er sich für eine Tränke entschieden, die ungefähr die Form eines Fasses hatte. Eines Tages verfingen sich ihre Hörner in der Öffnung, und das Tier blieb mit dem Kopf im Fass stecken. Den Bauer überkam große Verzweiflung, als er feststellen musste, dass er den Kopf der Kuh nicht aus der Tränke befreien konnte. Er beklagte sein Unglück und bat Allah, den Allmächten, um Beistand. Was sollte er nun tun? Sollte er die Tränke zerschlagen, die er erst kürzlich für viel Geld auf dem Basar erstanden hatte? Oder sollte er die Kuh schlachten? Nachdenklich blieb er stehen. Dann griff er zum Beil und schlug der Kuh den Kopf ab. Er wollte wenigstens die Tränke retten, musste aber erkennen, dass er auch jetzt den Kopf der Kuh nicht aus der Tränke bekam. Verzweifelt begann er, das wertvolle Gefäß zu zerschlagen. Als er auf die Scherben zu seinen Füßen sah, wurde ihm schmerzlich bewusst, dass er beides verloren hatte: Kuh und Tränke.

Selbsthilfe

Die Selbsthilfe fordert die Aktivität. Sie ist seine Methode des Vorbeugens, der präventiven Medizin und Psychohygiene, und darüber hinaus ein wesentliches Element im psychotherapeutischen Vorgehen. Die Medizin kennt Fitness-Trainingsprogramme, Diätvorschriften und Kontrolltabellen. Hier lernt man unter Anleitung des Arztes, aktiv etwas für seine

Gesundheit zu tun. Genauso kann man versuchen, Erziehungsprobleme, berufliche Konflikte und partnerschaftliche Schwierigkeiten über Selbsthilfe zu bewältigen.

Muss man aber erst geschieden sein, um zu wissen, wie gut eine Ehe ist? Muss man erst einen Herzinfarkt oder Diabetes mellitus gehabt haben, um beurteilen zu können, wie wichtig die körperliche Gesundheit ist? Muss man erst einen Suizidversuch begangen haben, um sich über die Bedeutung der seelischen Gesundheit klar zu werden? Muss man erst im Gefängnis gesessen haben, um die Freiheit zu schätzen? Muss man erst einen Wagen zu Schrott fahren, um zu wissen, dass zu dichtes Auffahren ein erhöhtes Unfallrisiko in sich birgt?

Ärger schlägt auf den Magen

In unserer Umgangssprache haben wir einen trefflichen bildhaften Vergleich. Wir sagen „Jemand frisst alles in sich hinein", allen Ärger, allen Kummer. Jemand, der dies tut, ist sicherlich ein höflicher Mensch, denn er belästigt ja mit seinen Sorgen und seinem Ärger nicht seine Umgebung. Er ist zugleich aber seinen eigenen Bedürfnissen gegenüber unehrlich, indem er nicht etwas nach außen trägt, sondern immer nur nach innen hineinfrisst. Ein in dieser Weise unbewältigter Konflikt kann wieder zu seelischen und körperlichen Störungen führen. Die Medizin spricht bei Erkrankungen, bei denen seelische und körperliche Faktoren mitspielen, von psychosomatischen Erkrankungen.

Häufig sind es nicht die großen Ereignisse, die zu Problemen und Störungen führen, sondern die im Alltag immer wiederkehrenden kleinen Verletzungen, die schließlich ein Charakterbild formen, das für einzelne Konflikte auffällig ist.

Wenn sich beispielsweise eine Frau tagtäglich über die Unordnung und Unpünktlichkeit ihres Partners ärgert, ist damit keinem der beiden geholfen. Es wäre besser, sie würde sich klar machen, dass es unterschiedliche Begriffe von Ordnung und Pünktlichkeit gibt, und sie würde sich bemühen, die Motive aufzudecken, die sich hinter dem Verhalten des Partners verbergen.

Ein anderes Beispiel: Ein Mensch, der gelernt hat, dass er nur dann etwas wert ist, wenn er im Beruf und im zwischenmenschlichen Bereich Erfolg hat, wird plötzlich eine tief greifende Niederlage erleiden, wenn er auf einmal den ihm gestellten Aufgaben nicht mehr gewachsen ist. „Von Kind an bin ich auf Leistung gedrillt worden ... Der Beruf macht mir sogar Spaß, aber ich habe keine Beziehung zu anderen Menschen. Mit meinen Kindern kann ich auch nicht viel anfangen. Freizeit ist für mich eine Qual", sagt ein 42-jähriger Rechtsanwalt mit Depressionen.

Das Konfliktmodell

Äußere Ereignisse („Life-Events" wie berufliche Veränderungen, Umzug, Todesfall) und Mikrotraumen (Anhäufung von Ereignissen wie Unpünktlichkeit des Partners, Zugverspätung, Unzuverlässigkeit und Ungerechtigkeit eines Mitarbeiters) treffen auf die Persönlichkeit eines Menschen in ihrer körperlichen, psychischen, sozialen und geistigen Dimension. Durch dieses Aufeinandertreffen äußerer Belastungen und persönlichkeitsbedingter Möglichkeiten und Fähigkeiten zur Verarbeitung dieser Belastungen entsteht der Aktualkonflikt.

Man unterscheidet zwischen Erlebnissen mit hoher Stressintensität und solchen, die allgemein als wenig belastend empfunden werden. Unerwartete Ereignisse sind zudem stärker stressfördernd als voraussehbare.

Solche Ereignisse, die uns täglich begleiten, gehen nicht spurlos an uns vorüber. Was wir hören, sehen, erfahren und erleben, müssen wir verarbeiten. Unsere Sinne leiten die Informationen an das Gehirn weiter, das die neue Information auf der Grundlage der früher erhaltenen Information bewertet. Wie man etwas erlebt, hängt zum einen von den Vorerfahrungen, zum anderen von der jeweiligen Situation sowie davon ab, wer etwas sagt und auf welche Art und Weise.

Wir sind aber nicht nur das Produkt unserer Vorerfahrungen und unserer Umwelt, sondern können auch selber unser Erleben beeinflussen, aktiv in unser Leben eingreifen und Risikofaktoren abbauen, indem wir uns folgende drei Fragen stellen:

- Worüber ärgere ich mich eigentlich? Was bereitet mir Angst, Unbehagen oder Freude?
- Welche Möglichkeiten habe ich, das Problem zu lösen?
- Was würde ich machen, wenn ich keine Probleme und Beschwerden hätte?

Hier hilft die Situationskontrolle durch die „Ist-Wert-/Soll-Wert-Technik" (s. o.).

Der Weise lernt von den Erfahrungen anderer.
Der Tor muss alle Erfahrungen selbst machen.

❖

Fische fängt man mit der Angel, Leute mit Worten.

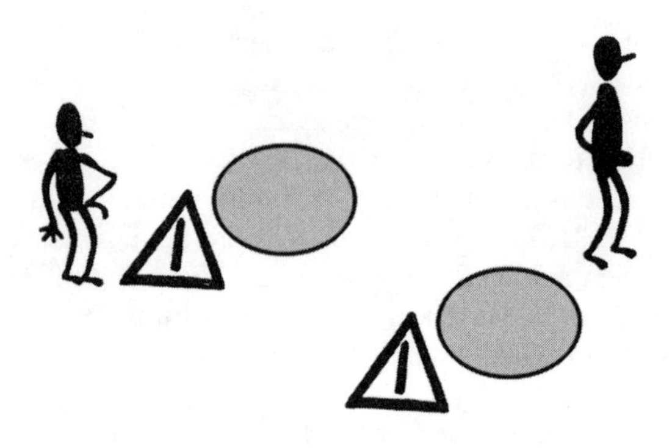

IV.

Möglichkeiten der Konfliktverarbeitung

Was man besonders gerne tut,
ist selten ganz besonders gut.

Eine Metapher für das positive Vorgehen

Ein Mann stellte fest, dass er Schulden hatte. Dieser Gedanke ließ ihn nicht mehr schlafen. Er litt unter Depressionen und wollte aus dem Leben scheiden. Dies klagte er einem guten Freund. Der hörte sich geduldig die Sorgen an. Anschließend sprach er jedoch nicht über die Schulden. Das verwunderte den Mann sehr. Sein Freund sprach stattdessen von dem, was der Mann noch als Eigentum besaß, vom Geld, das er hatte und von den Freunden, die bereit waren, ihm zu helfen. Plötzlich sah dieser seine Situation mit anderen Augen. Indem er seine Energie nicht mehr zugunsten der vergeblichen Sorgen um die Schulden verbrauchte, sondern sie im Verhältnis zu seinem tatsächlichen Vermögen sah, hatte er genügend Kräfte frei und Wege offen, sein Problem zu lösen.

Typische Formen des Umgangs mit Konflikten

Konfliktinhalte und Konfliktdynamik

Um menschliche Konflikte zu verstehen, fragen wir nach den Inhalten, die in ihnen ausgetragen werden. Im psychosozialen Bereich sind diese Inhalte nicht statisch, sondern entwickeln ihre eigene Dynamik. Am markantesten zeigen sie sich im Umgang mit den Menschen, die für uns eine besondere Bedeutung besitzen, unseren Eltern, Großeltern, Geschwistern, Partnern, Kindern und anderen wichtigen Personen und Gruppen. Die entstehenden Konflikte spielen sich auf mehreren Ebenen zugleich ab: in der Erlebnisverarbeitung, der Partnerbeziehung, der Familie und in größeren sozialen Gruppen. Die Inhalte, mit denen wir solche Konflikte beschreiben wollen, müssen – um diesen verschiedenen Aspekten gerecht zu werden – auf allen Beziehungsebenen vorkommen.

Wir wollen uns mit den verschiedenen Möglichkeiten beschäftigen, wie die Konfliktinhalte erfasst werden können, und zeigen, wie sie die Konfliktdynamik beeinflussen.

Vier Formen der Konfliktverarbeitung

Trotz aller kultureller und sozialer Unterschiede und der Einzigartigkeit jedes Menschen greifen alle Menschen bei der Bewältigung ihrer Probleme auf typische Formen der Konfliktverarbeitung zurück. Wenn wir ein Problem haben, uns ärgern, uns belastet und unverstanden fühlen, in ständiger Anspannung leben oder in unserem Leben keinen Sinn sehen, können wir diese Schwierigkeiten in den folgenden vier Formen der Konfliktverarbeitung zum Ausdruck bringen, denen analog vier Medien der Erkenntnisfähigkeit zugeordnet werden. Sie lassen erkennen, wie man sich und seine Umwelt wahrnimmt und auf welchem Weg der Erkenntnis die Realitätsprüfung erfolgt.

1. Körper (Mittel der Sinne)
2. Leistung (Mittel des Verstandes)
3. Kontakt (Mittel der Tradition)
4. Phantasie (Mittel der Intuition)

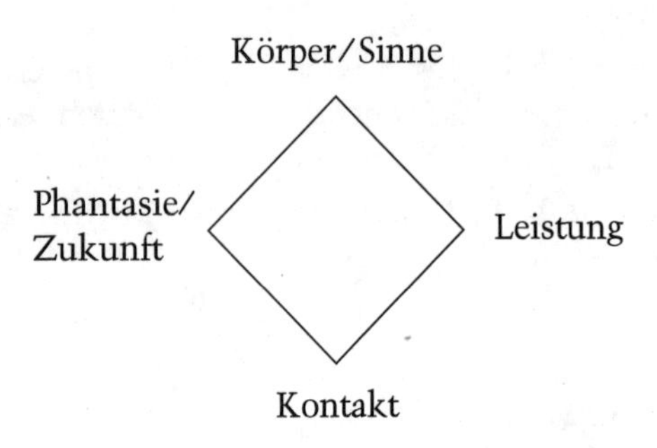

Diese Begriffe sind relativ weit gefasst. Sie werden jeweils mit den eigenen Vorstellungen, Wünschen und Konflikten gefüllt.

Ein Familienbeispiel:

Der Vater reagiert mit Flucht in die Arbeit (Leistung), die Mutter reagiert durch Rückzug, Meidung sozialer Kontakte (Kontakt), das Kind reagiert durch körperliche Beschwerden (Körper). Diese unterschiedlichen Reaktionsweisen können zu Kommunikationsschwierigkeiten führen.

Jeder Mensch entwickelt seine eigenen Präferenzen, wie er auftretende Konflikte verarbeitet. Durch die Überbetonung einer Form der Konfliktverarbeitung geraten die anderen Formen in den Hintergrund, so dass die Balance gestört ist. Welche Formen der Konfliktverarbeitung bevorzugt werden, hängt zu einem wesentlichen Teil von den Lernerfahrungen ab, vor allem von denen, die man in seiner eigenen Kindheit machen konnte. Die vier Reaktionsformen werden in der konkreten Lebenssituation durch typische Konzepte modelliert.

Orientierende Fragen zu den vier Formen der Konfliktverarbeitung:

- Wie reagieren Sie, wenn Sie Probleme haben?
  Antworten Sie auf Probleme durch Ihren Körper, durch Leistung, indem Sie Hilfe bei anderen Menschen suchen oder in Ihrer Phantasie?

- Welche Aussage gilt für Sie?
  Ich glaube, was ich sehe; ich glaube, was ich verstehe; ich glaube an das, was – zum Beispiel durch meine Eltern – überliefert ist; ich glaube an das, was mir spontan einfällt.

- Was war das Motto zu Hause?
  Zum Beispiel: Essen und Trinken hält Leib und Seele zusammen. Kannst du was, dann bist du was. Was sagen die Leute? Alles liegt in Gottes Hand.

Umgang mit den vier Formen der Konfliktverarbeitung

Eine Patientin erzählte: „Wenn ich mich aufrege, bekomme ich Kopfschmerzen und beschäftige mich in Gedanken stundenlang damit."

Wir signieren die Antwort folgendermaßen:

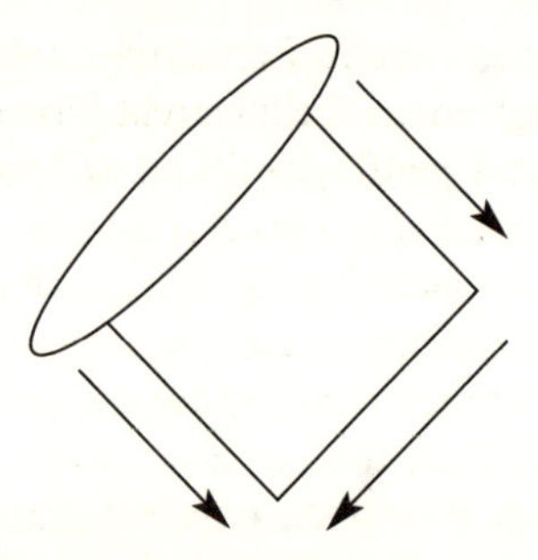

Auf die Frage, wie ihr Partner auf Konflikte reagiere, antwortete sie: „Mein Mann zieht sich in seinen Hobbykeller zurück und arbeitet wütend fast die ganze Nacht. Manchmal höre ich, wie er dabei laut schimpft."

Die Konfliktbereiche sind: „Fleiß/Leistung" und „Phantasie". Es ergab sich folgendes Bild:

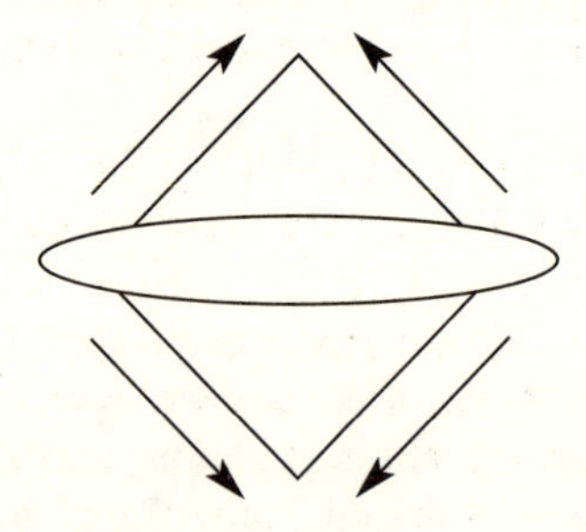

Wir erfassen damit individuelle Reaktionsbereitschaften und Verhaltensmuster, wie sie in dieser Partnerschaft häufiger anzutreffen scheinen. Ein Vergleich der beiden Darstellungen zeigt, dass der Körper (beide haben sich schon seit längerer Zeit sexuell nichts mehr zu sagen) und der Kontakt ausgespart sind. In der Tat ergibt die weitere Befragung, dass der

Kontakt ein echter Defizitbereich in dieser Partnerschaft ist. Wir verlassen vorerst den konfliktträchtigen Bereich und beschäftigen uns stattdessen mit den entwicklungsfähigen Bereichen.

Dieses Vorgehen entspricht wiederum dem positiven Ansatz.

Die vier Bereiche entsprechen einem Reiter, der leistungsmotiviert (Leistung) einem Ziel zustrebt (Phantasie). Er braucht dazu ein gutes und gepflegtes Pferd (Körper) und für den Fall, dass dieses ihn einmal abwerfen sollte, Helfer, die ihn beim Aufsteigen unterstützen (Kontakt). Dies bedeutet, dass eine Therapie sich nicht nur mit einem Bereich, zum Beispiel dem Reiter, beschäftigen kann, sondern alle beteiligten Bereiche berücksichtigen muss.

Auf diese Weise lassen sich individuelle und kleingruppenspezifische Stile der Konfliktverarbeitung darstellen. Auch kulturspezifische Reaktionsweisen können so erfasst werden.

In westlichen Gesellschaften stehen eher die Bereiche „Körper" und „Leistung" im Vordergrund, während im Orient die Tendenz zeigt, den „Körper", den „Kontakt" und die „Phantasie" höher zu bewerten. Trotz dieser Tendenz erlebt jeder die Welt auf seine Weise und entwickelt seine eigenen, die Einzigartigkeit seiner Persönlichkeit entsprechenden Reaktionsformen.

Somatisch orientierte Ärzte haben oft erhebliche Schwierigkeiten mit südländischen und orientalischen Patienten, die zwar offenkundig leiden, deren Befunde jedoch den Arzt im Unklaren lassen. Dieses Krankheitsbild wird mit dem Begriff des „transalpinen Syndroms" erfasst. Hiermit sind die kulturellen und herkunftsbezogenen Konzepte der Patienten sowie die Entwurzelungs- und Ablösungsproblematik vom Herkunftsland beschrieben. Probleme werden durch den eigenen Körper ausgedrückt. Die vier Bereiche der Konfliktverarbeitung können den Therapeuten gerade hier auf wesentliche Aspekte der Störung hinweisen, die in der Maschinerie der organisch-medizinischen Diagnostik und Therapie gewöhnlich nicht sichtbar werden.

Im Folgenden sollen die vier Bereiche näher beschrieben werden:

1. Körper/Sinne

Im Vordergrund steht das Körper-Ich-Gefühl.
Wie nimmt man seinen Körper wahr?
Wie erlebt man die verschiedenen Sinneseindrücke und Informationen aus der Umwelt?

Die durch die Sinne aufgenommenen Informationen laufen durch die Zensur der erworbenen Wertmaßstäbe. Die einzelnen Sinnesqualitäten können im Zusammenhang mit derartigen Erlebnissen konflikthaft besetzt werden. Durch seine Sinne nimmt das Kind zu Beginn seiner Entwicklung Kontakt zu seiner Umwelt auf. Die Gesamtheit der Aktivitäten wird durch die Sinne kontrolliert. Der Schlaf- und Fütterungsrhythmus kann Einfluss auf die Entwicklung der Pünktlichkeit haben. Manche Menschen geraten in Panik, wenn sie jemanden schreien hören. Die Erinnerung an zornig schreiende Eltern oder die ständige Forderung der Eltern, sich ruhig zu verhalten, machen Lärm subjektiv unerträglich. Auch die anderen Sinnesqualitäten können betroffen sein. Ein schmutziges Aussehen ist an sich kein Anlass zur Aufregung. Erst dadurch, dass man am eigenen Leibe erfahren musste, dass Schmutz etwas Schlechtes ist und Schmutzigsein eklig, reagieren wir auf den Anblick eines verdreckten Menschen mit Abscheu. So werden diese Bereiche zum „Ort" geringerer Widerstandskraft und vermehrter Anfälligkeit. Konflikte werden psychisch und psychosomatisch verarbeitet.

Die Organwahl eines psychosomatisch erkrankten Patienten wird im Hinblick auf die Konzepte verständlich, an die er sich gegenüber dem Körper als Ganzem, einzelnen Organen und Organfunktionen sowie gegenüber Gesundheit und Krankheit hält. Diese Konzepte haben Einfluss darauf, warum ein Mensch mit dem Herzen reagiert, ein anderer mit dem Magen, den Atmungsorganen, der Haut usw. Sie machen deutlich, warum manche Menschen überhaupt in die

Krankheit fliehen, andere dagegen mit aller Macht körperliche Schwäche und Krankheit verleugnen müssen. Die Fragen nach diesen Konzepten können dem Patienten zur Einsicht in seine Konfliktsituation verhelfen und ihn damit der Psychotherapie zugänglich machen. So konnten wir bei einer Anzahl von Patienten mit Magenbeschwerden, aber auch bei Fettsüchtigen Konzepte beobachten, die sich auf die Nahrungsaufnahme bezogen („Was auf den Tisch kommt, wird gegessen"). Dagegen fanden wir bei Patienten mit koronaren Herzerkrankungen gehäuft Konzepte, die auf Problemsituationen bezüglich der Pünktlichkeit und Zeiteinteilung hinweisen. Rheumatische Patienten zeigten vorwiegend eine typische Höflichkeitsproblematik („Reiß dich zusammen" – „Was sollen die Leute sagen"). Bei Patienten mit psychosomatischen Hauterkrankungen fanden sich auffällig häufig konfliktbesetzte Konzepte bezüglich Sauberkeit und Kontakt.

Körperliche Reaktionen auf Konflikte sind:

körperliche Aktivitäten (sportliche Betätigung – „sich hängenlassen")
Schlaf (Konflikte „überschlafen", Schlafstörungen)
Nahrungsaufnahme (Esssucht, Magersucht, Bulimie)
Sexualität (Donjuanismus, Nymphomanie, Sexualabwehr)
körperliche Funktionsstörungen und psychosomatische Reaktionen (Migräne, Magenschmerzen u.a.)

Konzepte, die hinter solchen Konfliktreaktionen liegen, könnten lauten:

„Man soll den Körper quälen, damit er die Lust am Sterben nicht verliert."
„Ein gutes Gewissen ist ein sanftes Ruhekissen."
„Was auf den Tisch kommt, wird gegessen."
„Alle Männer wollen nur das Eine."
„Du siehst blass aus, also bist du krank."

Derartige Konzepte können die Beziehung zum Körper und zu körperlichen Krankheiten beeinflussen. Sie sind ein Grund dafür, warum Menschen so unterschiedlich auf körperliche Beschwerden reagieren, hypochondrisch in einer Schmerz- und Krankheitserwartung leben oder körperliche Störungen verdrängen.

Fragen zum körperlichen Bereich

- Welche körperlichen Beschwerden haben Sie, welche Organe sind betroffen?
- Wie beurteilen Sie Ihr Aussehen?
- Empfinden Sie Ihren Körper als Freund oder Feind?
- Ist es für Sie wichtig, dass Ihr Partner gut aussieht?
- Welche der fünf Sinne haben für Sie größere Bedeutung?
- Auf welches Organ schlägt sich bei Ihnen der Ärger?
- Wie reagiert Ihr Partner (Ihre Familie), wenn Sie krank sind?
- Wie verhalten Sie sich, wenn Ihr Partner krank ist?
- Brauchen Sie viel oder wenig Schlaf?
- Welchen Einfluss haben Krankheiten auf Ihr Lebensgefühl?
- Legt man in Ihrer Familie Wert auf gutes Aussehen, sportliche Betätigung und körperliche Gesundheit?
- Wer hat sie gestreichelt, geküsst und war zärtlich zu Ihnen?
- Wurde bei Ihnen zu Hause auf gutes und reichhaltiges Essen großer Wert gelegt; was war das Motto?
- Wie reagierten Ihre Eltern, wenn Sie mit Ihrem eigenen Körper spielten (zum Beispiel Daumenlutschen, Selbstbefriedigung usw.)?
- Wie wurden Sie bestraft (Schläge, Schimpfen, Beängstigung, Schreien, Essensentzug, Liebesentzug, usw.)?
- Mussten Sie trotz Krankheit lange auf den Beinen bleiben?
- Wenn Sie krank waren, mussten Sie sich sofort ins Bett legen? Wer hat Sie gepflegt? – Nennen Sie Beispiele und Situationen!

2. Leistung (Verstand)

Diese Dimension hat in Industriegesellschaften ein besonderes Gewicht. Hierzu gehört die Art und Weise, wie Leistungsnormen ausgeprägt sind und wie sie in das Selbstkonzept eingegliedert werden. Denken und Verstand ermöglichen es, systematisch und gezielt Probleme zu lösen und Leistung zu optimieren. Zwei einander entgegengesetzte Konfliktreaktionen sind möglich: zum einen die Flucht in die Arbeit und zum anderen die Flucht vor Leistungsanforderungen.

Typische Symptome sind Selbstwertprobleme, Überforderung, Stressreaktionen, Versagensängste, Konzentrationsstörungen sowie defizitäre Symptome wie Rentenneurose, Apathie, Leistungshemmungen usw.

Konzepte, die hinter solchen Konfliktreaktionen, stehen, können lauten:

„Kannst du was, dann bist du was."
„Erst die Schule, dann das Spiel."
„Geschäft ist Geschäft und Schnaps ist Schnaps."
„Ohne Fleiß kein Preis."
„Zeit ist Geld."

Fragen zum Bereich der Leistung:

- Welche Tätigkeiten würden Sie gerne ausüben? Sind Sie mit Ihrem Beruf zufrieden?
- Welche Tätigkeiten bereiten Ihnen Schwierigkeiten?
- Ist es für Sie sehr wichtig, in Ihren Leistungen immer gut abzuschneiden?
- Wo liegen Ihre Interessenschwerpunkte? (körperliche, intellektuelle, künstlerische Tätigkeiten, Verwaltungsaufgaben usw.)
- Fällt es Ihnen leicht, die Leistungen Ihres Partners, Ihrer Kinder anzuerkennen? (zum Beispiel: gefällt Ihnen seine Tätigkeit nicht oder die Tatsache, dass er Sie dadurch vernachlässigt?)
- Halten Sie sich (Ihren Partner) für intelligent?
- Wenn Sie einen Menschen beurteilen: Wie wichtig ist für Sie seine Intelligenz und sein soziales Prestige?
- Fällt es Ihnen manchmal schwer, Entscheidungen zu treffen?

- Worin engagieren Sie sich mehr: in Beruf oder Familie?
- Fühlen Sie sich auch wohl, wenn Sie einmal nichts zu tun haben?
- Wer von Ihren Eltern legte mehr Wert auf Leistung?
- Wer von Ihren Angehörigen hat mit Ihnen gespielt?
- Wer hat sich um Ihre Schularbeiten gekümmert?
- Wenn Sie Fehler machten, wie wurden Sie bestraft?
- Haben Ihre Eltern Ihnen gesagt, warum Sie etwas tun sollten?
- Hatten Ihre Eltern Verständnis für Ihre Interessengebiete?
- Welche Erlebnisse sind typisch für Ihre Schulzeit?
- Wie wurden Sie für gute Leistungen belohnt?

3. Kontakt (Tradition)

Dieser Bereich meint die Fähigkeit, Beziehungen aufzunehmen und zu pflegen: die Beziehung zu sich selbst, dem Partner, der Familie; das Verhältnis zu anderen Menschen, Gruppen, sozialen Schichten und fremden Kulturkreisen; die Beziehung zu Tieren, Pflanzen und Dingen. Die sozialen Verhaltensweisen werden durch die individuellen Lernerfahrungen und die Tradition mitgeprägt. Man erwartet von einem Partner zum Beispiel Höflichkeit, Gerechtigkeit, Ordnung, die Beschäftigung mit bestimmten Interessengebieten usw. und sucht sich die Partner aus, die in irgendeiner Weise diesen Kriterien entsprechen.

Wir können auf Konflikte reagieren, indem wir die Beziehungen zu unserer Umgebung problematisieren: So gibt es die Flucht in die Gruppe, um dort Probleme zu bewältigen. Man versucht durch Gespräche mit anderen, Sympathie zu erwecken und Solidarität zu erzielen. Im Extremfall kann dies zu sozialer Hyperaktivität und emotionaler Abhängigkeit von der Gruppe führen. Die entgegengesetzte Reaktion ist der Rückzug. Man distanziert sich von Menschen, fühlt sich gehemmt, meidet Geselligkeiten und jede Möglichkeit, mit anderen Menschen zusammenzukommen. Die Symptome sind Hemmungen, unbewusste Anklammerungsbedürfnisse, Kontaktängste usw.

Konzepte, die hinter solchen Konfliktreaktionen stehen, können lauten:

„Wozu brauche ich die anderen?"
„Allein ist man schwach, gemeinsam ist man stark."
„Gäste sind Gnade Gottes."
„Verlassen kannst du dich auf dich selbst, nie auf die anderen."
„Ein Mensch ohne Freunde ist ein halber Mensch."

Fragen zum Bereich des Kontakts

- Wer von Ihnen ist kontaktfreudiger?
- Wer von Ihnen möchte lieber Gäste im Haus haben?
- Was könnte Sie eher davon abhalten, Gäste einzuladen: dass man zu wenig Zeit hat; dass Gäste Geld kosten; dass Gäste Unordnung machen; dass man auf manche Gäste warten muss; dass man meint, Gästen nicht genügend bieten zu können; usw.?
- Wie fühlen Sie sich, wenn Sie in einer Gesellschaft unter vielen Menschen sind?
- Bei welchen Menschen fällt es Ihnen schwer, Kontakt aufzunehmen?
- Was fällt Ihnen leichter, Kontakte aufzunehmen oder aufrechtzuerhalten?
- Fällt es Ihnen schwer, liebgewonnene Gewohnheiten aufzugeben?
- Welche Bedeutung hat für Sie die Tradition?
- Halten Sie an familiären (religiösen, politischen) Traditionen fest?
- Nehmen Sie besondere Rücksicht darauf, was die anderen Leute sagen?
- Wer von Ihren Eltern war kontaktfreudiger?
- Hatten Sie als Kind viele Freunde oder waren Sie eher isoliert?

- Wenn Ihre Eltern Gäste hatten, durften Sie dabei sein und mitsprechen?
- An wen konnten Sie sich wenden, wenn Sie Probleme hatten?
- Halten Sie den Kontakt zu Verwandten für wichtig?
- Hatten Sie viele Spielkameraden oder spielten Sie eher allein?
- Legten Ihre Eltern viel Wert auf gutes Benehmen und Höflichkeit?
- Welche Erlebnisse verbinden Sie mit diesen Fragen?

4. Phantasie (Intuition)

Ein weiteres Mittel der Erkenntnis ist, was man in der poetischen Sprache als Stimme des Herzens oder Eingebung, in der Sprache der Religion als Inspiration, in der Sprache der Psychologie als Intuition oder intuitives Urteil bezeichnen kann. Die Intuition scheint in einem Zusammenhang mit den psychischen Prozessen des Traumes oder der Phantasie zu stehen, die gleichfalls eine Form der Problem- und Konfliktverarbeitung darstellen können. Man kann auf Konflikte reagieren, indem man die Phantasie aktiviert: indem man Konfliktlösungen phantasiert, sich in Gedanken einen gewünschten Erfolg vorstellt oder Menschen, auf die man Wut hat, in der Vorstellung bestraft oder gar tötet.

Phantasie und Intuition können Bedürfnisse anregen und sogar befriedigen. Als „Privatwelt" schirmt die Phantasie gegen verletzende und kränkende Einbrüche aus der Wirklichkeit ab und schafft eine vorläufig angenehme Sphäre. Sie kann eine „böse Tat" und eine schmerzliche Trennung von einem Partner ungeschehen erscheinen lassen. Sie kann aber auch beängstigen, übermächtig werden und als Projektion der eigenen Ängste die Wirklichkeit unerträglich machen. Phantasie vermischt sich so mit der Wahrnehmung und führt zu Symptomen, wie sie in der Schizophrenie als Wahnvorstellungen anzutreffen sind. Um die beängstigende, dynamische

Kraft der Phantasie zu bändigen, legen sich manche Menschen ein zwanghaftes Verhalten gleichsam als Korsett zu, das ihnen hilft, bedrohliche Phantasien im Zaum zu halten und sich vor unkontrollierten Gefühlsausbrüchen zu schützen.

Intuition und Phantasie reichen über die unmittelbare Wirklichkeit hinaus und können all das beinhalten, was wir als Sinn einer Tätigkeit, Sinn des Lebens, Wunsch, Zukunftsmalerei oder Utopie bezeichnen. Auf die Fähigkeiten der Intuition bzw. Phantasie und die sich aus ihr entwickelnden Bedürfnisse gehen Weltanschauungen und Religionen ein, die damit die Beziehung auch zu einer ferneren Zukunft vermitteln.

Zum Unbekannten hingezogen zu sein, ist das Wesen der Phantasie. Die Fähigkeit der Phantasie bringt es mit sich, dass man ein Risiko trägt, den Schritt hinaus ins Unbekannte wagt, die Last des Zweifels auf die Schulter nimmt und doch immer in der Hoffnung lebt, irgendwo eine neue Fähigkeit oder eine Grenze zu entdecken. Gäbe es keine Neugier der Phantasie, gäbe es keinen Zweifel und keine Angst; ohne Zweifel und Angst jedoch gäbe es keine Entwicklung und keinen Fortschritt, aber auch keine Selbstfindung des Menschen. Die Sehnsucht des Menschen nach einem Unbekannten – wir formulieren es absichtlich so vage, weil das Unbekannte für jeden Menschen und in jeder Situation eine eigene Gestalt gewinnen kann – hat dazu geführt, dass er die ganze Weltgeschichte hindurch auf die Stifter der Religionen angesprochen hat.

Das imaginäre Experimentieren, die handlungsbegleitenden Phantasien und Entlastungsphantasien haben in Märchen, Erzählungen und Geschichten eine traditionsgebundene Gestalt gewonnen. Im Märchen treffen sich überlieferte Phantasien mit den Phantasieinhalten des einzelnen Menschen. Ähnliche Überschneidungen finden sich bei künstlerischen, kreativen und produktiven Aktivitäten. Die Lernerfahrungen in den übrigen Bereichen der Konfliktverarbeitung filtern die Gestaltungsmöglichkeiten der Phantasie. Ein Beispiel dafür ist die Einschränkung der spielerischen Phantasie bei leistungsbezogenen Vertretern der modernen Industriegesellschaft.

Die Fähigkeit der Phantasie entwickelt sich schon früh, zu einer Zeit, in der das Kind noch nicht zwischen Wirklichkeit und Vorstellung unterscheiden und klare Kausalbeziehungen herstellen kann. Sie entfaltet sich im Spiel. Der Verlauf dieser Entwicklung wird davon beeinflusst, in welcher Weise familiäre Konzepte die Bereitschaft beinhalten, auf die Phantasie und ihre Inhalte einzugehen.

Konzepte, die hinter solchen Konfliktreaktionen stehen, können lauten:

„Alles nur Hirngespinste."
„Was interessiert mich die Wirklichkeit, wenn ich glücklich bin!"
„Gott sei Dank, dass mit dem Tod nicht alles vorbei ist."
„Wer wagt, gewinnt."
„Wunschlos unglücklich."
„Kommt Zeit, kommt Rat."

Fragen zum Bereich der Phantasie

- Wer von Ihnen legt mehr Wert auf Phantasie?
- Haben Sie oft gute Einfälle?
- Ist Ihnen zuweilen die Phantasie lieber als die Wirklichkeit?
- Womit beschäftigen Sie sich in Ihren Phantasien: mit dem Körper (Sexualität, Schlaf, Sport), dem Beruf (Erfolge, Misserfolge), dem Kontakt mit anderen Menschen, der Zukunft (Wunschvorstellungen, Utopien, Weltanschauung, Religion).
- Hängen Sie gern der Vergangenheit nach?
- Denken Sie manchmal daran, wie das Leben mit einem anderen Partner wäre, einen anderen Beruf zu haben usw.?
- Welche Eigenschaften Ihres Partners haben in Ihren Phantasien die größte Bedeutung?
- Befassen Sie sich gern mit der Zukunft?
- Haben Sie schon einmal mit dem Gedanken gespielt, Suizid zu begehen?

- Wenn Sie eine Woche mit jemanden den Platz tauschen könnten, mit wem würden Sie tauschen? Warum?
- Wenn Sie einen Tag lang unsichtbar wären, wie würden Sie diese Zeit nutzen?
- Welchen Menschen würden Sie zu Ihrem Vorbild wählen?
- Können Sie sich noch an Phantasien erinnern, die sie in Ihrer Kindheit hatten?
- Wer von Ihren Angehörigen hatte mehr Verständnis für Phantasien und Träumereien?
- Mit wem können (konnten) Sie am besten Ihre Träume ausspinnen?
- Welche Beziehung haben Sie zur Kunst (Malerei, Musik, Literatur)? Malen Sie selber? Was drücken Ihre Bilder aus?
- Wie stellen Sie sich das Leben nach dem Tod vor?
- Welche Situationen fallen Ihnen zu den gestellten Fragen ein?

Die Bedeutung des Unbewussten

Ein Dachgarten und zwei Welten

Auf dem Dachgarten eines Hauses schliefen in einer Sommernacht die Mitglieder einer Familie. Die Mutter sah voll Missgunst, dass ihre nur widerwillig geduldete Schwiegertochter und ihr Sohn eng aneinander geschmiegt schliefen. Da sie diesen Anblick nicht ertragen konnte, weckte sie die beiden Schläfer und rief: „Wie kann man nur bei dieser Hitze so eng zusammen schlafen. Das ist ungesund und schädlich.“ In der anderen Ecke des Dachgartens schliefen ihre Tochter und der verehrte Schwiegersohn. Beide lagen voneinander getrennt, mindestens einen Schritt voneinander. Fürsorglich weckte die Mutter die beiden und flüsterte: „Ihr Lieben, wie könnt ihr nur bei dieser Kälte so weit voneinander liegen, statt euch gegenseitig zu wärmen?“ Dies hörte die Schwiegertochter. Sie richtete sich auf und sprach mit lauter Stimme wie ein Gebet folgende Worte: „Wie allmächtig ist Gott. Ein Dachgarten und ein so unterschiedliches Klima.“

Nur ein Teil der Motive menschlichen Verhaltens gelangt zum Bewusstsein und wird von ihm kontrolliert. Auf dieser Erkenntnis basiert die Psychoanalyse von S. Freud. Er formulierte eine Theorie des Unbewussten. Besondere Bedeutung innerhalb dieser Theorie kommt dem Sexualleben zu.

In der Positiven Familientherapie ersetzen die beiden Grundfähigkeiten der Erkenntnis- und Liebesfähigkeit die Libido der Freudschen Theorie. Die Libido ist gewissermaßen als energetischer Anteil in den Grundfähigkeiten angelegt. Daneben besitzt das Unbewusste in der Positiven Familientherapie folgende zwei Funktionen:

Einmal ist es der Ort der noch nicht entwickelten, undifferenzierten Fähigkeiten und der menschlichen Energie. Im Unbewussten ruht somit alles, was im Menschen angelegt, aber noch nicht entfaltet ist, weil die Reifungsbedingungen noch nicht gekommen sind. Die Fähigkeiten sind Energiepotenziale, die nach Verwirklichung streben.

Zum anderen ist das Unterbewusste der Ort verdrängter und unterdrückter Aktualfähigkeiten. Die einzelnen Fähigkeiten, die bei einem Menschen im Vordergrund stehen, sind bereits durch die Umwelt geprägt: sie sind entweder abgelehnt worden oder es gab keine hinreichenden Bedingungen für ihre Entwicklung oder andere Aktualfähigkeiten wurden so sehr betont, dass für weitere kein Platz zu bestehen schien.

Vor dem Hintergrund der Doppelfunktion des Unterbewussten wird verständlich, warum nicht nur Erlebtes zu Störungen und Konflikten führt, sondern auch Nicht-Erlebtes.

Von seinem Wesen her ist das Unbewusste einer direkten Befragung unzugänglich. In der therapeutischen Situation ist weniger das Unbewusste zugänglich als vielmehr die Inhalte, die noch bewusstseinsfähig sind und deshalb als vorbewusst bezeichnet werden.

Aus den vorliegenden Informationen lassen sich die psychodynamisch wirksamen Zusammenhänge zu erschließen. Die – aus der Lebensgeschichte abgeleiteten – Konzepte halten einzelne psychische Inhalte dem Bewusstsein fern und entziehen sie seiner Verfügung. Im Hinblick auf die vier Bereiche der Konfliktverarbeitung lässt sich dieses Geschehen als mangelnde Differenzierung oder als Einseitigkeit beschreiben. Wenn beispielsweise der Bereich Leistung im Mittelpunkt steht, kann dies bedeuten, dass die Beziehungen zum eigenen Körper und zu anderen Menschen (Kontakt) unterdrückt sind. Selbst die Phantasie ordnet sich dieser Einseitigkeit unter. Die einzelnen Wunschträume und Phantasien beschränken sich ebenfalls auf Leistungen. Ähnliche Mechanismen lassen sich auch hinsichtlich der Liebesfähigkeit und – wie wir später sehen werden – hinsichtlich der Aktualfähigkeiten beobachten. Der Mensch verfügt zwar potenziell über alle Möglichkeiten der Konfliktreaktionen, seine Konzepte erlauben ihm jedoch nur, zu einzelnen dieser Möglichkeiten Beziehung aufzunehmen und blockieren den Zugang zu den anderen Formen der Konfliktverarbeitung. Die therapeutische Arbeit besteht zu einem wesentlichen Teil darin, diese Konzepte bewusst und verfügbar zu machen – ihre psychodynamischen Hintergründe aufzudecken und den Zugang zu den bisher undifferenzierten Fähigkeiten zu erleichtern.

Die Arbeit mit dem Instrumentarium der Positiven Familientherapie ist in diesem Sinne ein Weg, das Vorbewusste und das Unbewusste zu erschließen.

Einseitigkeiten und Balance

Dieses „Vierergespann" ähnelt einer Waage, die immer ein Verhältnis von je etwa 25 Prozent haben muss, um ausgewogen zu sein und ein seelisches Gleichgewicht zu garantieren. Ausschlaggebend für ein ausgewogenes Seelenleben ist die Fähigkeit, positiv und kreativ zu denken. Eine Eigenschaft, die vielen Menschen nahezu abhanden gekommen, aber durchaus wieder erlernbar ist.

Die Einseitigkeiten lassen sich in vier Fluchtreaktionen abbilden:

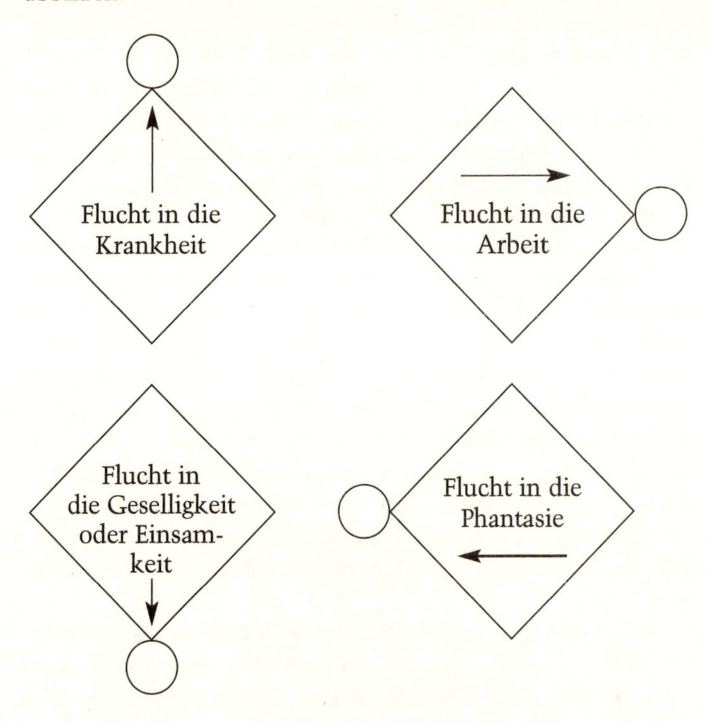

Die vier Vorbilddimensionen

Die vier Bereiche der Konfliktverarbeitung korrespondieren mit der Erkenntnisfähigkeit, d. h. mit den Medien, mit deren Hilfe wir uns mit der Realität in Beziehung setzen. Eine weitere wesentliche Dimension menschlichen Lebens wird durch die Liebesfähigkeit umschrieben, die sich auch durch Beziehungen zur Umwelt entwickelt. Aus diesem Grunde fragen wir nach den Beziehungsqualitäten, die einen Zugang zu den Gestaltungsmöglichkeiten der Emotionalität öffnen.

Zum Verständnis einer Konfliktsituation ist das Verständnis ihres Hindergrundes und der daran beteiligten Konzepte notwendig. Die Entwicklung der Persönlichkeit wird entscheidend von den primären Beziehungen eines Menschen geprägt. Als günstig hat sich erwiesen, den Hintergrund der Bevorzugung bestimmter sozialer Beziehungen und der Ablehnung anderer Bezüge mit Hilfe der Vorbilddimensionen zu umschreiben:

Fragen nach Vorbildern und sozialen Mustern

- Zu wem hatten Sie als Kind eine stärkere Beziehung (Vater, Mutter, Großeltern)?
- Wer von ihren Eltern (Bezugspersonen) hatte mehr Zeit für Sie?
- Wer von ihren Eltern war geduldiger bzw. wer hat sich leichter aufgeregt?
- Wer war Ihr Vorbild?
- Haben Sie das Gefühl, als Kind gerecht behandelt worden zu sein (wurden zum Beispiel Geschwister bevorzugt)?
- Wie beurteilen Sie heute die Ehe Ihrer Eltern?
- Wer von Ihren Eltern war kontaktfreudiger?
- Wer von Ihren Eltern beschäftigte sich mehr mit religiösen und weltanschaulichen Fragen?

Der Mensch leidet nicht nur unter seinen Problemen,
sondern auch unter seinen einseitig entwickelten Fähigkeiten.
(Nossrat Peseschkian)

Wir sind nicht nur für das verantwortlich, was wir tun,
sondern auch für das, was wir nicht tun.
(Voltaire)

Die Interaktionsstadien in der Familientherapie und Partnerschaft

Einen Menschen muss man dort aufsuchen, wo er ist,
und nicht dort, wo man ihn schon haben möchte.

Die Familie ist die Quelle des Segens und Unsegens der Völker
Ein Mann wurde für schuldig befunden und die Gesandten des Königs kamen, um ihn abzuholen. Seine zwei Söhne spielten zusammen Schach, als die Wächter in das Haus eintraten. Die beiden Söhne, die ins Spiel vertieft waren, zeigten keine Reaktion, als der Vater sagte: „Ich bin verloren, und mein Kopf wird dem Messer ausgeliefert. Für mich gibt es keine Rettung. Doch bitte, lasst meine Söhne in Ruhe und lasst sie durch eure Barmherzigkeit gehen." Da antworteten die Söhne: „Vater, hast du jemals gesehen, dass die Vogeleier ganz bleiben, wenn das Nest umstürzt?"

Die Interaktionsstadien spielen nicht nur in Partner- und Familienbeziehungen eine Rolle, sondern auch in der Therapeut-Patientenfamilien-Beziehung. Im Stadium der Verbundenheit ist der Therapeut Gastgeber der Patientenfamilie. Er nimmt sie an, wie sie ist. Dabei hilft ihm die Vorstellung, dass sowohl die Familienmitglieder als auch er selbst über eine Anzahl gemeinsamer Fähigkeiten verfügen. Er identifiziert sich mit der Familie und ihren Mitgliedern, ohne allerdings in den Strudel der Konflikte hineinzugeraten. Damit lernt er verstehen, warum die Familie bei dem Symptom Zuflucht nehmen musste und welche Bedeutung es für die Beteiligten hat. Mit Hilfe des Instrumentariums der Positiven Familientherapie strukturiert der Therapeut die Informationen, die ihm die Familie gibt.

Die Verbundenheit bezieht sich auf ein Konfliktthema, dass durch das Instrumentarium der Positiven Familientherapie erfasst wird. Dieses Thema wird für einen bestimmten

Zeitraum zum Bereich gegenseitiger Identifikation und des Versuchs der Familienmitglieder, Beziehung zur eigenen Vergangenheit in der Familie wieder aufzunehmen (Regression). Einzelne Problemgruppen, wie psychosomatisch erkrankte, depressive und schizophrene Patienten, machen in der therapeutischen Situation durch ihr verbales und nonverbales Verhalten Angebote, die der Therapeut nutzen kann. Dies gilt vor allem für die familientherapeutische Situation, in der die ganze Familie anwesend ist und Einblick in ihre Beziehungen gibt. Dies gilt aber auch für die direkte Therapeut-Patient-Beziehung.

So kritisierte ein 25-jähriger Patient, der als Schizophrener deklariert war, gleich zu Beginn der ersten Sitzung, dass im Behandlungszimmer das Licht brenne und schimpfte mich deswegen aus. Dies war der Beginn des Prozesses unserer gegenseitigen Verbundenheit. Sie bezog sich inhaltlich zunächst auf die Sparsamkeit, über die wir uns im Anschluss daran „bei einem guten affektiven Rapport" – wie die Psychiater sagen würden – unterhalten konnten.

Auf der Stufe der Differenzierung gibt der Therapeut diese Erkenntnisse als Informationen, Deutungen und Verschreibungen an die Familie weiter. Durch seine „Übersetzungen" und Gegenkonzepte werden Gemeinsamkeiten herausgearbeitet und klare Grenzen zwischen den Interessen der Familienmitglieder bzw. den familiären Subsystemen gezogen. Die Familienmitglieder können sich mit den ihnen angebotenen Konzepten versuchsweise identifizieren und die Spielregeln ausprobieren, die ihnen geeignete Lösungsmöglichkeiten und Alternativen für die Symptome bieten.

Im Stadium der Ablösung wird der Therapeut immer mehr zum Beobachter der ablaufenden Prozesse und greift nur dann regulierend ein, wenn es notwendig erscheint. Während im Stadium der Differenzierung der Therapeut derjenige war, von dem Initiativen, Alternativvorschläge, Informationen und Strukturierungshilfen ausgingen, geht diese Aktivität nunmehr auf den Patienten und seine Familie über. Sie übernimmt zunehmend Aufgaben der Selbsthilfe.

In jeder zwischenmenschlichen Beziehung sind diese drei Interaktionsstadien zu beobachten. Bestimmte Muster sind als kulturelle Charakteristika anzusehen. Ein Beispiel dafür ist die orientalische Verbundenheit, die so tief verwurzelt ist, dass Eltern ihre Kinder mehrere tausend Kilometer weg zum Studieren schicken und gleichzeitig genau wissen, dass ihre Kinder trotz der Entfernung von ihnen und dem Familienverband abhängig bleiben. Es besteht, ungeachtet der Entfernung, eine Art sozialer Nabelschur. Geschenke, persönliche Aufmerksamkeiten aus der Heimat, finanzielle Hilfen, Besuche, ein ständiger Briefwechsel und häufiger Telefonkontakt erhalten die familiäre Verbundenheit aufrecht. Eine gegenläufige Entwicklung lässt sich in der westlichen Industriegesellschaft feststellen. In ihr gelten Selbstständigkeit und Autonomie als wünschenswert. Es besteht ein Trend zur Ablösung. Verbundenheit gilt als Zeichen für Unselbstständigkeit, Naivität, Unfähigkeit, auf eigenen Füßen zu stehen, für sich selbst zu sorgen und scheinbar notwendige Trennungen zu ertragen. Etwa bis zur Pubertät wird auch hier die Verbundenheit betont. Oft folgt ihr eine abrupte Ablösung: „Du bist alt genug, du musst jetzt wissen, was du tust." Häufiger als von den Eltern wird die Ablösung von den Jugendlichen selber initiiert: „Ich bin alt genug und kann auf meinen eigenen Füßen stehen." Eine zu große Nähe zur Ursprungsfamilie wird als Bedrohung der Selbstständigkeit erfahren.

Wer sich eine Aufgabe gibt – gibt sich nicht auf.
(Gerhard Uhlenbruck)

❖

Du kannst dein Leben nicht verlängern, nur vertiefen.

❖

Ein Mensch bleibt weise, solange er die Weisheit sucht.
Sobald er meint, sie gefunden zu haben, ist er ein Narr.
(Talmud)

V.

Eine letzte Perspektive gewinnen

Umgang mit Angst und Depression, Trauer und Tod

Die merkwürdige Fähigkeit, die Gefahr des Lebens durch ein Vergrößerungsglas zu sehen.

Die Geschichte von der Traurigkeit

Es war eine kleine Frau, die den staubigen Feldweg entlangkam. Sie war wohl schon recht alt, doch ihr Gang war leicht, und ihr Lächeln hatte den frischen Glanz eines unbekümmerten Mädchens. Bei der zusammengekauerten Gestalt blieb sie stehen und sah hinunter. Sie konnte nicht viel erkennen. Das Wesen, das da im Staub des Weges saß, schien fast körperlos. Es erinnerte an eine graue Flanelldecke mit menschlichen Konturen.

Die kleine Frau bückte sich ein wenig und fragte: „Wer bist du?"

Zwei fast leblose Augen blickten müde auf: „Ich? Ich bin die Traurigkeit", flüsterte die Stimme stockend und so leise, dass sie kaum zu hören war.

„Ach, die Traurigkeit!", rief die kleine Frau erfreut aus, als würde sie eine alte Bekannte begrüßen.

„Du kennst mich?", frage die Traurigkeit misstrauisch.

„Natürlich kenne ich dich! Immer wieder einmal hast du mich ein Stück des Weges begleitet."

„Ja, aber ...", argwöhnte die Traurigkeit, „warum flüchtest du dann nicht vor mir? Hast du denn keine Angst?"

„Warum sollte ich vor dir davonlaufen, meine Liebe? Du weißt doch selbst nur zu gut, dass du jeden Flüchtigen einholst. Aber, was ich dich fragen will: Warum siehst du so mutlos aus?"

„Ich . . . ich bin traurig", antwortete die graue Gestalt mit brüchiger Stimme.

Die kleine, alte Frau setzte sich zu ihr. „Traurig bist du also", sagte sie und nickte verständnisvoll mit dem Kopf. „Erzähl mir doch, was dich so bedrückt."

Die Traurigkeit seufzte tief. Sollte ihr diesmal wirklich jemand zuhören wollen? Wie oft hatte sie sich das schon gewünscht.

„Ach, weißt du", begann sie zögernd und äußerst verwundert, „es ist so, dass mich einfach niemand mag. Es ist nun mal meine Bestimmung, unter die Menschen zu gehen und für eine gewisse Zeit bei ihnen zu verweilen. Aber wenn ich zu Ihnen komme, schrecken sie zurück. Sie fürchten sich vor mir und meiden mich wie die Pest." Die Traurigkeit schluckte schwer. „Sie haben Sätze erfunden, mit denen sie mich bannen wollen. Sie sagen: Papperlapapp, das Leben ist heiter. Und ihr falsches Lachen führte zu Magenkrämpfen und Atemnot. Sie sagen: Gelobt sei, was hart macht. Und dann bekommen sie Herzschmerzen. Sie sagen: Man muss sich nur zusammenreißen. Und sie spüren das Reißen in den Schultern und im Rücken. Sie sagen: Nur Schwächlinge weinen. Und die aufgestauten Tränen sprengen fast ihre Köpfe. Oder aber sie betäuben sich mit Alkohol und Drogen, damit sie mich nicht fühlen müssen."

„Oh ja", bestätigte die alte Frau, „solche Menschen sind mir oft begegnet."

Die Traurigkeit sank noch ein wenig mehr in sich zusammen. „Und dabei will ich den Menschen doch nur helfen. Wenn ich ganz nah bei ihnen bin, können sie sich selbst begegnen. Ich helfe ihnen, ein Nest zu bauen, um ihre Wunden zu pflegen. Wer traurig ist, hat eine besonders dünne Haut. Manches Leid bricht wieder auf wie eine schlecht verheilte Wunde, und das tut sehr weh. Aber nur wer die Trauer zulässt und all die ungeweinten Tränen weint, kann seine Wunden wirklich heilen. Doch die Menschen wollen gar nicht, dass ich Ihnen dabei helfe. Stattdessen schminken sie sich ein grelles Lachen über ihre Narben. Oder sie legen sich einen dicken Panzer aus Bitterkeit zu." Die Traurigkeit schwieg. Ihr Weinen war erst schwach, dann stärker und schließlich ganz verzweifelt.

Die kleine, alte Frau nahm die zusammengesunkene Gestalt tröstend in ihre Arme. Wie weich und sanft sie sich an-

fühlt, dachte sie und streichelte zärtlich das zitternde Bündel. „Weine nur, Traurigkeit", flüsterte sie liebevoll, „ruh dich aus, damit du wieder Kraft sammeln kannst. Du sollst von nun an nicht mehr alleine wandern. Ich werde dich begleiten, damit die Mutlosigkeit nicht noch mehr an Macht gewinnt."

Die Traurigkeit hörte auf zu weinen. Sie richtete sich auf und betrachtete erstaunt ihre neue Gefährtin: „Aber ... aber – wer bist eigentlich du?"

„Ich?", sagte die kleine, alte Frau schmunzelnd, und dann lächelte sie wieder so unbekümmert wie ein kleines Mädchen. „Ich bin die Hoffnung."

Nahezu jeder von uns hat schon am eigenen Leib ein Gefühl von Niedergeschlagenheit, abgrundtiefer Traurigkeit, Hoffnungslosigkeit oder Sinnlosigkeit erfahren. Aber genauso wie das Leben Angst und Depressionen verursachen kann, so bezeugt die Angst das Leben.

Für all das, was uns Angst macht, haben wir einen reichen Wortschatz: von der Angst selbst über Bangen, Grauen, Gruseln, Panik, Pochen, Schuldbewusstsein, Sorge, Unsicherheit, Verlorensein und Verzweiflung bis zum Zagen und Zittern.

Und für die Depression finden wir folgende Bilder: in Sack und Asche gehen; Ritter von der traurigen Gestalt; alle Trauer der Erde ist Einsamkeit; Trauernde sind sich überall verwandt; die Welt ist zum Verzweifeln traurig.

Phobien

Wenn jemand sich eines bedrohlichen Objekts oder einer bedrohlichen Situation bewusst ist, sollte man lieber von Furcht als von Angst sprechen.

Immer mehr Menschen leiden unter immer mehr Phobien – jenen Angstzuständen, die fest mit Lebewesen oder Gegenständen, Orten oder Zeiten verbunden sind. Realisten oder Versponnene, Empfindsame oder Robuste haben Angst vor überfüllten Räumen (Klaustorphobie), vor dem Überqueren eines freien Platzes (Agoraphobie) oder ihrem Gesundheitszustand (Hypochondrie), sie fürchten sich vor Krebs (Carcinophobie), vor Berührungen (Keratinophobie), ihnen graust vor Schmerz (Algophobie), vor lebendigem Begrabenwerden (Taphophobie) oder Giftnattern (Schlangenphobie).

Depressionen

Als reaktive Depression oder depressive Reaktion bezeichnet man Beschwerden, die mit äußeren Auslösern, Verlusten, Kränkungen oder belastenden Lebensumständen verbunden sind (zum Beispiel Tod von Angehörigen, berufliche Schwierigkeiten, Kriegselend, nationale Katastrophen).

Unter depressiver Entwicklung versteht man die Folge einer ganzen Reihe von Schicksalsschlägen und Mikrotraumen, die alle zusammengenommen wirken (ungewöhnliche und fortwährende Härte des Lebensschicksals zum Beispiel einer Muss-Ehe der Eltern, eines alkoholsüchtigen Vaters, einer verbitterten und gefühlsarmen Mutter, einer lieblosen Atmosphäre zu Hause, des Versagens in der Schule, vereitelter Berufspläne, Verlust guter Freunde). Auch jahrelang andauernde Probleme mit dem Partner hinsichtlich Ordnung, Pünktlichkeit, Gerechtigkeit, Sparsamkeit usw. können zu Ängsten, Aggressionen und Depressionen führen.

Wenn jemand bewusst oder unbewusst immer wiederkehrende Konflikte selbst provoziert, ohne dass eine bessere Einsicht aus der Erfahrung ihn davor bewahrt (Wahl verheirateter Partner, Berufswahl und Mitarbeiterwahl, ewige Suche usw.), so liegt eine neurotische Depression vor. Weiß man beispielsweise, dass der Partner besonderen Wert auf Ordnung, Pünktlichkeit, Sparsamkeit usw. legt und provoziert man ihn dennoch laufend mit entgegengesetzten Verhaltensweisen, so bringt man durch die ständige Herausforderung nicht nur den Partner, sondern auch sich selbst in eine neue Konfliktsituation nach dem Motto „Wer andern eine Grube gräbt, fällt selbst hinein!"

Bei der verkappten Depression ist der Betroffene kaum in der Lage, depressive Affekte oder Denkinhalte zu äußern. Die Beschwerden konzentrierten sich auf ein gestörtes Körpererleben, zum Beispiel Herz-, Kopf-, Schulter-, Arm- und Rückenbeschwerden, Verdauungsprobleme, Appetit- und Schlafstörungen, gynäkologische Beschwerden und Störungen im sexuellen Bereich.

Hinter diesen Beschwerden verbergen sich meistens berufliche, partnerschaftliche und Zukunftsprobleme, die sich oft über lange Zeiträume summieren und mikrotraumatisch wirken.

Die symptomatische Depression basiert auf körperlichen Krankheiten (Infektanfälligkeit, Diabetes mellitus, Schilddrüsenerkrankungen, Blutdruckschwankungen, rheumatischen Beschwerden, Allergien, Sucht usw.) und auf der Art und Weise, in welcher der Betreffende gelernt hat, mit Krankheiten umzugehen.

Erfahrungsgemäß entwickeln Menschen aus westlichen Industriegesellschaften depressive Verstimmungen, weil ihnen der Kontakt fehlt, weil sie isoliert sind und unter dem Mangel an emotionaler Wärme leiden. Im Orient leiden hingegen die Menschen unter Depressionen, weil sie sich durch die Enge ihrer sozialen Verpflichtungen und Verflechtungen, denen sie nicht ausweichen können, überfordert fühlen.

Auffinden der Motive

Gesund ist nicht derjenige, der nie Ängste und Depressionen hat, sondern derjenige, der in der Lage ist, mit ihnen angemessen umzugehen.

Meist findet sich ein Anlass für eine depressive Verstimmung. Man traut sich selbst deshalb wenig zu, weil man nicht die Leistungen erbracht hat, die man selbst oder andere von einem erwarteten. Man hat einen Partner verloren, sieht durch Misserfolge und Krankheit die eigene Zukunft bedroht oder fühlt sich isoliert und von dem sozialen und bisher vertrauten Umgang abgesondert. Da man sich mit den eigenen Wünschen von der Umgebung zurückgezogen hat und sie nur in äußerst verdeckter Form äußert, ist man nicht nur ängstlich und depressiv, sondern ratlos, hilflos und hoffnungslos.

Bei vielen Betroffenen hat es den Anschein, als habe sich die Depression von ihrem Auslöser entfernt oder als habe es nie einen solchen Auslöser gegeben. Aber meistens liegen auch hier als psychischer Hintergrund der Erkrankung über Jahre hinweg erduldete Kränkungen vor, die als Mikrotraumen die spätere Depression vorbereiten.

Entsprechend den vier Formen der Konfliktverarbeitung unterscheidet man vier Grundformen von Ängsten und Depressionen, die in vier Fluchtmechanismen (in die Krankheit, in die Arbeit, in die Einsamkeit und in die Phantasie) einmünden können: existenzielle Ängste und Depressionen; soziale Ängste und Depressionen; Versagensängste und Stress; vitale Ängste und Risikofaktoren. Daraus ergibt sich als Selbsthilfeansatz eine Selbsthilfe der kleinen Schritte für den Betroffenen und seine Umgebung.

Für den Betroffenen bedeutet dies: eine realere Beziehung zum Ich, mehr Selbstständigkeit und Offenheit gegenüber dem Partner finden, Erweiterung des sozialen Kontaktes, Entwicklung neuer Interessen und Mut zur Verwirklichung der eigenen Phantasie: „Was würden Sie machen, wenn Sie gesund wären und keine Depressionen mehr hätten?"

Für die Bezugspersonen bedeutet dies: Die therapeutische Entlastung des Depressiven von seinen Pflichten ist ein wichtiger Bestandteil in der akuten Phase der Depression. Es ist aber auch wichtig, dass der Depressive zum richtigen Zeitpunkt wieder in kleinen Schritten lernt, die täglichen Anforderungen auf sich zu nehmen.

Selbstverständlich benötigt gerade der Depressive das Einfühlungsvermögen und das Verständnis seiner Umwelt. Wenn diese aber so weit geht, sich das depressive Konzept zu eigen zu machen, kann der Kranke von ihr keine Hilfe mehr erwarten. Sich in den anderen einfühlen, bedeutet nicht, das Konzept des anderen bedingungslos zu übernehmen.

Im akuten Stadium schwerer Ängste und Depressionen, in dem der Betroffene fast körperlich unter dieser Krankheit leidet, können Medikamente eine wertvolle Hilfe bieten. Da die Situation des Depressiven sehr differenziert zu sehen ist, muss auch die Versorgung mit Medikamenten gekoppelt werden.

Der Depressive hat nicht nur seine lustbesetzten Beziehungen zu seiner Umgebung abgebrochen, er versucht darüber hinaus, diese Haltung zu verteidigen und versteht dementsprechend nahezu alles, was um ihn herum geschieht, als Bestätigung der Sinnlosigkeit, der ausweglosen Ungerechtigkeit und der Hoffnungslosigkeit.

In dieses Konzept verrennt sich der Depressive immer mehr und entwickelt ein erstaunliches Geschick im Uminterpretieren der Wirklichkeit. Wenn man sich ausschließlich mit seiner Auslegung beschäftigt, würde man nur seine melancholischen Ansichten verfestigen und bestätigen.

Dem Depressiven sollte man Gegenkonzepte anbieten. Dem pessimistischen „Das Glas ist halbleer" wird das positive Konzept „Das Glas ist noch halb voll" entgegengesetzt. Damit bietet die Bezugsperson dem anderen ihre Sicht der Dinge als Alternative an. Im Gegensatz zu den üblichen Ratschlägen beinhalten solche Erweiterungskonzepte keine Verpflichtung. Sie verzichten auf Druck und lassen dem Betroffenen Zeit, sich auf die erweiterte Sichtweise einzustellen.

Entsprechend den vier Formen der Konfliktverarbeitung lassen sich vier Grundformen von Ängsten und Depressionen unterscheiden, die in vier Fluchtmechanismen (in die Krankheit, in die Arbeit, in die Einsamkeit und in die Phantasie) einmünden können.

Existenzielle Ängste und Hoffnungslosigkeit

Wir alle lernen unterschiedlich, mit Problemen und Konflikten umzugehen. Es kommt darauf an, wie wir ein Problem sehen, deuten und bewerten. Dies hängt von Konzepten, Weltanschauungen, Lebensphilosophien, Ethik, Moral und im weitesten Sinne von den jeweiligen religiösen Werten ab, die wir erfahren haben. Wie ich zum Beispiel auf den Tod meiner Mutter reagiere, hängt davon ab, wie ich zu Sterben und Tod stehe und wie ich gelernt habe, damit umzugehen. Und ob ich zum Beispiel den Tod als eine Fortentwicklung oder als Vernichtung empfinde. Wenn ich in diesem Tod keinen Sinn sehe, werde ich mutlos und hoffnungslos. Mangelnde Alternativen führen zu mangelnden Zukunftsperspektiven. Daraus können sich existentielle Ängste entwickeln.

Soziale Ängste und Depressionen

Je nachdem, ob ich gelernt habe, bei Problemen mit anderen Menschen zu sprechen, oder ob ich der Meinung bin, ich müsse mit meinen Problemen allein fertig werden, ob in meiner Umgebung und Kultur ein Thema offen angesprochen werden kann oder tabuisiert ist, werde ich entweder sozial stabilisiert oder isoliert. So kann ich beim Tod meiner Mutter nach dem Motto „geteiltes Leid ist halbes Leid" durch Anteilnahme von Verwandten, Freunden, Bekannten und anderen Menschen das Gefühl der Geborgenheit empfinden, oder ich bitte darum „von Beileidsbesuchen Abstand zu nehmen", weil ich nach dem Motto „Jeder muss mit seinem Schicksal allein fertig werden!" versuche, mein Leid selbst zu tragen. Andererseits kann ich in die Geselligkeit fliehen und dadurch in emotionale Abhängigkeit geraten; wenn dann einmal niemand zur Verfügung steht, bin ich fix und fertig und sehe keinen Sinn mehr in meinem Leben.

Körper/Sinne
Risikofaktoren,
Psychosomatische Störungen
Vitale Ängste

Phantasie/Zukunft
Hoffnung/Hoffnungslosigkeit
Hemmung der Phantasietätigkeit
Mangelnde Alternativen
Ratlosigkeit
Existentielle Ängste

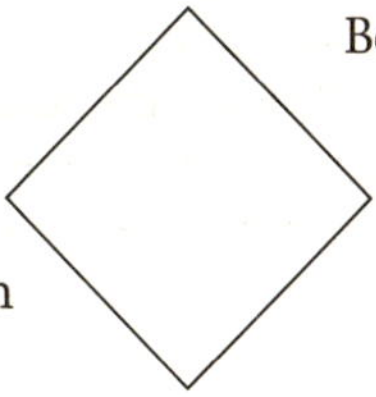

Beruf/Leistung
Berufliche Unter- und Überforderung
Stress/Aggression
Versagen und Versagens-Ängste

Kontakt
Soziale Isolierung
Soziale Ängste
Hemmungen
Depressionen

Versagensängste und Stress

Je nachdem, wie meine Zukunftsperspektiven und meine soziale Akzeptanz ausgeprägt sind, bin ich mehr oder weniger in der Lage, die Funktionen meines Verstandes, die mit dem Lösen von Problemen zu tun haben und damit der Realitätsprüfung dienen, sinnvoll einzusetzen. Für die Aktualfähigkeiten Fleiß/Leistung und damit für mein berufliches Tun sind Denken und Verstand zentrale Funktionen, denn erst sie ermöglichen es, die Leistung zu optimieren. Dies hat Einfluss darauf, ob ich mit meinem Beruf zufrieden oder unzufrieden bin, ob ich die Flucht in die Arbeit oder die die Flucht vor Leistungsanforderungen wähle und umgekehrt. Wie ich beispielsweise den Tod meiner Mutter verarbeite, hängt auch davon ab, ob ich mich mit meinem Beruf identifiziere und einen Sinn in ihm sehe oder nicht.

Vitale Ängste und Risikofaktoren

Die Aufarbeitung von existentiellen Ängsten, von sozialen Ängsten und von Versagensängsten hängt einerseits von meiner körperlichen Konstitution ab, andererseits von meinem Körper-Ich-Gefühl, davon, wie ich meinen Körper erlebe und wie ich mit ihm umgehe (Ästhetik, Sport/Bewegung, Essverhalten, Schlaf-Wach-Rhythmus, Sexualität, Körperkontakt, Verhalten bei Krankheit).

Wenn Sie die folgenden Fragen beantworten, gewinnen Sie Einblick in die Ursachen Ihrer Ängste und Depressionen:

- Was halten Sie von folgenden Zitaten aus der Weltliteratur:
  „Furcht gibt Sicherheit." (Shakespeare)
  „Die Furcht hat ihren besondern Sinn." (Lessing)
  „Wer zu sterben gelernt hat, hört auf, Knecht zu sein." (Seneca)
  „Sorge macht alt vor der Zeit?"
- Kennen Sie noch andere Spruchweisheiten oder Sprachbilder?

- Antworten Sie mit körperlichen Symptomen auf Angst, Ärger, Unruhe und Konflikte?
- Haben Sie Schwierigkeiten, sich zu entspannen?
- Wann gehen Sie abends ins Bett? Können Sie nur schwer einschlafen? Schlafen Sie durch?
- Wachen Sie morgens sehr früh auf? Welche Bedeutung hat für Sie der Spruch „Morgenstund' hat Gold im Mund"? Neigen Sie dazu, sich morgens schlechter zu fühlen?
- Leiden Sie unter Kopf- oder Nackenschmerzen? Haben Sie eines der folgenden Symptome beobachtet: Zittern, Prickeln, Schwindelattacken, Schweißausbrüche, Herzrasen, Durchfall?
- Fühlen Sie sich verlangsamt, wie abgebremst?
- Haben Sie abgenommen, weil Sie an Appetitlosigkeit leiden?

- Basiert Ihre Depression auf körperlichen Krankheiten oder auf der Art und Weise, wie Sie gelernt haben, mit solchen umzugehen?
- Wurden Sie als Kind körperlich bestraft?
- Wie haben Ihre Eltern sich Ihnen gegenüber verhalten, wenn Sie krank waren? Wurde Ihre Krankheit ignoriert? Wurden Sie gepflegt und in den Mittelpunkt gestellt? War es erstrebenswert, auch bei Krankheit so lange wie möglich auf den Beinen zu bleiben?
- Nehmen Sie regelmäßig die verordneten Medikamente? Wissen Sie, wie die Medikamente wirken, was Sie von ihnen erwarten können und welche Nebenwirkungen möglich sind?
- Legen Sie oder Ihr Partner mehr Wert auf Fleiß und Leistung?
- Sind Sie mit Ihrem Beruf zufrieden? Investieren Sie Energien in Ihre Arbeit? Ist der Beruf, den Sie gewählt haben, ihr Traumberuf?
- Haben Sie Angst, beruflich zu versagen? Vertreten Sie Ihre Ansichten kompromisslos? Wie reagieren Sie bei Kritik oder mangelnder Anerkennung? Was mussten Sie früher tun, um von Ihren Eltern anerkannt und geliebt zu werden?
- Wie verhält sich Ihr Partner Ihnen gegenüber, wenn Sie krank, voll Angst oder depressiv sind? Werden Sie „bemuttert?" Oder glauben Sie, dass Ihr Partner kein Verständnis für Ihre Probleme hat?
- Haben Sie Probleme mit Ihrem Partner, die vielleicht schon über Jahre andauern und nach dem Motto „Steter Tropfen höhlt den Stein" zu Ängsten, Aggressionen und Depressionen führen? In welchen Bereichen?
- Wer von Ihnen ist kontaktfreudiger, Sie oder Ihr Partner?
- Hatten Sie als Kind viele Kontakte, oder waren Sie isoliert?
- Wenn Ihre Eltern Gäste hatten, durften Sie dabei sein und mitspielen?
- Fehlen Ihnen Kontakte und emotionale Wärme?
- Fühlen Sie sich durch soziale Verpflichtungen und Verflechtungen, die Sie für unausweichlich halten, überfordert?

- Beziehen sich Ihre Ängste auf das äußere Aussehen, sexuelle Potenz, soziale Isolierung oder „alltägliche Kleinigkeiten" wie Ordnung, Pünktlichkeit, Sauberkeit, Sparsamkeit usw.?
- Welche Kriterien muss ein Mensch für Sie erfüllen, damit Sie Kontakt zu ihm aufnehmen möchten?
- Stehen Sie für Ihre Meinung ein, auch wenn Sie anderen dadurch zuweilen „auf die Zehen treten"?
- Wissen Sie, wie Menschen in anderen Kulturen mit Krankheit, Arbeitslosigkeit, Trennung, Scheidung, Leid und Tod und den damit verbundenen Ängsten und Depressionen umgehen?
- Fühlen Sie sich antriebslos, ohne Energie? Haben Sie Ihr Interesse an manchen Dingen verloren?
- Haben Sie nur wenig Selbstvertrauen und Hoffnung?
- Mussten Sie eine Reihe schwerer Schicksalsschläge in den letzten Jahren einstecken? Welche? Wie sind Sie damit umgegangen?
- Empfinden Sie kleine Probleme und mikrotraumatische Situationen, die sich summieren, als unausweichliche Schicksalsschläge?
- Betrachten Sie nahezu alles, was um Sie herum vorgeht, als Bestätigung der Sinnlosigkeit, ausweglosen Ungerechtigkeit, Hoffnungslosigkeit oder Schuldhaftigkeit?
- Haben Sie das Gefühl, mit den Anforderungen des täglichen Lebens nicht mehr fertig zu werden, „überflüssig" zu sein?
- Empfinden Sie Angst vor der Zukunft, die sich in einem Gefühl der Sinn- und Ziellosigkeit äußert?
- Was würden Sie machen, wenn Sie keine Ängste und Depressionen hätten?
- Akzeptieren Sie Ihre Erkrankung auch als Chance, die bisher nicht erlebten Bereiche (Körper/Sinne, Beruf/Leistung, Kontakt, Phantasie/Zukunft) zu entwickeln?

Das Gute im Menschen wird erst ausgegraben,
wenn man ihn begräbt.
(Gerhard Uhlenbruck)

❖

Die ewige Illusion,
dass das Leben noch vor einem liege!
Das Leben liegt immer hinter einem.
(Wilhelm Raabe)

Eine Geschichte auf dem Weg am Ende des Buches

Wer die Menschen kennen lernen will,
der studiere ihre Entschuldigungsgründe.

Am Tage der Auferstehung wurde ein schlauer Mensch, der auf dieser Welt alle Untaten begangen hatte, zur Waage der Gerechtigkeit geholt. Es wurde festgestellt, dass seine Sünden gewichtiger waren als seine guten Taten, und er wurde Richtung Hölle geschickt. Da hob er die Hände hoch und sagte zu Gott: „Mit der Waage stimmt etwas nicht. Ich habe keine Sünden begangen und will nicht in die Hölle."

Das Meer göttlicher Gerechtigkeit wurde durch die Frechheit seines Dieners stürmisch, und Gott befahl, dass die Hände seines Dieners die Sünden gestehen sollten. Als die Hände anfingen, seine Schandtaten zu nennen, beanstandete der schlaue Mann: „Meine Hände sind meine Feinde. Sie wollten auf der Erde immer Bestechungsgeschenke annehmen. Ich habe es verhindert, deswegen sind sie keine guten Zeugen." Da kam der Befehl, dass seine Beine als Zeugen auftreten sollten. Doch die Beine bekamen keine Chance; der Mann lehnte auch sie ab und sagte: „Diese Beine wollten mich immer dorthin mitnehmen, wo die Sittsamkeit in Gefahr war. Sie sind keine brauchbaren Zeugen." Nun rief Gott die Augen als Zeugen auf. Der Mann rief empört: „Meine Augen wollten immer unkeusch sein und deshalb mit mir jetzt abrechnen. Ich habe die unkeuschen Blicke immer zugelassen."

Gott sprach: „Die Ohren sollen deine Sünden beweisen."

„Meine Ohren wollen mich in deiner Gegenwart blamieren. Sie wollten immer übler Nachrede lauschen. Ich habe sie ermahnt."

Endlich war der Geduldsfaden bei Gott gerissen. So viel Frechheit hatte er bei seinen Dienern noch nicht erfahren.

„O mein Diener, ich, Gott der Welten, bezeuge deine Sünden. Was sagst du jetzt?“

Selbst auf diesen Ruf hatte er eine Antwort: „O mein Schöpfer, an dein Zeugnis halte ich mich. Aber hast du nicht gesagt, dass zwei gerechte Zeugen immer die Bedingung sind für die Annahme der Taten? Zeige mir den zweiten Gerechten und Gleichberechtigten wie dich selbst; und ich werde bereit sein, zur Hölle zu gehen.“

Gott und seine himmlischen Heerscharen fingen an zu lachen. Da rief Gott: „Dieser Mensch argumentiert zu viel! Lasst ihn gehen, wohin er will.“

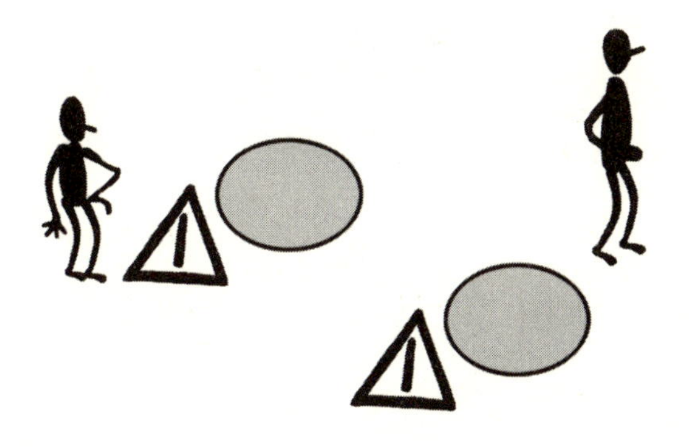

Dank

Zunächst bedanke ich mich bei den Dozenten unserer Wiesbadener Akademie für Psychotherapie, die für eine kreative Atmosphäre sorgten. Meinen Sekretärinnen Frau Jutta Alliger und Frau Margot Duckgeischel danke ich für die sorgfältige Sekretariatsarbeit. Mein besonderer Dank gilt Dr. Karin Walter, Herder Verlag, für ihre vielfältigen Unterstützungen und Ermutigungen. Meine Frau Manije und unsere Söhne Dr. Hamid und Dr. Nawid Peseschkian und Herr Dr. med. Dieter Schön haben mich zu diesem Buch in vielfältiger Weise motiviert.

Literatur

Adler, A.: „Individualpsychologische Behandlung der Neurosen", in: Praxis und Theorie der Individualpsychologie, 11. Aufl. Frankfurt am Main 2001

Baha'u'llah: Ährenlese, Baha'i-Verlag, Frankfurt am Main 1961

Battegay, R.: Psychoanalytische Neuronenlehre, Frankfurt am Main 1999

Benedetti, G.: Todeslandschaft der Seele, Göttingen 1998

Ebert, D. und Loew, Th.: Psychiatrie systematisch, 1. Aufl. Lorch/Württemberg 1995

Erikson, E. H.: Kindheit und Gesellschaft, Stuttgart 1971

Frankl, V.: Ärztliche Seelsorge; Grundlagen der Logotherapie und Existenzanalyse, Wien 1966

Freud, A.: Wege und Irrwege der Kinderentwicklung, Bern/Stuttgart 1968

Freud, S.: „Psychische Behandlung (Seelenbehandlung)", G.W., Bd. 5, 289–315, 10. Aufl. Frankfurt am Main 2001

Fromm, E.: Revolution der Hoffnung, Stuttgart 1971

Jork, K., Peseschkian, N.: Salutogenese und Positive Psychotherapie – Gesund werden und Gesundbleiben, Bern 2003

Jung, C. G.: Psychologie und Religion, Zürich 1940

Peseschkian, H.: Die russische Seele im Spiegel der Psychotherapie. Ein Beitrag zur Entwicklung einer transkulturellen Psychotherapie, Berlin 2002

Peseschkian, N.: Psychotherapie des Alltagslebens, 11. Aufl. Frankfurt am Main 2001

Peseschkian, N.: Der Kaufmann und der Papagei, 26. Aufl. Frankfurt am Main 2001

Peseschkian, N.: Psychosomatik und Positive Psychotherapie, 4. Aufl. Frankfurt am Main 2002

Peseschkian, N.: Positive Familientherapie, 4. Aufl. Frankfurt am Main 1997

Peseschkian, N. und Boessmann U.: Angst und Depression im Alltag, Bd. 13302 (4. Auflage)

Peseschkian, N.: Wenn du willst, was du noch nie gehabt hast, dann tu, was du noch nie getan hast, 5. Aufl. Freiburg 2003

Peseschkian, N.: Mit Diabetes komm´ ich klar, Stuttgart 2001